本书由河北大学历史学强势特色学科建设经费
河北大学中国史学科"双一流"建设经费资助出版

民国时期农村社会调查方法选编

郑清坡／主编

蒋　平　赵春梅／副主编

科学出版社

北京

内 容 简 介

本书主要选取民国时期比较通用的较有影响的农村调查方法书籍,包括张世文的《农村社会调查方法》、冯紫岗的《怎样举办农村调查》、杨开道的《农村调查》、李景汉的《社会调查》、白韬的《怎样做调查研究工作》。这些书籍基本涵盖了进行农村社会调查的主要方法和程序,如调查范围、编制表格、选择调查人员、整理材料、访谈提问等,内容贯穿调查的全部过程。

本书为高校本科生、研究生学习参考之用,亦为热衷农村社会调查方法的读者提供文献方面的帮助。

图书在版编目(CIP)数据

民国时期农村社会调查方法选编/郑清坡主编. —北京:科学出版社,2019.6

ISBN 978-7-03-061633-3

Ⅰ.①民… Ⅱ.①郑… Ⅲ.① 农村-社会调查-研究方法-中国-民国 Ⅳ.①C915

中国版本图书馆 CIP 数据核字(2019)第 115072 号

责任编辑:耿 雪 李秉乾/责任校对:王晓茜
责任印制:张 伟/封面设计:黄华斌

科学出版社 出版
北京东黄城根北街 16 号
邮政编码:100717
http://www.sciencep.com

北京中石油彩色印刷有限责任公司 印刷
科学出版社发行 各地新华书店经销

*

2019 年 6 月第 一 版 开本:720×1000 1/16
2019 年 6 月第一次印刷 印张:18 3/4
字数 292 000
定价:82.00 元
(如有印装质量问题,我社负责调换)

前　　言

　　二十世纪二三十年代，中国掀起一股农村社会调查热潮。由于社会调查在当时中国尚处于兴起阶段，由西方传入的社会调查方法也需要本土化。为此，许多中国学者结合实地调查经验撰写了农村社会调查方法的论著，作为人们进行农村调查时的方法指导和参考工具。这些著作对进行农村社会调查的步骤、方法等做了十分具体的说明和解析，并附有详尽的调查提纲、表格等。这些农村社会调查方法既注重理论性，更强调实际可操作性，体现了现代调查技术与中国传统社会的结合。正是在这些调查方法的指导下，民国时期农村社会调查空前繁盛，涌现出大量比较可靠、准确的调查成果。民国时期学人们撰写的农村社会调查方法不仅体现了他们的治学经验及精神，更对后学具有深远的学术影响和实际借鉴价值。

　　虽然在今天看来，这些农村社会调查方法还有若干不成熟和有待完善的地方，但其所确立的若干调查方法和原则即便在今天仍然适用，具有较强的理论和方法上的指导意义，实地调查中也具有参考价值。特别是在进行农村社会再调查和民国以来纵向比较调查研究时，大体参照这些调查提纲进行，可使历史发展演变的轨迹更为清晰地展现出来。正是基于此种考虑，笔者不揣冒昧，择选数种近二三十年来未再版的民国时期农村社会调查方法的论著汇编成册，作为高校本科生、研究生学习参考之用，亦为热衷农村社会调查方法的读者提供一点文献的帮助。

　　由于篇幅所限，所选资料在保持原作的基础上只对极个别地方做了省略，所略部分均有注明。因原书年代久远，编辑时对字迹模糊或残缺实在无法辨认之处用"□"表示。同时，在保持资料原始性的原则下，编辑中对繁简体及个别地方的标点、数字、顺序号、纪年做了部分技术处理，明显的语病、错字做了订正，原著个别地方表述和引用资料明显有误之处也均以脚注或夹注的形式校订，前后表达不一致地方也做了统一，其他如作者的行文风格、文字表述等均保持原貌，不作改动。例如："不致于"改为"不致（至）于"；"好多人口"以脚注注明"意为多少人口"；他和它、其他和其它等词汇，在历史时期混用但不影响阅读和表达的内容，则维持原著样貌，未做改动。如此，在读者明了进行农村调查的各种方法时，也可以对当时的语言表达方式、出版环境等有所了解。在资料的文字录入和校对过程中，蒋平、赵春梅做了大量具体工作，付笑杨、赵雅鑫、王雪丽、郭如意、杜一冉也帮助核对了原作。河北大学历史学院院长肖红松教授对本书的编辑出版给予了莫大的肯定和支持，杨学新教授、李维意教授、范铁权教授也对本书给予了诸多支持，没有他们的支持本书恐难以整理出版，在此一并表示感谢。

郑清坡

2018 年 4 月 10 日

目 录

前言

一 《农村社会调查方法》 ………………………张世文（001）

二 《怎样举办农村调查》 ………………冯紫岗（137）

三 《农村调查》 ………………………………杨开道（153）

四 《社会调查》 ………………………………李景汉（213）

五 《怎样做调查研究工作》 ………………白 韬（265）

一　农村社会调查方法

张世文*

李序 ……………………………………………………………………………………… 3

龙序 ……………………………………………………………………………………… 5

自序 ……………………………………………………………………………………… 7

第一章　绪论 …………………………………………………………………………… 9

第二章　社会调查的起源与发展 …………………………………………………… 13

第三章　中国社会调查运动 ………………………………………………………… 16

第四章　社会调查的方法 …………………………………………………………… 20

第五章　农村社会调查的准备 ……………………………………………………… 27

第六章　农村实地调查进行的步骤 ………………………………………………… 33

第七章　农村社会调查的一般困难及其应付的方法 ……………………………… 69

第八章　农村人口调查 ……………………………………………………………… 73

第九章　农村田场经营调查 ………………………………………………………… 79

第十章　农家生活费调查 …………………………………………………………… 89

第十一章　农村工业调查 …………………………………………………………… 95

第十二章　农村商业金融调查 ……………………………………………………… 102

第十三章　农村宗教调查 …………………………………………………………… 108

第十四章　农村教育调查 …………………………………………………………… 113

第十五章　农村社会调查与农村社会学 …………………………………………… 116

附录　县单位调查概况纲目 ………………………………………………………… 119

---

　　* 张世文（1905—1996）：著名社会学家。1924 年就读于燕京大学社会学系，曾任教于华西大学、金陵女子文理学院、四川大学等，1979 年后任中国社会学会顾问。长期致力于社会学、人口学、人口统计学、社会调查学的教学与研究工作。著有《定县农村工业调查》《生命统计方法》《农村社会学导论》等。

李　序

张世文教授以其新著《农村社会调查方法》命序。根据他在这一方面的经验与我们在友谊上的历史，这是义不容解的。

他这八万言的大著分作十五章，除第一章绪论讨论我国农村区域之广、型类之复，与夫调查农村之重要，及其对于地方建设之关系外，二三两章叙述国内外调查工作之发展，四至七章列举调查技术各方面，八至十四章分述各种专题调查之实施，最后第十五章利用几个观点，综合各种方法、各种型类的调查，成为整个社区的全盘了解，以使个别调查有助于农村社会学的建立。

全书内容，留给读者自己去咀嚼、去判断，不必以私人的意见变成先入为主的格局。这里需要道及的，计有两点。

第一，张教授是著作等身的学者，似乎不必介绍。然而他对于社会调查的经历，则是值得朋友报告一下的。他在第三章叙述我国社会调查运动的时候，由着外国人起始，如明牧师（A. H. Smith）、甘先生（S. D. Gamble）①以后，即有与燕京大学及中华平民教育促进会②有关的各种调查，这两个机关在这类工作上，是少数开创中国风气的分子。而对于这两方面的活动，张教授很早就参加了。他后来专门从事平教会的工作，对于农村社会接触尤多。凭着他十余年实地参加是项工作的经验，结晶成这一本书，其中甘苦不是局外人所易知道的。

第二，"调查"一事，在国内历来就不大幸运。一方面因为写新旧八股、谈高低滥调的积习，看不起在客观界找材料的作风，同时黑漆一团惯了，讲具体、讲数字，便要头疼。然而谁都避免暴露自己的短处，因为那是不愉快的事。怎样加以掩饰呢？唯一的办法，便是制造不是理由的理由（Rationalization），反对人

---

① 编者注：即明恩溥、甘博。
② 编者注：简称平教会。

家客观的钻研，鄙视具体数字的表现。什么引经据典啦，什么量的研究不如质的研究啦，都是此类。我们一面提倡实地研究，以代故纸堆的吹毛求疵，而奠定下真正知识的稳固基础；一面鼓吹数量研究，以扫价值判断的乌烟瘴气，而彰显出熟练科学的清明世界。在这种立场上，我们不能不欢迎张教授的大著。

另一方面，从事实地研究的人又因为一般的调查常是平板的、静态的、散碎的，不如社区研究可以生动而完整，也瞧不起调查，而鄙之为"调查派"。其实，行远必自迩，登高必自卑。任何工作在它没有完成的时候都是平板的、静态的、散碎的。及至工夫到了家，一旦豁然贯通了，便会生动完整，头头是道，左右逢源了。调查本无过，过在发表没有研究终了的调查报告，不作进一步的调查、深一层的调查，而一般地反对调查，乃是因噎废食的办法。老实说，在这整个缺乏调查的今日，就是发表没有研究终了的调查报告，倘非闭门造车（因为那不是客观界的事实），也是值得欢迎的。有了这些原始材料，谁限制我们不更进一步、更深一层地继续下去呢？有材料不是比没有材料好吗？张教授在本书末一章特别提出社区的概念，特别指明调查社区要在全盘完整上着想，要在对外接触的演变上着想，要在各种型类的比数上着想。则因为读了这本书而从事调查的，当可避免"调查派"的讥笑，而著者的苦心，亦可以得到报偿了。是为序。

（民国）三十二年二月十九日　李安宅

龙　序

我国数千年来皆以农立国，故农业为我国民生之要素。农村为我国社会之基础，但自从与近代西洋文化接触之后，约始于十九世纪中叶，我们的农村便渐趋于衰落，近三十年来更日趋于破产。于是引起了全国上下之注意、忧虑和觉悟，而产生了农村建设的运动。这个运动在抗战前数年中推行得像风起云涌，有许多地方也有了不少的好结果，但这些结果在抗战之后大半已经被敌人破坏，特别是在沦陷区内的。同时，抗战又使我们更加感觉到农村建设之重要，故自抗战以来，后方的农村建设仍是继续进行，并且更加努力，因为"最后胜利的基础在农村"。至于抗战后我国农村建设更为迫切，这种建设的运动更应普遍化，这是人人所知道的。但在未建设之前，我们必须明了我们农村问题之所在，否则只有盲目的建设，药不对症，有害无益。要想明了农村问题之所在，除实地研究或从事农村社会调查外，实无他法，故农村调查可视为农村建设之第一步工作，是不可以缺少的。

农村调查乃是一种专门的技术，这种技术是要由训练与经验中得来，不是任何人都可以随便占有的。"工欲善其事，必先利其器。"我们对于我国的农村要想得到正确的了解，必须先来讲求农村调查的方法或技术，否则得不到好结果。张世文先生在这本书里面所告诉我们的就是这方面的知识。这不但可补充过去我国农村研究的缺陷，不但可以满足我国从事农村工作者的一种需要，而同时还可以对于我国农村的建设有很大的贡献，这当然是一件很可庆幸的事件。

龙冠海

于金女大社会学系，（民国）三十二年二月

自　序

  政府和社会都很注意农村的问题，他们认定国家的基础在农村，国家要强，首先要建设农村。建设农村的第一个先决条件是应对于农村社会有明确的认识，所以农村社会调查是必不可少的。据著者看来，农村社会调查有四个主要的功用：①记载以往与现在农村社会生活与结构的各方面情况，作一有系统的、历史的研究与分析，并观察演变的途径与产生的影响。②寻求并发现各种农村社会生活变迁关系的存在原因与结果。③发现吾国各类农村的型式，以及各类农村之同点与异点，借以研究它们与整个国家民族文化发展的关系与影响。④搜集各种各类以及各方面的农村社会生活的资料，用以修改主观的见解，确定有利于现在及未来农村社会改进的具体方案，以发展农村美满的生活，以解决农村社会的问题。

  著者在近十余年来多半时间是在农村里跑。河北定县、湖南衡山、四川新都等农村，著者都亲自作过实地的观察与调查。许多朋友要求我把农村调查的经验与心得有系统地发表出来，以供各地农运同志的参考。这一本《农村社会调查方法》，便是许多朋友鼓励的结果。

  本书除序言、附录外，共分十五章。第一章是绪论，说明农村社会调查的重要及其与国家基本建设的关系。第二章讲社会调查的起源与发展。第三章叙述吾国社会调查运动的历史，尤其注重农村调查方面。第四章说明农村社会调查的方法，包括个案法、选样法与全体法。第五章叙述农村社会调查的准备，讨论调查经费、人员、工具，尤其注重调查员的资格与标准。第六章讲农村实地调查进行的步骤，及在各步骤中所应注意的问题与事项，并讲到调查材料的统计与分析、整理与编辑。第七章叙述农村社会调查的一般困难及其应付的方法。第八章至第十四章，这七章里著者分别讨论农村人口、田场经营、生活费、工商业、金融、宗教及教育各种调查的特殊问题、困难及其应付的方法。所讨论的调查的困难，都是著者在各地农村亲自遇见的，并且碰过钉子的。应付这些困难的方法也是著者用过而曾经发生效力的。最后一章著者讲到农村社会调查与农村社会学的关系。著者认为，要发展吾国的农村社会学，固然要介绍西洋的农村社会学的理论，更重要的是实地调查吾国各种类型的农村社会，得到具体的材料以印证理论，所以农村社会调查与吾国农村社会学的发展，关系至为密切！

著者最后希望，因为这本小册子能够引起社会对于农村社会调查的注意与兴趣，并且能够对于各地实地从事农村调查工作的人员有一点帮助！

张世文

民国三十二年元旦

第一章　绪　　论

一、农村社会调查与国家基本建设

吾国以农立国，农民约占总人口 85%，他们的主要职业为农业，农民实为吾国的基本人口，农业确为吾国的基本职业。所以，谈到国民就不能不想到农民，谈到一般民众的生活的改善，便不能离开了与农民经济的关系。可见，如果政治、经济、社会及文化的一切改造与建设的事业，不以农民为中心，不同他们发生密切的关系，必要极其落空，毫无基础！近年以来，尤其在全面抗战发动以后，政府及社会都深切认识到国家的基础在农村，农村才真是民族生存的根据地，才真是民族的一道最后防线！要同日本帝国主义做持久的抗斗，非要保守这一道"农村"的最后防线不可！农民是保卫国家忠勇的生力军，农田是一切换取外汇的原料的生产地，这里，有我们中华民族的生命线，一切都可放弃，这里却绝对是要死守的！

近十余年来，吾国农村改造与建设的运动，风起云涌，极一时之盛。这一种从事于国家基本建设工作的运动，大体说来，可以包括两方面，一方面是农民教育，其主要的目的是改造农民生活，培养农民力量，使能自动起来担负农村建设的责任，成为国家基本建设的有力分子。一方面是县政建设，其主要的目的在改善县政机构，研究县政内容，训练县政人才，以求借着现代的、适宜的县政机构去普遍推广农村的各项建设。所以我们可以说，有了农民教育才能培养民众的自动建设的心理与力量；有了县政建设才能完成种种建设的客观条件，消除不利于自力更生的种种社会障碍！这样方能领导农民向整个的国家基本建设的计划与目标迈进！但是，有一点我们不要忘了，便是只有高尚的理想、远大的目标、周密的计划，是没有用的。要以客观的事实与问题为根据，方能"对症下药"，事半功倍！原则尽可预先拟定，办法却要适合于客观的条件与环境，有些人口口声声喊着要改造民众生活，却丝毫不了解民众的生活，那如何能够计划改造的办法？有些人口口声声讲改革县政，可是，却根本不明白现在地方政治的情形，如何能够计划改革的办法？因此农村社会的调查，实为今日的首要工作！

中国的地方太大了，人口太多了，各地的风俗习惯、生活方式太不同了。有句俗语讲得好"十里不同风，五里不同俗"，由此便可明了吾国社会生活的复杂性。社会调查工作确是今日必不可少的工作！比如说，吾国北方农村种植的主要农作物为小麦、谷子与棉花，南方则为水稻、菜籽。北方农家养黄牛、骡子、驴及马，南方农家则多养水牛。北方平原一切农作物及肥料农具的运输靠着骡马拉的大车，南方则用独轮车与肩挑。北方的田地普通以亩为单位来计算，南方有的地方如湖南，则多以稻种一石所能种的面积或以某单位的毛谷产量的面积来计算。北方田地的价格多因供求的关系而有涨落，南方尤其是产米的区域，其地价则以谷价的涨落来决定，这是以南方与北方来比较，至于南方与南方，北方与北方，亦各有种种的不同。总之，在许许多多方面都有梦想不到的差别，复杂的情形，由此可见。有些地方想象是如此，调查出来是如彼；反之，有些地方想象是如彼，调查出来又是如此。所以，国家的基本建设工作，从政治入手也好，从经济入手也好，从教育入手也好，大前提为应对于农民生活与问题有清楚的认识与了解。这样必得靠赖社会调查的方法，由此可知农村社会调查与国家基本建设，有何等密切的关系！

二、农村社会调查与社会研究

有人说，十九世纪是自然科学的时代，二十世纪是社会科学的时代，可见社会科学在今日社会生活中所占地位的重要。社会科学之所以有今天的发展与长足进步，主要的原因，由于一部分的有眼光的学者抛弃了玄学、哲学的立场，用客观的态度、科学的方法，深入社会，实地考察，以了解生活的真相。吴文藻教授在北平晨报《社会研究》第八十期中曾发表《西方社区研究的近今趋势》一文，把西方实地研究现代社区的来源，分为五种来叙述：一为社会调查，本源可溯到法国之 E. Leplay（1806—1882），在当时实地考察工人生活，作了许多家庭账簿的研究。二为文化人类学方面，实地考察初民社会最早者，当推美国的 L. H.

Morgan（1818—1887）[①]和英国的 T. B. Talor[②]（1832—1917）。前者研究社会组织，发现亲属制度的重要，后者研究宗教起源。三为人文区位学的观点，导源于农村社会学，但自都市社会学成立后，始大放光明。1915 年美国威斯康星大学农村社会学教授嘉尔宾氏曾发表他的《农村社区解剖》（*The Social Anatomy of an Agricultural Community*， *University of Wisconsin*，May，1915）一书，为美国第一个有系统的人文区位学的实地研究报告。四为地域调查运动，系英美法诸国近来很盛行的一种社会倾向，其思想的渊源可远溯法国 E. Leplay 的首创实地观察法。五为文化社会学方面，除了必须重视由 W. F. Ogburn 所倡始的社会变迁研究以外，当以 R. S. Lynd 之名著《中镇》（*Middletown*，1929）为现代社区的研究的模范。作者的最大贡献，在乎活用实习民族学的精神方法，对于现代社区作全面的研究。W. F. Ogburn 与 R. S. Lynd 均为美国当代之著名社会学家，按照上面所说的，虽然各学者研究的对象与范围有宽有窄；所用的方法有粗有精；根据的观点各有不同；但是，要皆注重实地考察，深入社会，则均无二致。我们主张在吾国今日情形之下，一方面要作广泛的社会调查，一方面亦应从事于范围较小的社区全面的生活精深的研究，统计数字的资料是需要的，文字的描述的资料也是不可缺少的。没有普遍的、广泛的社会调查，便不能进一步作精深的社会研究，没有对于社会生活的概括的了解，便不能有对于社会生活的深刻的认识。所以，著者以为社会调查为社会研究的准备工作，两者为一种工作的两面，关系至为密切。国内近年来，有少数具有文化人类学与人文区位学观点的社会研究者常常发表轻视社会调查的言论，认为社会调查比较浮浅而不够深刻。这种批评，著者认为是不大合道理的，因社会调查方法为资料搜集的工具，没有资料，焉能从事社会研究？应用调查方法，实地考察农村社会生活，所得资料当然对于社会研究有极大的裨益，何况中国人的生活，大半是过的农村生活。

三、农村社会调查与社会学之发展

社会学的发展，无疑的是要靠赖社会研究，要建设中国人的社会学，唯一而

---

① 编者注：其生卒年应为 1818—1881。
② 编者注：应为英国人类学家 E.B.Tylor（1832—1917），作者在此处可能为笔误。

二的一条路，便是大家要埋头苦干，努力于中国社会生活的研究。都市社会学与农村社会学都要如此的。吾国有广大的农村、有沿海的农村、有靠近大都市的农村，有沿内河的农村、有内地的农村、有边疆的农村。这是从沿海往内地以至于边疆来说的。此外亦有山村、平原村、散居制的农村与密居制的农村等。这许多种类型不同的农村便产生种种不同的社会生活方式，因此在中国真是研究农村社会学的一个最好的"园地"。我们有这样好的机会，农村社会学方面，应当有特殊的贡献与成就。应用社会调查的方法，搜集农村社会生活各方面的资料，才是建立中国农村社会学的基本工作。至于都市社会学亦是如此。中国各种特殊社会学发展以后，中国普□社会学才有发达的一日。

第二章　社会调查的起源与发展

　　社会调查虽然是一个比较新的运动、新的技术、新的学问，但是，从历史的记载看来，它的起源却是很早，远在 2000 多年以前，古罗马、埃及均曾经为了课税征兵而举行过户口与人民财产的调查。具有近代形式的社会调查，则首推法国的 Leplay，他曾于 1835 年间便开始欧洲工人生活的研究。他用了 20 年的光阴调查欧洲各大城市数千工人的家庭账簿，作了一个很有贡献的、大规模的工人生活的研究，结果出版了六大本关于欧洲工人生活的报告。

　　Leplay 氏虽然为近代社会调查运动的先驱，但是对于后来的社会调查的发展最有影响的，则当推英国的 Charles Booth（1840—1916）。Charles Booth 生在英国工业革命的时代，亲眼看见工业革命对于英国社会经济的种种影响，最使他触目惊心的便是贫苦工人的生活，因此他决心从事于英伦劳工的生活调查。他著有《伦敦居民的生活与劳动》（*Life and Labour of the People of London*，1889—1903① ）。全书共分 17 卷，前四卷为伦敦贫乏，次五卷为伦敦工业，后七卷为宗教的影响，最后一卷为全书的结论，讨论贫乏的社会性，材料极为丰富，内容非常充实，在社会调查的技术方面贡献尤大。

　　此后在 1902 年英国又有 B. S. Rowntree 继 Booth 而起，调查约克城（York）的贫民生活，著有《贫穷：城市生活的研究》（*Poverty: A Study of Town Life*）一书，他采用 Booth 的方法，但在事实搜集的步骤上与材料整理的技术上，更为精密与进步。从此以后，社会调查运动便由欧洲传播到美国，而有显著迅速的发展。

　　1907 年，Sage 夫人捐款达 1500 万美金在纽约城创立茹素斯之基金会（Russell Sage Foundation），专为社会改良工作之推进。他们认为要想改良社会，第一步

---

① 编者注：该书于 1889—1903 年间陆续出版。

的工作便是社会调查。自 1907 年起，便开始毕兹堡①城（Pittsburg）的社会调查，从 1909 起至 1914 年共出版了六大册的调查报告，对于工资、劳工立法、劳工家庭生活及女工问题，均有详细的论列，为美国第一个有系统的调查报告。②

美国第二个著名的社会调查报告，便是《春田调查》（*The Springfield Survey*）。这个调查之所以有很大的成功并且材料极为精确可靠，是因为这个调查系由春田城的居民自动要求而举办的，当地居民出力很多，自然所得结果必极良好，这个调查共分四部工作：①搜集材料；②分析与解释材料；③社会改良建议；④材料与建议在教育方面之应用。这个调查是 1914 年完成的。对于城市居民在"社会意识"（Community Consciousness）的发展上，甚为成功。③

自此以后，美国的社会调查事业，则层出不穷，一日千里，发达起来。中国因受了欧美的社会科学的影响，近 20 年来经学者的提倡，亦有些调查的机关设立起来，出版的报告亦颇为不少。此种调查运动，在吾国社会研究界开了一个新页，为社会科学尤其是社会学立了一个科学的基础。

至于农村调查乃是 19 世纪的新事业，1890 年美国有一位贝力（L. H. Bailey）博士极力鼓吹农村调查，做出许多调查报告，不过美国的实地农村调查的发轫，便要算美国罗斯福被选为总统的时候，当时他组织了一个农村生活委员会，作改良农村生活的运动。该会的宗旨为谋求农村的福利，他们的方法便是先搜集可靠的农村生活的资料与事实，以此为依据。1911 年美国的教育部与长老会的乡村生活部，也起来从事同样的乡村生活调查工作。1922—1924 年，美国农业部在新汉人舍州④（New Hampshire）等地调查了 2886 佃农家的生活费，写成农家的生活程度报告，以为施政的根据。⑤

英国的土地调查委员会（Land Enquiry Committee）成立于 1913 年，以明了英国之农村社会与经济的状况为主要目的，土地问题的研究与调查实为了解农村

---

① 编者注：今译为匹兹堡。

② 见 Shelby M, Harrison *Social. Conditions in an American City: A Summary of the Findings of the Springfield Survey*，New York: Russell Sage Foundation，1920，pp，1-20.

③ 参阅 Harrison，Shelby M. "Development and Spread of Social Surveys"，in *A Bibliography of Social Surveys*，pp. xi-xviii.

④ 编者注：今译为新罕布什尔州。

⑤ 见言心哲：《社会调查大纲》，上海：中华书局，1933 年，第 218 页。

社会与经济的基本首要工作，曾发出 3000 张的调查表，以调查全国农村状况。[1]

　　现在世界各国，以农业为主的国家，固然均注意农民生活的改善、农业生产的增进与农村问题的研究。就是以工业立国的国家，亦无不积极于农业的改良与发展，因为工业的发展亦须靠赖农业原料的供给，所以没有一个国家不注意到农村生活的调查与研究的。

　　至于吾国的社会调查运动，尤其是农村社会调查，近十余年来，确已有长足的进步与发展，均将于下章详述。

---

[1] 见言心哲：《社会调查大纲》，上海：中华书局，1933 年，第 219 页。

第三章　中国社会调查运动

上章所讲的是欧美的社会调查运动，本章专讲吾国的社会调查运动。吾国最初的社会调查虽多出外人之手，但近十余年来，国人从事社会调查与社会研究者却是风起云涌，一日千里，有了长足的进步，成绩亦极可观。

吾国社会生活情况最早的研究，均系在华的西国传教士与在我国政府机关服务的外国官吏开始做的。美国传教士明思溥（A. H. Smith）博士在我国直鲁等省乡间布道 40 余年，精通我国语言文字。司氏为一学者，有敏锐的眼光、精确的观察、科学的精神、不偏不倚的态度，身临其境地调查中国农村的生活实况，极有成绩。他的著作很多，最著名的为《中国农村生活》（*Village Life in China*）一书。民国以来，西国的教授和青年会的干事，也曾在我国做过许多社会调查，民国六年，清华大学教授 C. G. Dittmer 曾指导该校学生调查北平西郊 195 家之生活费，在美国哈佛大学季刊发表《中国生活程度的一种估计》（*An Estimate of the Standard of Living in China*）一文，民国七八年间，北京青年会干事甘博（Sidney. D. Gamble）与步济时（Burgess）两氏曾仿照美国《春田调查》的方法调查北京，著有《北京社会调查》（*Peking: A Social Survey*）一书，在美国出版，内容包括北京之历史、地理、政治、人口、健康、经济、娱乐、娼妓、贫穷、救济、宗教等，材料数字虽多取自政府机关的档案，不甚精确可靠，但是，此种大规模的社会调查，在我国却是空前的，对于我国以后的社会调查，影响却是不小。当时在我国南部有沪江大学的 D. H. Kulp 教授也曾指导学生在广东潮州调查凤凰村，该村共有百余家，人口计 650，关于村中的地势、人口、健康、种族、经济、风俗、社会、教育、美术、娱乐、宗教等情况，均有详细的分析。民国十四年，Kulp 教授曾将调查的结果著成《华南农村社会调查》（*Country Life in South China*）一书，在美国出版，为研究吾国乡村家族制度的一本名著。民国十一年，华洋义赈救灾总会特请 C. B.

Malone 与 G. B. Taylor[1]等教授指导 9 处大学的 61 个学生分头调查直隶、山东、江苏、浙江、安徽等省 240 个村庄的经济状况。调查的结果编有《中国农村经济之研究》（*The Study of Chinese Rural Economy*）一书，出版于民国十三年。民国十至十四年，金陵大学教授 J. L. Buck 指导学生在中国 7 省 17 处调查了 2866 个农家，著有英文《中国农家经济》（*Chinese Farm Economy*）一书，于民国十九年出版。对于吾国南北各省农家田场经营有极详尽与精确的研究与分析，为吾国农家经济一本最有价值的著作，已由张履鸾先生译成中文，由商务印书馆出版。全书共分十二章，分导言、田场布置与土地利用、田场周年经营之状况、大小最适宜之田场企业、耕地所有权与农佃问题、作物、家畜和保存地力、田场之劳力、农家家庭与人口、食物消费、生活程度、结论等，异常丰富。

民国十四年，燕京大学社会学系教授步济时氏（Burgess）曾调查北京之行会组织，著有英文《北京行会调查》（*Peking Guilds*）一书，在美国出版。

以上所说是外国人在吾国举行的各种调查与研究，现在要讲国人举办的各种调查。民国十二年，清华大学陈达教授曾指导学生在京西海淀成府村调查 91 家的生活费用，又在安徽休宁县调查了 56 家的生活费用，并调查清华大学 141 个工人的生活费用。陈氏根据这些调查的材料，编有《社会调查的尝试》一文，在《清华学报》第一卷第二期发表，为国人对于生活费用的研究的第一个调查。

民国十五年，中华教育文化基金董事会社会调查部在北京成立，该部主任陶孟和先生曾于同年调查北平居民的生活费，著有英文之《北平生活费》（*Livelihood in Peking*）一书，共 158 页，除序言外，分导言、研究之程序及范围、研究上问题之讨论、工人家庭概况、收入与支出、食品、房屋用具与衣服、洋车夫之生活费、小学教员之生活费九章，为国人研究生活费的第一本有价值的专著。[2]

民国十六年春季，燕京大学社会调查班在李景汉教授指导之下，调查北平西郊挂甲屯及黑山扈两村庄的乡村家庭生活，结果由李氏编成《北平郊外之乡村家庭》一书，于民国十八年由商务印书馆出版，此为国人对于吾国乡村家庭生活的

---

① 编者注：应为 J. B. Tayler，中文译名戴乐仁。

② 编者注：该书原系英文出版，1930 年中文版目录应为 "绪论、调查之范围与步骤、名词之解释、工人家庭之普通情形、收入与支出、食品消费、住宅家具与衣服、人力车夫、小学教员、附录"。

第一本有系统的调查报告。

民国十九年，陈翰笙教授等曾编有《黑龙江流域的农民与地主》《亩的差异》等书。

民国二十年，燕京大学社会学系出版英文《清河镇调查》（*Ching Ho*）①，为研究吾国之市镇的第一本著作。

民国二十二年，定县中华平民教育促进会社会调查部李景汉曾出版《定县社会概况调查》一书，为吾国关于县单位调查的第一部巨著，为该会许多同仁多年努力的成绩。全书 828 页，分 17 章，包括地理、历史、县政府及其他地方团体、人口、教育、健康与卫生、农民生活费、乡村娱乐、乡村的风俗与习惯、信仰、赋税、县财政、农业、工商业、农村借贷、灾荒、兵灾，把吾国一个县的整个的乡村生活的实际情况，用文字的叙述与统计数字表示出来，使我们对于吾国的乡村社会得到一个深刻的认识与了解。

同年，著者与李景汉先生合编《定县秧歌选》一书，亦由平教会社会调查部出版。全书约 40 万言，计 1000 余页，包括秧歌 48 出，分为爱情类、孝节类、夫妻关系类、婆媳关系类、谐谑类及杂类等。秧歌不但为真正的农民文学，并确是研究乡村家庭问题的好材料。

民国二十五年，著者又发表《定县农村工业调查》一书，全书计 500 页，约40 万言，除摘要与附录外，共分三卷，第一卷为"定县家庭工业概况调查"，第二卷为"定县作坊工业调查"，第三卷为"定县六村家庭工业详细调查"。关于定县农村工业之历史与分布、原料、劳工、制造技术、工业制度、运销与捐税，均有极详细的讨论与叙述。同时，天津南开大学经济研究所方显廷与毕相辉两氏发表《由宝坻手织工业观察工业制度之演变》及吴知氏发表《乡村织布工业的一个研究》两书，前者系河北宝坻织布调查，后者系河北高阳织布调查，都是研究中国乡村工业之好资料。

民国二十六年，著者调查湖南衡山师古乡 1684 个农家的社会经济状况，由平教会出版，为研究华南乡村社会生活的好资料。

---

① 编者注：本处英文书名应为 *Ching Ho: A Sociological Analysis*，又译为《清河：一个社会学的分析》，出版时间为 1930 年，即民国十九年。

民国三十年，金陵大学农业经济系卜凯教授出版《中国土地利用》一书，材料精详，内容丰富，为研究吾国土地利用问题的一本极有价值的著作。

此外，金陵大学农业经济系之乔启明、杨尉、孙文郁诸教授也曾经做了许多的关于乡村经济的研究，此处未便详述。

自抗战以来，各文化学术团体与机关均先后迁至西南各省内地，在研究与调查工作上，当然受了莫大的影响，不过从事乡村社会生活之研究与考察，仍有许多人在埋头努力，将来必有良好的成绩，这是可以预卜的。

总起来说，我国关于农村社会调查与研究的机关最著名的当首推中华平民教育促进会，他们出版了许多关于定县农村社会生活的调查报告，为吾国农村社会调查的先驱。金陵大学农业经济系对于吾国农业经济的研究最有成绩，出版的调查报告也很不少。此外，南开大学经济研究所关于吾国经济财政的研究与调查，亦有很好的成绩。至于中央研究院社会科学调查所及北平燕京大学社会学系，均作了不少关于吾国各项社会问题之专门研究报告。此外，其他文化学术及农运团体与社会服务机关也有些举办社会调查的，但均规模较小，零碎片段，没有介绍的价值。

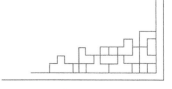

第四章　社会调查的方法

实地社会调查因性质、目的与范围的不同，其所应用的方法亦不一样，大体可分为三种，即个案调查法、选样调查法与全体调查法，兹分别说明于次。

一、个案调查法

个案调查法，英文为 case study 或 case method，国人亦有译作"个体调查"与"个案研究"者。个案调查法系以个人、家庭为研究调查的单位，对于个人的特殊生活情况、性质、环境、历史背景，在家庭中的地位，与家庭中其他分子的关系，均应加以一番精深而详尽的调查。同时应更进一步探究个人在社会中的地位、他的各方面的社会关系，以及他与其他个人、家庭及社会的彼此交互的影响。总之，关于一个人的遗传、心理的特征、家庭的情况、社会的活动，他的物质、社会与文化的环境，均应在我们调查与研究的范围之内。四面八方均应顾到，有一方面顾不到，对于那个个人便得不到彻底的认识与了解。上面说了，个案调查的对象为个人与家庭，因此，个人与家庭为变态的、抑常态的，均要加以调查与研究的，至于经过了调查与研究，发现出来个人与家庭的问题以后，设法解决变态的个人或家庭的问题，而使变态的个人或家庭变为常态的个人或家庭的这种服务或救济的工作，则并不属于个案调查的范围，此种工作称之为"个案工作"，英文为 case work，这两个名词是要分别清楚的。

关于个人的生活资料，可从许多方面去搜集，第一，我们可以搜集个人家庭的历史、儿童时代的情况、学校时代的情况、恋爱的故事、与异性结婚的历史，以及个人疾病的历史等，均要有详细的记录。因为个人人格的养成与现在的生活，均与以前各方面的历史有莫大的关系的。第二，个人的书信与日记之类的文献，也可以加以搜集、研究，因可从这些文献中，得到对于个人的思想、态度与各方面的经验的了解。第三，我们还可以从个人的亲友、教师与同学各方面得到关于个人的消息与生活情形。第四，我们可以从个人所参加的社团与机关得到关于个人的许多资料，有了这许多方面取得资料，然后再加以分析与研究，则吾人对于某个人的生活各方面情况，均可得到很清楚的了解。

由此看来，个案调查法是一种又宽、又博、又深、又需长时间的一种调查法，我们不但可以借着这种方法把个人的问题研究彻底，把他的四面八方、错综复杂的关系研究清楚，并且可以借着这一个一个的研究实例去了解个人的问题及其与家庭社会问题的关系。借着对于个人问题的了解，便能反映出来许多家庭与社会问题的发生的原因。换句话说，便是个人、家庭与社会问题的连锁关系，亦可由个案调查方法得到，因此我们可以说，虽然个案调查不注重量而注重质，但亦为研究社会生活的一个重要的方法。

二、选样调查法

选样调查法又称抽样调查法，亦称标本调查法，系由英文 Sampling Method 译出来的。所谓选样调查法系选出小于全体而能代表全体的一部分而施以调查的意思。在时间、人力与财力均不够举办全体调查的时候，用这种选样的方法，是最好没有的了。比如说，我们要调查某县的农民生活用费，因时间、人力与财力的限制，不能把该县所有的农家均加以调查，那么，我们便可以在该县农家中选少数的农家加以调查，作为全体农家的一个代表，所得结果希望与调查全体农家所得之结果，相差不多。因此，如果欲所选的标样能够充分代表全体，那么，我们就要使所选的标样极其合宜，非常恰当。所以一个问题是用什么方法，根据什么标准去选择标样才能代表全体，这实在是我们首先要解决的。兹将选样的方法，分述如次。

（甲）机会选择法（Random or Chance Selection）

机会选择法亦称任运选择法，是依据机会律的原则而选择我们的调查对象的。Random Principle，应机选定的用意，在避免主观感情的作用。我们可以用掷铜元作例来说明何谓机会律，我们把铜元掷上去，落下来是字这一面，或是非字的那一面，这到底是由什么来决定的？自然决定的事件很多，如掷铜元的方法、铜元

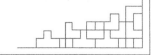

掷上去旋转的情形、掷的高低、铜元落下来与地面接触的情形、在地上旋转的情形，以及其他许多别的因素，这种种原因的总合，便是我们所称的"机会"，机会并非离开原因而存在的东西，乃是各种原因相加的结果。我们掷铜元，掷起来，落下来，是字的这一面，或不是字的那一面，有相等的机会，我们掷铜元的次数愈多，铜元所出来的"字"面，与"非字"面的次数亦愈相近。比如说，我们将一个铜元掷 1000 次，出来的"字"面与"非字"面总在 500 次上下，各有 1/2 的机会，这是受了机会律的支配的。我们调查选择标准也可以利用这种机会律的，凭着机会的选择调查出来的结果，很可以代表全体的情形。

比如说有 1000 家佃农，我们要选择其中 500 家加以调查，使这 1000 家佃农的被选择的机会相等。一个最简单的方法，是用机会的选择法，把这 1000 个佃农的姓名分别写在小卡片上，再把这 1000 张卡片放在一个口袋内，用手搅匀，搅匀后任意一张一张地取出，拿到 500 张为止，这 500 个佃农便是我们根据机会律选择出来的。调查这 500 个佃农的家庭生活，所得的结果，便可以代表这 1000 家佃农的状况。调查的对象尽管不同，但所用的方法，却均一样。

（乙）间隔选择法（Spacial or Interval Selection）

选样调查法中的第二种为间隔选择法，这种方法非常简单而且适用，比如说，我们要调查某县农田地块的大小，我们便可以应用这种间隔的选择法。我们可以从县城四门分头出发，顺着大路前进，每隔 5 块或 10 块田地量一量地块的大小，记录一次所种的作物种类，如此继续往前走，量地块，记录作物的种类，便可以根据所调查的这许多地块的平均每块的亩数，以及这许多地块所种作物种类占总地块数目的百分比而推求全县平均每地块的面积之大小，及各种作物地块数目占全县地块总数之百分比。

又如，我们要调查某乡镇之户口，我们也可以用这种间隔选样法去调查。我们可以隔几户调查一户，根据所调查的户数求出平均每户好多①人口，再根据这个平均数去推求全乡镇的人口数，所得结果，也是相当准确的。

---

① 编者注："好多"为方言，意为"多少"。

（丙）特殊选择法（Special Selection）

选样调查法中的第三种方法，称之为特殊选择法，这种选择系根据特殊研究的目的，而不顾一般的性质的。为要达到某种特殊研究的目的，便在全体中选择适合于该种特殊的目的那一部分而加以调查。比如说，我们要调查农村中自耕农家庭田场经营状况，当然我们便专门要选择自耕农的家庭来调查，不管佃农、半自耕农及地主等等。又如，在农村学校中，专调查中学男生的体重与身长的情形，当然我们就不调查女生，这都是为了达到某种特殊的目的而专门选择某一部分加以调查的意思。

（丁）比例选择法（Proportional Selection）

选样调查方法中的第四种，称之为比例选择法，这种方法在选样调查方法中是最精确、最重要、最合理的一种，不过我们应当特别注意的是，用这种方法选样的时候，所选出来的那一部分的样子，能否真与全体所含的各部分的重要性质比例的均称，换句话说，所选出来的部分是否能够将全体所含各要素统统按比例的轻重表现出来。比如说，我们要调查某县农家的全年收支及盈亏的情形，不能把那一县所有农家均加以调查，我们还要把自耕农、佃农、半自耕农、地主等家庭的情形都要顾到，那么，我们便可以用这种比例的选择法。

选择农家的标准，最低限度可以有两个，一为根据农家的类别来选择，一为根据农家所在的地域来选择。

比如说，某县共有农家约 10 万，根据田产权的情况，其各类农家分配的百分比为自耕农的家庭约占全县农家总数之 10%，自耕农兼租种的家庭约占 20%；自耕农兼租出的家庭约占 3%，自耕农兼租种及租出的家庭约占 2%，完全租出之地主的家庭约占 5%，佃农之家庭约占 40%[①]，雇农之家庭约占 1%，无地亦不种地之家庭约占 19%。我们要在全县 10 万农家之中选出 500 农家加以调查，其各类农家应选多少，方法如表 1-4-1[②]所列。

[①] 编者注：原著中为 30%，应为笔误，根据表 1-4-1 应为 40%。

[②] 编者注：原著没有表序号，为方便阅读和应用，编者对书中表格均加了表的序号，其中没有表题的也予以补充，但表中单位的形式维持原著，后面不再一一说明。

一 农村社会调查方法

表 1-4-1 按全县 10 万农家之类别百分比之分配选 500 家加以调查各类农家应选数目

农家类别	全县各类农家数目	各类农家占全县农家之百分比	选 500 家加以调查各类农家应选数目
自耕农	10 000	10	50
自耕农兼租种	20 000	20	100
自耕农兼租出	3 000	3	15
自耕农兼租种及租出	2 000	2	10
完全租出之地主	5 000	5	25
佃农	40 000	40	200
雇农	1 000	1	5
无地亦不种地	19 000	19	95
总计	100 090①	100	500

表 1-4-1 第三列各类农家占全县农家总数之百分比，系以第二列全县各类农家总数除各类农家数各乘以 100 而得，以自耕农家数占全县农家总数之百分比作例，说明其计算法如下：

$$自耕农家数所占之百分比 = \frac{10\,000}{100\,000} \times 100 = 10\%$$

其他各类农家所占百分比之算法，如此类推。

只顾到农家类别的比例的选择是不够的，我们还要顾到该县农家地域分布之情况，比如说，该县共分五区，第一区有 22 000 个农家，第二区有 24 000 个农家，第三区有 16 000 个农家，第四区有 18 000 个农家，第五区有 20 000 个农家，共有 100 000 个农家，如此，要在这 10 万家中，根据各区农家数目多少之比例去选500 家，各区应选多少家，其结果如表 1-4-2 所示。

表 1-4-2 按全县 10 万农家各区之分布比例选择 500 家加以调查各区应选农家数目

区别	各区农家数	各区农家占全县农家之百分比	选 500 家加以调查各区应选家数
第一区	22 000	22	110
第二区	24 000	24	120
第三区	16 000	16	80
第四区	18 000	18	90
第五区	20 000	20	100
总计	100 000	100	500

---

① 编者注：此处应为 100 000。

根据表 1-4-1 和表 1-4-2，500 家中各类农家应选的数目有了，各区农家应选的数目也有了，那么，还有一个问题，即到底各区之农家数目中，各类农家应选多少，其分配的情形如何，却是我们现在应当解决的问题。其计算的方法亦甚简单，各区应选的农家数既已确定，我们便可依据各类农家占全县 10 万农家总数之百分比之分配比例一求，即得各区各类农家的数目，兹列表如下，并于表中注明算法[①]：

根据以上所说的两个选择的标准，第一区所选之 110 农家中，自耕农应选 11 家，自耕农兼租种应选 22 家，自耕农兼租出应选 3 家，自耕农兼租种及租出应选 2 家，完全租出之地主应选 6 家，佃农应选 44 家，雇农应选 1 家，无地亦不种地之农家应选 21 家，其他各区各类农家应选之家数已列于表 1-4-2 中，无须赘述。

根据上面的方法，在全县 10 万农家中，所选出的这 500 家加以调查，必能比例地代表全县农家的情形，统计的结果必定比较的确切、可靠。所以说，这种选样的方法在选样调查法中，是最好的一种。

三、全体调查法

所谓全体调查法，系将某种社会现象的全部分子，统统地加以调查的意思，这种调查范围极广，调查所需之人员、时间与经费甚大，非私人或私人机关所能办到。人口调查便是全体调查的一个好例子，因为人口调查是在一定地域内挨家按口一个不遗漏地加以调查的意思，尤其是全国的人口普查，把一国的人口调查得清清楚楚，这更是一个全体调查的好例子。至于选样的人口调查便不同了，乃是在某一区域选择一部分的人口，加以调查，然后再根据这一部分人口的情况，来推测全地域的人口状况。有人说人口调查便是全体调查，好像是无形之中认为除了人口调查之外，其他调查都不是全体调查，这个看法，著者认为是错误的。要知无论何种调查，都可以做全体调查，都可以做选样调查，关于政治、经济、社会、教育种种方面，如果我们是调查全地域的情形，包括全部分子，都可以称

[①] 编者注：原书缺此表。

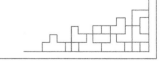

之为全体调查。比如说，我们要调查某县学校的状况，把全县所有的小学、中学、师范、职业及其他一切学校均调查无遗，毫无遗漏，这当然是关于某县学校的全体调查，没有问题。这种全体调查，因为包括了全部的分子，其所得结果当然比较选样调查来得精密可靠；但是因为范围极为广泛，故不能从事于细密深入的研究，只能做概括普遍的调查，这是举办全体调查所不能避免的。

第五章　农村社会调查的准备

农村社会调查的准备可分三方面，一为经费，二为人才，三为工具，三者缺一不可。经费固属基本，人才则尤其重要。城市工作，人才易得，农村工作却非如此，农村环境单调；生活干燥，收入既薄，享受更谈不到，所以久居城市者，真不愿到乡村来吃苦。这是讲到农村一般工作的人才，至于农村调查的人才，则愈加困难万分。比如，我们要举行一个大规模的、全县各方面的社会调查，不管是政府举办，或私人学术团体办理，著者觉得至少要有下列的几种人才，方可办到。第一，必得有一个关于农村社会调查比较有经验的指导者，他不但对于农村社会学、经济学、社会调查与统计方法，应有相当的研究，就是对于农村实地调查，亦得有过数年的经验。换句话说，他不但对于学理、实地调查、调查的指导工作要有研究与经验，就是对于统计材料的分析与整理，也得颇有心得才行。理论固属重要，经验尤其宝贵。第二，至少还要有两个对于社会调查方法的理论及统计有相当训练的工作人员，对于农村调查有过半年或一年的实际经验者为尤佳。即使无实地调查的经验，最好对于农村社会的研究，亦应有深厚的兴趣；因一无经验，二无兴趣，很难在这单调的农村从事这种干燥的调查统计工作。以上我们所需要的人才，希望都是由大学社会学系主修农村社会学的毕业的为最好。受过特种统计调查训练的而有过实地调查统计的经验的也可以。能得到以上的这两种人才，他如统计计算员及调查员，便不会太困难的。主持者筹划设计一切，指导工作的进行，下面有两位专门训练的人员协助办理，每个人分担一部分专题去从事调查与统计的分析，这样分工合作，推动既易，进行亦必顺利，工作效率必然增大，毫无疑问。

关于统计计算员，我们至少需要四人，专从事于统计计算的工作，最好是受过统计训练的。普通高中毕业的也可以，只要聪明细心，对于算学相当熟练，就算合格。年龄最好在十八至二十五岁之间，因此时性情稍定，犹在青年，比较容易指导训练。至于统计计算员的雇用，可直接向统计训练班、学校或友人处求他们介绍，无须举行考试。

调查员的资格与标准，则比较复杂，最好用考试去录取，以资慎重而利工作。调查员的资格与标准应合乎下列的条件。

一、调查员应是当地人

所谓调查员应是当地人，是说调查员应当用举行调查的地方的本地人的意思。调查员用当地人有许多好处：①当地人熟悉当地的风俗人情与习惯，并且语音没有问题，在应酬接洽与被调查者谈话调查上，困难可以减少，无形中能够得到许多方便，尤其是当地人做调查，可以减少被调查者怀疑与恐惧的心理，增加调查材料的可靠性。②当地人对于当地的社会情形颇为熟悉，有些调查材料无须实地访问，便可搜集到手。就是调查员不知道的情形，他因为当地人，也能找到调查的线索，省去许多麻烦。③当地人在当地都有些亲戚朋友，有时很不容易找到的材料，因为亲戚朋友辗转的相托，便把材料弄到手里。著者在河北定县从事农村田产权调查的时候，各村不能告人的地亩册子，便是由当地的调查员由亲友辗转弄到的。④当地人尤其是以前在县政府、乡公所任过职务的人，或在学校作过教员的，因为与各乡的乡镇长、士绅、学董、教员、保甲长等都熟悉，进行调查，甚为方便。⑤当地人因家住当地，事情如果合宜，便很愿长久地做下去，不想中途更换，调查工作可不受影响。⑥当地人因生长当地，关于地方上政治、经济、文化种种方面的历史与变迁，由于耳闻目睹，必较外面人清楚熟悉，关于当地历史沿革与变迁的材料之搜集，必较为容易。⑦当地人对于当地的地理交通必较为清楚，尤其是在内地多山的穷乡僻壤做调查，对于地理的熟悉，可增加工作的效率甚大。

二、调查员的年龄最好在三十以上四十以下

调查员的年龄最好在三十岁以上四十岁以下，因此时性情已定，社会经验比较丰富，人情世故较为明了，如果忠实可靠、诚恳朴质，担任调查工作，必极有

成绩，年岁太轻，到农家调查诸多不便，待人接物，亦不能十分周到，要知道，乡间，尤其是在北方农村，风气颇不开通，男女极为守旧，一个青年的男子到农家去做调查，绝对碰壁，不受欢迎；年龄过老，虽然经验多些，但身体衰弱，精神萎靡，决不能担任此种劳苦繁重的社会调查工作。

三、调查员以中等学校毕业兼有种田经验者为最佳

普通高中毕业[①]的学生如果成绩优良，对于国文、算术，必有相当根底，同时如果他曾经种过田，对于农家经济及种田这一套的技术与经验，也必十分明了，在田场经营的调查上，要有极大帮助，如具同等学力，又能作通顺的文字，并能运用珠算作加减乘除等题目，也可以算是合格的。

四、调查员要有强壮的身体与吃苦耐劳的精神

调查工作，一年到头都得出去，如果调查再以全县为范围，全县各处都得跑到，调查员身体若是不好，很难应付这种繁重的工作。调查员在炎热的暑天、寒冷的冬天，刮风、落雪、下雨亦要出去，有时爬山越岭，饮食甚为不便，甚至有时一天只吃到一顿饭，住宿在非常肮脏的小店，其苦况笔难尽述，调查员如无吃苦耐劳的精神，强壮的身体，很难完成工作的使命。

五、调查员要有谦逊和蔼的态度及诚实朴质的品德

我国为礼仪之邦，人民知识不甚高，但对人接物重视礼貌，故调查员应有谦逊和蔼的态度，万勿骄傲夸大，使民众不敢接近。调查员有了谦逊和蔼的态度，能使接谈者及被调查者都感觉愉快、舒适，对于调查帮助甚大。调查员有了诚实朴质的品德，不但对人忠实，对于调查的工作，亦必忠实，所得的材料一定比较可靠。

六、调查员要俭朴稳重

农村中以俭朴为美德，鄙视奢侈的心理，调查员到乡下去，所穿的衣服要清

一 农村社会调查方法

---

① 编者注：此处应为作者对调查员应具有的能力所作举例说明，并非仅指中等学校毕业即普通高中毕业。

洁朴素，万不要太讲究、太华丽，西服最好不穿，皮鞋也可暂时放起，蓝布长衫最为合宜，衣食住要与民众打成一片。再者，调查员的品行也必须端正，举止动静更要安稳，尤其与妇女接谈时，要格外谨慎小心，轻举妄动、不拘小节、好多说话、不知检点的人去农家调查，一定叫人家骂出来，所以不俭朴稳重的人，不能做调查员。

七、调查员要有忍耐心

实地调查随时随地要遇到障碍与困难，"碰钉子"是家常便饭，调查工作烦琐单调，调查由与被调查者接谈至填写表格，由填写表格至校对计算，由校对错误至遗漏补充，由遗漏补充至誊写表格，完成一张调查表要经过很长的时间，没有忍耐，如何能够胜任。有时如调查举行于农闲，调查员倒很容易找到被调查之农家的家主去谈话。如调查举行于农忙，农家男女老少都到田间工作，调查员很难找到家主去谈话，调查工作真是很难进行。调查员必得到田间去找人，有时调查员找到田间，而农家家主正在忙于工作，无法接谈，调查员只得等他们完了活，再追到家里去进行调查。诸如此类的事情很多，调查员如无忍耐心，绝对办不了事。

八、调查员要有辨别真伪的能力

辨别力在调查统计的工作上，极为需要。调查员在调查进行中，应当在各方面观察被调查者的举止动静、表情、言谈及态度，根据对于被调查者的种种观察以辨别判断被调查者所给答案的真伪与准确程度。

九、调查员要有临机应变的才干

调查员不但要忠实可靠，并且应有临机应变之才，要知被调查者的学识、经验、性格、品行、地位、职业及一切环境均各有不同，调查员焉能用同样的方法来对付。调查员为了能够得到真实的材料，对于各种各类的被调查者要分别用不同的方法去应付，调查员遇事要敏捷，不要错过机会，必须眼快、手快、听得快、问得快、观察得快，应付的方法也要变得快，这样才能获得不易得到的事实。尤其是一般人守秘密的，不是正式直接询问所能得到的，没有俗语所说的"见缝即钻"的手眼，对于社会的内幕是不能揭穿的，所以调查员要有临机应变的才干。

十、调查员要有谈话技术的训练

调查员说话要极其清楚，使被调查者容易明了，与老百姓谈话最忌用文言或夹杂些一般人不易懂的新名词。调查员的言语，腔调的快慢，声音的高低，都应当有训练与修养的功夫。

十一、调查员要有精确的习惯

一般人说话的习惯，均很模糊，尤其是对于识字的观念，更是十分马虎。不过被调查者尽管胡说八道，不着边际，调查员则不可随便乱记、乱写，尤其关于数字的答案，更须讯问十分精确，然后再下笔填写。凡平日敷衍了事、粗心苟且、丢三落四的人，便不宜于做调查员。

十二、调查员应富有热烈的情绪与同情的心理

调查员不但要有科学的精神与研究的兴趣，客观的态度，同时尤其要紧的是应富有热烈的情绪与同情的心理。在现在社会情况下进行调查，遇到了被调查者所处的穷苦的环境，调查者应有丰富的热情，表示同情，使被调查者得到无穷的安慰。这样才能得到许多平常所不能得到的许多材料。

十三、调查员应有科学的精神与研究的兴趣

调查员要有科学的精神与研究的兴趣，如此始能对于一件调查的工作或社会的问题，不辞劳苦地、四面八方地去探询，追根问底地去打听，才能由兴趣中发生更深切的兴趣、更大的兴趣，进一步来完成更有成绩的调查工作。

十四、调查员要有适合的相貌

调查员的相貌与调查工作，也有密切的关系，亦不能不予以注意。调查员的

一　农村社会调查方法

相貌不宜太漂亮，也不能使人见了太讨厌，产生不快的感觉，太漂亮到农家去不合宜，太讨厌人家见了亦不乐于接近。最好长的样子也不顶漂亮也不太讨厌，使人见了，感觉畅快，愿意同他接谈。这并不是著者故意说笑话，纯粹根据指导调查工作所得的经验！

关于考录调查员的办法，著者也要在这里提出一点意思，我们可在报上刊登招考调查员之广告，定半月为报名期限。在报名时要填写报名单，单内共分八项，为姓名、籍贯及诞生地、年龄、教育程度、在乡村服务的经验、有无种田之经验及其年数、国文及算术之程度、对于社会调查的认识。关于考试之项目，至少应有三项，即国文、数学及口试。国文考试两小时，数学考试两小时，口试可定为十分钟。国文试题最好出叙述体，如我的家庭、我的青年时代或关于农村事实的记载，由作文中可以看出国文的程度、记忆力、判断力及观察力的强弱，同时还可以看出本人的思想。此外，关于作文的快慢、写字的整洁与否，亦可看出大概。数学题最好出关于调查实际应用的题目，如多位的加减乘除、小数、平均数、百分比等，由算术的试验中，可以看出本人算术的程度、心思的快慢、算术的应用。口试包括三项：①发一个问题使回答，问题最好是关于某一方面的社会情况的，由答案中可以看出他的判断力与观察力。②选一简单问题表，使讲解其中各项问题的意义。③选一简单的统计表，使讲解表中各项数字代表的意思。由第二及第三两问题中便可知道对于问题表及统计表了解的程度。关于调查员的年龄，在报名时，已有了相当的限制，他的履历与经验，也可由报名单中看出，他的国文与数学的程度，可由考试中看出，他的口才、性格、体格的强弱、相貌的合格与否，均可于口试时加以观察。经过了这番考试所得的调查员，其程度、工作的效率与能力及其他一切的资格，我想都会合乎我们所规定的标准。

至于调查统计应用的工具，普通可分为两类，一类是普通文具如笔墨纸张等，一类是统计调查特殊应用的工具，如算盘、统计纸、大小铜边尺、三角板、绘图仪器、拉尺、照相机、绘图板、自行车等。此外如经费充足，亦可购买英文打字机及计算机各一架，英文打字机可用以打统计表，用复写纸每次可打八九张，极为方便，计算机可用以计算六位数的加法和乘除，能够节省许多计算上的时间，并且极其精确。在乡村做调查，为节省浪费走路的时间起见，最好预备自行车。

第六章 农村实地调查进行的步骤

调查的经费、人才与工具准备好了，便可开始实地调查之设计与进行，关于农村实地调查的进行，可分为七个步骤：①规定调查项目及范围；②编制调查纲目及表格；③向调查员解释调查纲目及表格的含义，并分配调查员之工作；④农村拜访与接洽；⑤实地调查之进行；⑥校对与复查；⑦材料之分析与整理。兹分别叙述如下。

一、规定调查项目及范围

全部社会生活都是我们研究的对象，但是因为研究者的目的之不同，其所要研究的社会生活部门亦各有差别，有人研究都市的社会生活，有人则研究农村的社会生活，研究农村社会生活的，又有专研究农村人口的，又有专研究农村教育的，又有专研究农村经济的，又有专研究农村政治组织的，如此类推，各有不同。又因为人才的多少、经费的充足与否、调查时间之长短，而对于某一部门的社会生活亦有概括与详尽之分别，因此在举行调查之先，便不能不规定调查的项目与范围。比如说，我们要调查某一县农民的生活费用，借着农民生活费用之调查，以研究农民的生活程度，规定了调查的项目以后，还得确定调查的地域范围。换句话说，我们是以全县为范围，还是以一区为范围，还是以数村为范围，或是以某一村为范围。当然，如果我们以全县为范围，则只能作概括的调查；如仅以一村为范围，则可以家为单位，而从事较详尽的调查。在确定调查范围之时，还有一点应加以注意的，便是我们应当对于人力、财力及时间加以预先的估量。如果我们不能作全体调查时，我们可以作选样调查，就所选的部分加以调查，根据所得结果，来推求全体的状况。要知道，如果所选的样子能够充分代表全体，则根据调查所得的结果去推求全体，亦不会相差太大。著者在定县从事农村社会调查的时候，曾调查了 6000 余家的人口，结果选出最精确的 5255 家的人口调查表，加以统计分析，所得平均每家 5.8 人的数字，所制绘出来的人口金字塔的形状及根据 Sundbarg 的三类人口推测而得到定县农村人口为稳定类（stationary type）的判断，都很可以不但代表定县全县人口的情形，而仍可以代表华北一带农村人口的情形。我们曾经根据了平均每家 5.8 的人口数字，乘以全定县之家数，而得到全定县的人口总数为 40 万人，约等于全国人口千分之一。如果河北全省之农家数有一个精确的统计，我们也可以全省农家数乘以平均每家 5.8 之人口而可推求出来河北全省之人口总数，与实际情形不会有多大的出入的。

二、编制调查纲目及表格

调查项目与范围规定后，便可开始编制调查纲目与表格，为吾人用来搜集社会生活的事实的最有效的工具。调查纲目与表格编制的好不好，对于调查的进行与材料之搜集，关系至为密切，不能不加以研究。有人将调查表分为两大类：一类称之为"大纲式"，即著者所称之调查纲目；一类称之为"图表式"，即著者所称之调查表格。所谓调查纲目，有如论文的大纲，将所要调查之问题，一一依次排列，每一问题之前编一号数，每一问题之后，留一相当地位，以作填写之用。有时在编制调查大纲之时，预先将可能及必然的许多答案，一一胪列问题之后，知道被调查者必要回答已列的几个答案中之一个。在调查时，即用简明的符号加记于答案中之一个答案上，这样可以减省许多调查的时间。例如，我们编制一农家家庭生活调查大纲，第一个项目为农家类别，我们可以在农家类别项目后，预先列（1）自耕农，（2）半自耕，（3）佃农，（4）地主，（5）雇农，（6）无地亦不种地这几个答案，因为我们知道农家除了这六类之外，再没有别的类。如果被调查的农家为一自耕农家庭，那么，我们便在"自耕农"后加以简明的符号，其他如此类推。普通均于答案后加 "▽" 这样的符号，亦可便于统计。至于调查表格，则系用许多纵横线画成的若干方格。每一横行或纵行的首端，均列有文字，有时因问题性质的不同或重要的程度不同，而用轻重线与大小字加以区别。这种调查的表格，不适宜于记录一个社会单位的事实，最适宜于记录许多相同的单位，其优点在能省略重复的项目。例如，人口调查表格中，横的题目列有家主、亲属称谓、同居与佣工各栏，纵的方面则列有姓名、性别、年龄、籍贯、教育程度、职业等项，这样便可将家庭的一切人口的种种事实都填写在这一张表中，其便利可知。调查纲目与调查表格固有长短，但我们亦可将此两种调查表式同时应用，取长补短。凡是共同项目，即可编成调查表格，凡不能列入表格内者，则编成调查大纲。此外，还有把调查的项目拟成许多问题，有时仅以"是""否"答复，有时被调查者用冗长的语句来答复，故在问题后宜多留空白，免得答案太长，不够填写。

至于编制调查纲目或表格，也有些应注意的原则，可以遵循，兹分别叙述如下。

无论编制什么调查纲目或表格，先要对于将进行调查的题目，四面八方、里里外外，作一概括的访问，以求对于实际的情况得以有相当的认识。比如说，我们要编制一农村集场调查表，那么，我们必得先把集场一般的情况有所了解，然后方能动手去编，我们最好先亲身到集场去作一访问，找一找老百姓，找一找在集场做生意的小贩子，再找一找介绍买卖的经纪人，再找一找在集场上居住许久的老年人，问一问他们这个场的历年的沿革与变迁、赶场人数的多少、交易货物的种类、经纪的组织等，把这些情形得一概括的明了以后，再开始编制集场的调查表，才有可能而实用。如果我们是生在乡村的，对于集场这一套根本就很熟习，当然便不需要费这一套手续。

我们对于所要调查的，有了概括的了解，便可开始进行编制的工作，除非是天才，不然没有一个人可以一次把调查表就编成功的。根据作者的经验，我们先就所想到的，一项一项写下来，尽量往下写，多多愈善，什么逻辑的次序、先后的顺序，我们可暂且不管，把所要调查的项目都写完了以后，最要紧的是要向熟习这一方面情形的人请教，请教的结果一定可以减少些不实用的项目，增加些新项目，这样当然希望少有遗漏，尤其是重要的项目，必不致遗漏，在调查资料的搜集上，很可希望得到相当完全的结果。

把调查的项目都写得完全以后，便可开始按逻辑之次序，去将各项目加以合理的排列，要知一个调查表中所含的问题有多至数百者，这许多设问，何者应列在前面、何者应排至后面、何者应相连贯、何者应当分开，均有仔细考虑之必要，

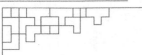

现在——分述如下。①

1. 表格内的问题应繁简得当

表格内设问太少，便得不到许多的社会事实，但设问过多，则不仅被调查者容易感到厌倦，即从事调查填表的人亦难免嫌麻烦而草率了事，不能十分认真去做。还有一点，被调查者哪里会有许多工夫去回答问题。作者认为表格的问题最好在两小时内问完为佳，因超过两小时的谈话，普通一般人决难忍受。

2. 表格内的问题要清楚明白

表格内的问题要清楚明白，扼要简单，不要繁杂含混，使被调查者见了，易得明确的观念。表格内问题的语句构造应简短而不宜过长，文字最好用白话，含意要单纯确切，使任何人见了，都指同一的意思。

3. 表格内的问题的次序要合乎逻辑的次序

表格内的问题有时甚多，其排列次序自应合乎逻辑的次序。据作者的经验，一般性质的问题应在前，特殊性质的问题应在后；重要者应在前，次要者应在后。如调查系关于业务的营业者，则应根据业务经营的程序而定问题的先后次序。例如，关于农村手工业之调查，当然应先问工业之种类、原料，再问制造之方法、技术与工具，再问工作时间、工作者每单位成品之价格及销售诸问题，最后问赚利之多少等，这样调查者也好问，被调查者亦好答，而对于材料之整理与分析亦可得到许多便利，而其各答案之相连的关系，亦可容易发现与明了。

4. 表格内的数字答案应有互相校对的作用

被调查者回答数字的答案，最不易准确可靠，有时是故意说谎，但有时却系由对于数字没有确切的习惯，马虎惯了，有时也是由于被调查者多不大注意数字的重要。所以在编制问题表时，应当将关于数字的答案，使能有彼此校对的作用，以期能够发现错误或虚数。例如，我们可以问全村田产在 26 市亩以下者有若干家，26—49.9 市亩者有若干家，30②—74.9 市亩者有若干家，75—99.9 市亩者有若干家，100 市亩及以上者有若干家，我们这样只问家数很不易发现答案之有无错误。如果我们再问家中有田产在 25 市亩以下者共有好多市亩，25—49.9 市亩者共有好多市亩，50—74.9 市亩者共有好多市亩，75—99.9 市亩者共有好多市亩，100 市亩及以上者有好多市亩，这样由田产亩数与家数这两个数字来彼此校对，当可知道有无错误。

5. 表格内问题后所留的空白宜便于填写

表格内问题后均应留有相当空白的地位，以便调查者填写答案之用，但此类空白究应留多少，当视所问的问题而有不同。我们一方面可酌量问题的可能答案之长短，而决定所留空白的多少，一方面我们亦可在问题表格拟完之后，可先作一调查，自行填写一两张，如果发现缺点，即可改更。

此外，关于表头、表底、表格之大小、纸料、颜色、排印之字体，亦有应注意之处。

表头普通均印有调查表的名称、表格号数、页数、调查时间、调查员姓名、被调查者之姓名或被调查机关之名称、被调查者之住址或被调查机关的所在地点等，这些项目均要一一填写，不能遗漏。著者根据在定县农村调查的经验，认为调查表上最好写"询问"或"访问"字样而不写"调查"字样，因一般老百姓最怕"调查"两字，很容易引起他们的误会与怀疑。例如，"农村家庭人口调查表"，最好写"农村家庭人口询问表"或"农村家庭人口访问表"，调查者姓名栏则写"询问者姓名""访问者姓名"，或更好一点写"领教者姓名"，被调查者之姓名或被调查之机关名称，则最好写"赐教者姓名""赐教之机关名称"，这样使一般认识字的乡下人见了，觉得很舒适，免得许多怀疑的猜想，对于调查的进行，必能得到很大的帮助。至于调查表的左下角最好印"准确程度"四字，调查者根据被调查者之态度、调查时的情况、被调查者所给的答案，决定一准确程度的百分比，如准确的程度有 80%、有 90%、有 20%、有 50% 等，这样调查完竣后，仅选择准确程度之百分比高者加以分析，至于准确程度过低之调查表，则竟弃之不要，因准确程度高者与准确程度低者混在一起整理，一定不会有很好的结果。此外，在表格之右下角应印有"校对年月日""复查年月日""统计年月日"与"存档年月日"等字样，以便查阅。

一　农村社会调查方法

至于表格的大小，应以便于携带与收藏为宜，因社会调查必须出外举行，有时路途遥远，若表格太大，则不便携带，且不合于收藏与整理。普通调查表之大小，以 8 英寸①长、5 英寸宽为最适宜，最大者亦不宜超过 11 英寸长与 8 英寸宽的大小，若调查之项目太多，调查表一页的地位不敷应用，则亦可分印数页，订成单册。

至于表格所用之纸料，如在平时可用坚硬、能够竖立、平滑又便于用钢笔的卡片及普通的道林纸来印刷，在此抗战期间，没有办法，只得用对方纸或本地新闻纸印刷。

表格的颜色通常则多用白色，如同时举行各种调查，例如同时举行户口普查、农业普查、工业普查、教育普查等，则应用各种不同颜色的纸料，以便容易识别与分类。

表格上的字体亦应大小合宜，重要的问题用大字，次要问题用小字。普通表格上之字体均用四号字，但亦有用五号字者，至于表格上端之标题，则均应较表内字体为大，这样始能醒目。普通印刷表格以铅印为宜，油印虽较经济，但不甚清晰。

此外在调查表上最好印两句关于调查的目标与用意的话，使被调查者见了知道调查与他们有利而引起他们欢迎调查，减去怀疑，说出实话。比如说，我们在农业普查表上可以写这样两句话："要改良本地的农业，必先明了本地农业的情形。"

再者，如果调查表是用通信调查法，那么，我们必得在调查表之外，附以说明，把调查表中的各项问题解释得清清楚楚，并且要将调查员应注意之点，亦均列出，使他们留心，这样始能有很好的成绩。

兹将四川省选县户口普查委员会调查彭县、双流、遂宁②三县所用之户口普查表及著者在四川省政府统计处所编之县概况调查表与乡镇概况调查表三种列下，以资参考。选县户口普查委员会之选县户口调查表与县概况调查表为纯粹表格式的，至于乡镇概况调查表则为表格式兼大纲式的。此外，乡镇概况调查表仍附有

---

① 编者注：1 英寸=2.54 厘米。

② 编者注：此处应为崇宁。

乡镇概况调查办法及查填说明，做调查者之参考。

乡镇概况调查办法及查填说明

（一）总说明

乡镇为市县之基层组织，欲明了市县之情况，必先对于各市县之乡镇情形有概括的认识与了解。本处为供给一切建设计划与学术研究之确切依据起见，特定于本年内分期办理县况选样调查。第一期调查本省各县之乡镇概况，举凡乡镇之沿革、自然环境、行政、经济、教育、社会各方面之重要问题，均拟详为搜集。本处本年度工作计划中所规定编制之市县概况一书，即将根据本项调查材料汇编而成。他如统计年鉴之编辑，亦拟取材于此。至于各市县政府有赖于本项调查者，亦复不鲜。如县统计提要与简要手册之编制，乃以其为主要资料之来源。是故，此次之乡镇概况调查，诚可谓一举而数得，其性质之重要与用途之广大，于此可以想见。

本处鉴于本项调查之重要，关于表格之填报，务希各市县主持统计工作之同仁，切实负责，认真办理。其在市县政府取材者，固须如是。其有须至各乡镇方能求得解答者，亦须亲往各乡传访周咨，相互印证，以期翔实周至。即使限于事实未克分身，亦应遴选富有调查经验、熟悉地方情形之热心人员以为代替，此项人员对于报表内容之了解，调查方法之研讨，事先须有充分之准备，始能克尽厥职，固无待于辞费。本处对于此次调查，期望于市县统计室诸同仁者甚为殷切，想诸同仁必有以餍吾人之热望也。

（二）乡镇概况调查查填办法

一、本处编制市县概况并搜集编制统计年鉴资料起见，特令各市县政府统计室调查各该市县乡镇概况。

二、调查之先须参照"查填须知"预为深刻之研讨，俾于调查表内所列举之各项问题能有充分之了解，以免答非所问，填报错误。

三、本项调查之有无良好结果，在于取材是否精确。故关于调查表中各项问题，必须详询真相，不得捏造事实或含糊填写，因一表之准确程度足以影响全部之调查结果。

四、各项问题之取材地点，除指定之机关外，并得请教当地热心士绅及明了地方情形与富有调查经验之人士。

五、调查材料以简明扼要为主，如遇特殊情形，须一一记载于调查表内；若表格空白过少，不能容纳时，可另粘附纸条加以说明。

六、除填报乡镇概况表外并须附乡镇地图一份。

七、自奉到本项调查表之日起开始查填，限本年八月底以前调查完竣，呈报来处，不得迟延。

八、调查人员如对于本调查表内之问题有疑问时，可函询本处第一科。

（三）乡镇概况查填须知

为使调查表内之各项问题得以确切明了起见，特依照本调查表各项问题之次序加以说明，并注明各项问题之取材处所，调查时可逐项参照，至问题之十分明显而无须解释者，则不另加说明。

甲、取材处所

一、民政科

二、县志书、民政科、乡镇公所

三、地政科、建设科、测候所

四、民政科、乡镇公所

五、本乡镇经济概况

1. 地政科、土地陈报办事处

2.3. 建设科、农业推广所

4.5.6. 乡镇公所

7. 经收处、田赋管理处

8. 经收处、财政科

9. 财政科、田赋管理处、乡镇公所、经收处

10.11. 乡镇公所

12. 合作指导室合作金库

13. 乡镇公所、建设科

14. 乡镇公所、合作金库

六、教育科、户籍室、乡镇公所

七、社会概况

1.2. 党部、社会科、动员委员会、其他

3. 社会科、民政科

4. 警察所

5. 军事科

（原书缺6）

7. 救济院

8. 社会科、党部

乙、填表说明

二、本乡镇之沿革——简略叙述本乡镇之历史，最好根据县志摘录重要部分

三、本乡镇之自然环境

1. 本乡镇有何山陵？填写著名的山陵，太小的山陵不必填写。

2. 本乡镇有何河流？填写主要的河流并注明自县之何地方入境通行……船填大小，木船、汽船等。

四、本乡镇之行政概况

（原书缺1）

2. 教育程度栏，填不识字、私塾若干年、小学毕业、高小毕业等。

3. 性比例系以女子数除男子数再乘100而得。

4. 大学程度、中学程度与小学程度三栏，凡在大学、中学与小学毕业、肄业或修业者，均可分别填写大学程度、中学程度或高小程度。

五、本乡镇之经济概况

1. 本乡镇之土地总面积，包括本乡镇中一切田地、山陵及荒地等之

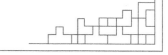

面积而言。填写当地的田地面积时，须注明单位面积名称，当地田和地的面积单位各折合市亩若干，可注明在本调查表之（五）（1）项下。耕种一季系指全年只种一季的作物面积而言，耕种两季系指全年耕种两季作物面积而言。例如，甲耕地面积为 20 亩，全年只种一季水稻，其作物面积则为 20 亩；乙耕地面积亦为 20 亩，全年种水稻及小麦两季，则其中作物面积为 40 亩；两地耕种面积共为 40 亩，但其作物面积则共为 60 亩，故作物面积大于耕种面积。可耕荒地系指可以耕种之荒地而言，不可耕荒地系指不可耕种、不生长作物之荒地而言。水田面积与旱田面积相加须等于耕地面积，山陵、河流、耕地面积、荒地面积（包括可耕荒地与不可耕荒地）及其他等相加须等于本乡镇之土地总面积，山陵、河流、耕地面积、荒地面积及其他等所占总面积之百分数（%）相加须不超过 100%；耕种一季的作物面积与耕种两季的作物面积相加须大于耕地的总面积。

2. 农产品名称填各种作物名称，指在本乡镇中种植较多之作物而言；大春作物如粘（黏）稻、糯稻、包谷、棉花、红苕等是，小春作物如小麦、菜籽、豌豆、胡豆等是。

常年产量系指本乡镇没有水旱灾害的平常年成产量，例如稻子常年产 2000 市担……

民国二十六年情形栏之"总值"与民国三十年情形栏之"总值"请勿填写。

单位价格指每市石或市斤之价格而言，通常用斗量者，以市石计，用秤称者，以市斤计，单位价格最好填写各项产品在全年中既不太高又不太低的中等价格。

3. "自耕农"系指自己有田完全自己耕种的农家。"半自耕农"系指除自有的田地自己耕种外并租种别人田地的农家。

"地主"系指自己不种田而将所有田产均租出给佃户耕种之农家，但亦有雇用劳力耕种而不亲自操作者，前者称为收租地主，后者称为经营地主。

不住在本乡镇之地主系指当地地主而不住在本乡镇者。

住在乡镇之地主系指当地居住之地主而言。

4. 本乡镇集场情形

本乡镇所辖之集场系指本乡镇所管辖的集场而言。

本乡镇居民所赶邻近乡镇集场系指本乡镇之居民到邻近乡镇去赶场的意思，场镇名称填如四羊场、青龙场等。

逢场日期填阴历如一、四、七、二、五、八等。

主要交易物品填场镇上交易最多的物品。

全年每场交易总值内分最高、最低及普通三种填写，全年中有一个集场交易的总值最多若干、最少若干、普通若干。

距本乡镇公所里数系指各集场距乡镇公所有若干里，如赶场即在乡镇公所所在地，则填"即在乡镇公所所在地"。

5. 本乡镇各种劳工之工资情形

表中第二行注明管伙食或不管伙食，第三行注明每日工资，即管伙食每日工资若干，不管伙食每日工资若干，第三行之全年工作日数系指各种工人全年工作若干日得工资若干。

6. 经费开支之主要项目注明各主要项目及各项占总支出之百分比，例如文化开支月支$1000，占总支出30%。

（原书缺7、8、9）

10. 本乡镇各种物价的情形，填写每单位之价格。关于民国二十六年12月与民国三十年12月之价格，可根据本乡镇各铺店之账簿抄录，价格一栏须注明币制单位，如"元""角"等。

11. 本乡镇工厂及手工业之情形

工厂系指利用相当的机器的动力，或雇有工人在20人以上者；手工业普通包括两种，一为作坊工业，一为家庭手工业；作坊工业为由一师傅收用数个学徒所经营的业务，家庭手工业则为农家经营之一种副业，多利用农闲工作，以补助家庭进款。

本栏请填写关于本乡镇比较重要之工厂及手工业的名称。

家数填经营此种工业的家数，资本、产量及价格三栏须各填注单位，

一 农村社会调查方法

销路系指销售地点而言。

六、本乡镇教育概况

1. 本乡镇识字人数占总人口之百分比与不识字人数占总人口之百分比相加须等于100%。

2. 识字男子占识字人口之百分比与识字女子占识字人口之百分比相加须等于100%。

3. 男子不识字人口占不识字人口之百分比与女子不识字人口占不识字人口之百分比相加须等于100%。

4. 已入学的学龄儿童男女人数与未入学的学龄儿童男女人数相加须各等于学龄儿童之男女人数的总和。

七、本乡镇社会概况

（原书缺1）

2. 本乡镇邪教情形

（1）"邪教"系指红灯教、白莲教等及妖言惑众的教名而言。

（2）"起源"则填时间与地点。

（3）"参加分子"填无业游民、无知男女、农民、工人等。

（4）"发展动向""动向"二字是"趋势"的意思。

（5）"背景"系指有何人或何党派在暗中唆使或主持而言。

3. 本乡镇宗教情形

"宗教"系指基督教①（或称耶稣教）、天主教、佛教、道教、回教等教而言。

"教堂"是基督教和天主教的布道场所，寺庙是佛道等教的修炼地址，信奉何种宗教者称为各该宗教教徒，例如信奉耶稣者称基督徒，信奉佛教者称僧，俗称和尚，女性则简称为尼。

主办事业指各宗教所办理的社会事业，如学校或带有救济性质的慈善事业等而言。

---

① 编者注：此处应指新教。

4. 本乡镇治安情形如何维持

治安情形系指本乡镇是否安居乐业、有无盗匪情事。

"靠何力量维持"系指维持本乡镇治安者是何种力量的意思，例如军警或其他人民团体力量，须具体的填出名称。

"自卫组织"栏的"每员待遇"一项，最好能按其官阶职别分类填列。

乡镇概况调查表

第一次全省县况选样调查

调查者姓名_____存档号码_____

报告者姓名____调查____年____月____日____

一、乡镇名称：_____省_____县_____乡镇，本乡镇原来名称_____

改名原因_____

二、本乡镇之沿革（简略叙述）：_____

三、本乡镇之自然环境：

1. 本乡镇面积_____方市里；东西相距_____市里；南北相距____市里；距县城中心_____市里。

2. 本乡镇有何山陵：_____山最高峰____市尺；____山最高____市尺；____山最高峰____市尺。

3. 本乡有何河流：_____河自_____入境由_____出境通行____船每年____月通行____；____河自____入境____出境通行____船每年_____月通行。

4. 本乡镇山陵地约占全境面积之_____%；河流约占全境面积之_____%。

5. 本乡镇降雨最多在_____月，降雨最少在_____月，最热在_____

月，最冷在_____月。

四、本乡镇之行政概况：

1. 乡镇公所所在地_____本乡镇地基面积_____原来地点_____
迁移原因_____

2. 乡镇长姓名_____籍贯_____年龄_____教育程度_____已任
职时间_____年_____月，是否兼任中心学校校长_____。乡镇副姓名
_____籍贯_____年龄_____教育程度_____已任职时间_____年
_____月，是否兼任中心学校校长_____

3. 本乡镇有___保___甲___户___口___男___女；性比例_____

4. 本乡镇公所共有职员_____人，大学程度_____人，中学程度
_____人，小学程度_____人，受过训练_____人，不识字者_____人。

5. 本乡镇共有保长_____人，副保长_____人，共_____人，其中
大学程度_____人，中学程度_____人，小学程度_____人，受过训练
_____人，不识字者_____人。

6. 本乡镇及各保在民国三十年内曾经举行之各种会议

会议名称	召集者	会议召集之依据	参加人员	召集日期	重大决议	其他

五、本乡镇之经济概况

1. 本乡镇之土地总面积_____亩，耕地面积_____亩，其中水田
_____亩，旱田_____亩，耕地面积占总面积之_____%，耕种一季作
物面积_____亩，耕种两季作物的面积_____亩。

可耕荒地_____亩，不可耕荒地_____亩，荒地面积占耕种总面积
之_____%，田的单位名称___地的单位名称_____田（注明单位）
折合_____市亩，_____地（注明单位）_____折合___市亩。

2. 本乡镇各种农品及其他主要特产之全年产量及其价格

产品名称	常年产量	民国二十六年情形			民国三十年情形			销售地点
		产量	单位价格	总值	产量	单位价格	总值	
			元	元		元	元	
			元	元		元	元	
			元	元		元	元	
			元	元		元	元	
			元	元		元	元	
			元	元		元	元	
			元	元		元	元	
			元	元		元	元	

3. 本乡镇有自耕农___户，半自耕农___户，佃农___户，雇农___户，住在本乡之地主___户，不住在本地之地主_____户，自耕农自有田产最多__亩，最少_____亩，普通_____亩，佃农租田最多_____亩，最少_____亩，地主有田最多___亩，最少_____亩。

地主收租 50 石以下者有_____户，50 石至不及 100 石者有_____户，100 石至不及 300 石者有_____户，300 石及以上者有_____户，共_____户，租佃标准_____

地主和佃户有何纠纷_____

起因如何_____

怎样解决_____

4. 本乡镇集场情形

集场地域	场镇名称	逢场日期	主要交易物品	全年每场交易总值			距本乡乡镇公所里数
				最高	最低	普通	
本乡镇所辖之集场				元	元	元	
				元	元	元	
				元	元	元	
				元	元	元	

集场地域	场镇名称	逢场日期	主要交易物品	全年每场交易总值			距本乡镇公所里数
				最高	最低	普通	
本乡镇居民所赶邻近乡镇之集场				元	元	元	
				元	元	元	
				元	元	元	
				元	元	元	
				元	元	元	
				元	元	元	

5. 本乡镇各种劳工之工资情形

工人类别	每日工资（元）				全年工作日数及工资					
	民国二十六年		民国三十年		民国二十六年			民国三十年		
	管伙食	不管伙食	管伙食	不管伙食	全年工作日数	所得工资（元）		全年工作日数	所得工资（元）	
						管伙食	不管伙食		管伙食	不管伙食
1. 播秧工										
2. 打谷										
3. 施肥										
4. 长工										
5. 泥水匠										
6. 水工										
7. 裁缝										

6. 本乡镇公所每月经费_____元，全年经费____元，何时领到____

不敷开支时如何筹补____经费开支之主要项目及其占总经费之百分比____

7. 全乡粮额_____两粮柱_____柱每两征实物数____

8. 本乡镇承办民国三十年内之各种主要摊派

摊派日期	摊派名称	摊派原因	摊派方法	摊派数额	决定方式	催收方式	摊派结果

9. 本乡镇经收各项赋税情形

税收机关	地点	赋税名称	标准	征收方式	民国三十年征收数	征收感想

49

10. 本乡镇物价情形

品名	单位	价格		品名	单位	价值	
		民国二十六年十二月	民国三十年十二月			民国二十六年十二月	民国三十年十二月
米（上熟）	市斗			猪肉	市斤		
红苕	市斤			猪油	市斤		
高粱	市斗			菜油	市斤		
土面	市斤			食盐	市斤		
玉米	市斗			阴丹布	市尺		
豌豆	市斗			土白布	市尺		
胡豆	市斗			棉花	市斤		
小麦	市斗			棉线	市斤		
花生	市斗			洋火	每盒		

农村社会调查方法

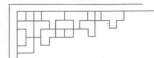

11. 本乡镇工厂及手工业情形

（1）工厂

名称	性质	工人人数	主要产品	全年产量	销路

（2）手工业

工业名称	家数	工人数目	资本			出品种类	产量		销路	价格		
			最大	最小	普通		每月	全年		单位	民国二十六年	民国三十年

12. 本乡镇合作社情形

合作社名称	成立时间	社员数	每股股金（元）	股数	资本数（元）	贷款数（元）	业务

13. 本乡镇塘堰数

14. 本乡镇银行仓库所在地及其名称

六、本乡镇教育概况：

1. 本乡镇识字人数占总人口之_____%，不识字者占总人口之_____%，识字之男子占识字人口之_____%，识字之女子占识字人口之_____%，男子不识字者占不识字人口之_____%，女子不识字者占不识字人口总数之_____%，学龄儿童数____其中男___女___已入学之学龄儿童数其中男_____女_____未入学之学龄儿童数____其中男___女___

2. 本乡镇共有中心学校____所，国民学校____所，共____班，中心学校校长姓名_____国民学校校长姓名____教职员专任___人，兼任_____人，学生共有____人，年龄最大____岁，最小____岁，民教班实到学员_____人，成人班实到学员____人，妇女班实到学员____人。

3. 中心学校、国民学校与乡镇公所如何联系_____

4. 中心学校、国民学校与保办公处如何联系_____

5. 中心学校教职员大学程度____人，中学程度____人，小学程度___人，国民学校教职员中学程度____人，小学程度____人。

6. 办理中心学校之困难_____

7. 办理国民学校之困难_____

七、本乡镇社会概况

1. 本乡镇公社情况

各公社名称	隶属总社		社长姓名	人数	何种职业的人占多数	各领导分子为何种职业的人	兼营何种经济及文化事业	备注
	社长姓名	所在地点						

一　农村社会调查方法

2. 本乡镇邪教情形

邪教名称	起源	参加分子	发展动向	背景

3. 本乡镇宗教情形

宗教名称	教堂或寺庙所数	所在地	教徒或僧道尼人数	主办事业

4. 本乡镇治安情形如何维持＿＿＿＿＿＿＿＿＿＿

靠何力量维持＿＿＿＿＿＿＿＿＿＿＿＿＿＿

本乡镇自卫组织＿＿＿＿＿＿＿＿＿＿＿＿＿

自卫组织名称	人员	每员待遇	实有枪弹	枪弹来源	经费来源	其他

5. 本乡镇壮丁数（18—45 岁）每月配赋数_____出征壮丁数

_____

缓役_____免役_____在乡军人数_____

6. 本乡镇现有碉堡数_____连碉数_____排碉数_____班碉数_____

7. 本乡镇现有救济机关名称（a）_____（b）_____

（c）_____（d）_____

8. 本乡镇现有民众社会团体（a）_____（b）_____

（c）_____（d）_____

9. 本乡镇现尚有何毒品流行请据实以告_____

四川省_____县县概况统计（民国三十一年）

沿革									
地势	县城中心位置	东经	北纬	气象	气温	最高		最低	平均
	县城海拔高度		公尺		降雨量		公厘	日数	日
土地户口	全县面积	方公里	耕作面积	市亩 其中	水田	市亩	占耕作总面积		%
					旱田	市亩			%
	荒地面积	市亩	耕地面积占全县总面积		%	荒地面积占全县总面积			%
	户数	县城户数	农户数		农民占全县总户数				%
	人口数	男	女		性别比例	每百女子当男子数		平均每户人口数	
	农民数	占全县人口			%	平均每方公里之人口密度			
行政区划及保甲	县等		等	指导区数	区署数共计	甲等区署数		乙等区署数	
	乡镇数	共计	甲种乡镇数	乙种乡镇数		保数		甲数	

53

一 农村社会调查方法

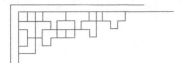

民国时期农村社会调查方法选编

54

兵役	全县壮丁人数		每月配赋数额			已送出壮丁人数			

财政	岁入	总额　　元	税课收入	元	%	租金使用及特许费	元	%	其他收入	元	%
	岁出		行政支出	元	%	教育与文化支出	元	%	其他支出	元	%

粮额与粮柱	粮额		粮柱	

教育	全县文盲人数（六岁及以上）		男子文盲数		女子文盲数	
	全县学龄儿童数		已入校　男／女		未入校　男／女	
	学校总数	中等学校数	小学学校共计	普通小学数	中心学校数	国民学校数

主要农作物面积及产量	作物名称	耕种面积（市亩）	约占全县作物亩总面积之%	全年产量（市石）	估计价值（元）

工矿	主要工厂名称		主要手工业	
	主要矿产			

商业金融	全县经济中心地点名称	
	重要银行名称	

合作	全县合作社数		社员人数	
	已/未设立县合作金库			

警卫	组织		警长人数		警士人数	
	全县枪支总数		政府枪支数		民间枪支数	

卫生	已/未设立县卫生院		全县西医院数	

绅户	县中大粮户姓名	
	县中大乡绅姓名	
重大工程	全县重大工程种类及所在地	

户口调查表　　　　第　页　共　页

四川省 县 乡镇 普查区第 户 普查分区第 户 整编第 原编第 保 第 甲 第 户	户别 普通户（ ） 营业户（ ） 公共户（ ） 是否外侨（ ） 是寺庙（ ） 名称（ ） 详细地址（ ） 在何城市场集内（ ） 如系船舶常时停泊何县何码头（ ）	称谓	户长	2	3	4	5	6	7	8	9	10	在本户常时住宿者 男人女人共 人 普查夜在本户过夜者 男人女人共 人
		姓名											
		性别											
		已满几岁											
		未婚、有配偶、丧偶或离婚											
		是否识字											
		在何学校毕业或肄业或入私塾几年											
		在何人家或厂号机关常时做事											
		做何事											
		做事有无收入											
		本籍											
		在本县居住满几年几月											
		是否在本户常时住宿											
		普通户内不在本户常时住宿之家属他往何地居住											
		农历二月二十日夜间是否在本户过夜											

55

一　农村社会调查方法

_____月_____日

普查区主任_____

副主任_____

普查分区主任_____

普查员_____

三、调查纲目及表格的解释与调查员工作之分配

调查纲目及表格编制妥当，试验调查数次加以修改付印后，即可进行接洽调查，但在接洽调查以先，应召集参加实地调查的人员开一次谈话会，由主持者将调查纲目及表格逐项讲解清楚。凡应使调查员注意之点，均要详细提出，调查员有不明了之处，可仔细解释，务使对表中一切问题均有极彻底的了解。主持人解释完竣后，不妨向调查员发问，请他们回答，看看他们是否真正明了。如调查人员均清楚明了，毫无疑问，主持人便可开始分配工作。根据我们的经验，如果所举办的调查是全县大规模的政治、文化、经济、社会各方面的调查，应当先准备一张相当详细的全县地图，有的县份由县政府里面便可以得到。如果没有已印好的县地图，调查人员最好想法子找一张略图或草图，图上绘有主要山脉与河流，县城所在地，邻县名称与本县的界线，各区的界线，乡镇的名称，各乡镇的保数、甲数、大约户数及人口数，乡镇公所距县城之里数，各乡镇公所彼此相距之里数，特产所在地等。这样每个调查员手备一张，对于调查之进行必有极大的帮助。如系全县概况调查，则最好调查人员分别在各乡镇进行。如系详细的挨户访问，则最好调查人员集中在一单独的乡镇，调查完了一乡或一镇，再进行第二个乡或第二个镇，把工作分配妥当以后，便可开始接洽。

四、农村拜访与接洽

工作分配妥当以后，便可开始拜访与接洽，拜访的对象当然包括乡镇长、保甲长、地方的士绅、学校的校长与教员及其他有关系的人物等，在拜访中应申述所要举办的调查的意义与目的，并要特别解释调查与增税征丁是没有什么关系的，同时最好告诉他们调查对于地方建设与改进工作是有帮助的。调查如果是以乡镇

或保为单位的概况调查，则可于拜访后就跟着开始进行调查，如果调查是以家为单位的挨户的详细调查，则最好在调查前先开一保民大会，请乡镇长及保甲长召集，把一保或邻近数保的民众聚集在一起，由乡镇长演讲调查的意义与重要，最要紧的使一般民众明了调查是与增税抽丁无关的，演讲后再奏演些音乐、留声机、戏剧及其他杂耍等的娱乐项目。如果经费充裕的话，可以预备些糖果、花生，在散会时分给小孩们，这很可以联络彼此的感情，对于到各家去进行调查，据著者的经验看来，是很有帮助的！此外，挨户的详细调查，必得由各保的保甲长来引导，随时可向各家解释，免得在实地调查时发生问题，耽误许多宝贵的时间。著者十余年前在定县乡村从事调查的时候，便是用这个方法。我们初到定县的时候，因为怕人民不了解，还不敢骤然便开始调查工作，我们曾住在一个村庄的破庙里，先创办平民学校，提倡农业科学，并到各村播放留声机、放映灯片，演讲平民教育的重要性，后来人民对我们有了相当的认识与信仰，我们才放胆去举行调查，最初人民对我们有种种怀疑，有的怀疑我们是传教的，有的怀疑我们是县府派来调查地亩的，有的甚至于怀疑我们是外国人的侦探，来侦查国内的情形的，各种各类梦想不到的怀疑，不胜枚举。挨户的调查系由保甲长引导进行的，故调查人员对于保甲长要非常谦和而有礼貌，亦要极其客气，应酬周到，这样彼此联络感情，保甲长才能卖气力，热心帮助，工作效率必定是很大的。

五、实地调查的进行

实地调查可分为概况与详细两种，概况调查多以县、乡镇或保的整个大概的情况为调查的对象，详细调查则多以家的各方面的详细情况为调查的对象，因调查的对象有不同，在调查的接洽上与进行上应注意之事项亦有不同，兹分别叙述如下。

举行某一个区域的概况调查，调查人员到了那个区域应先去拜访当地的公务人员如乡镇长、保甲长或地方教育的领袖，如小学的校长或教员，向他们说明调查的目的以后，便可进行调查。普通乡镇长、保甲长对于他们所辖管的区域的情况，都颇清楚、熟悉，问他们，便可得到相当的资料。如果找不到乡镇长或保甲长等，亦可向学校的教员，或当地的士绅及熟悉地方情形的当地人去领教，得到所要搜集的材料。

一 农村社会调查方法

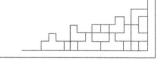

至于挨家挨户的详细调查，则最好预先接洽妥当，得到乡村办公人员领导调查的许可，然后定一日子，方能开始调查。至于调查之时期，则最好在冬季农闲举行，因农闲时期家长除每个月有个三四天出去赶场买卖东西外，多在家中，调查员到各家去调查非同家长谈话不可，家长对家中情形均极熟悉，同时家长为一家之主，如果他愿意把一切情形全盘托出，家中他人当毫无问题。此外，如农闲不能举行调查，则最好北方在五六月小麦收割以后，南方在八月节后稻谷收获完竣之时，这样农家才有时间应酬调查人员，调查人员亦可比较从容不迫，得到所需要的材料。

不拘是详细或概况调查，调查人员对于被调查者均应极其谦蔼并表示一种请教的态度；同时要表示热烈的情感与同情，处处要顾到被调查者的便利与时间，并能引起被调查者的兴趣，使他们不厌倦而喜欢回答。

调查人员如遇调查的项目相当的简单而自己对于记忆力又很有把握，则最好不用普通一面调查、一面填表的方式，调查员可不必露出调查表来，很自然地依据了记忆的问题，与被调查者随便谈天，把被调查者所回答的记在心里。调查完了，找一个地方再逐项把答案填在表中。调查员如记忆力好，用这种谈天的方式，倒十分理想；但是如果调查员记忆太差，用这种方式，却极危险，因为如果把被调查者所回答的记错了或是根本忘了，那岂不是白费时间，一无所得？所以调查人员如果没有把握，那还是随问随记的好。

普通调查的时间都不宜过长，所以填写表中答案亦无法用正楷写，著者根据调查的经验，认为每种调查表都最好预备两份，一份作底稿用，一份作誊正用，如此则可缩短调查填写之时间而被调查者亦可不因谈话的时间过长而发生厌倦。有了很清楚的誊正调查表，在统计计算上亦可增加工作的效率，底稿的调查表为将来复查或防备意外损毁与遗失起见，亦有保存之必要。

调查员最要牢牢谨记的是调查表的每一问题后面都应有答案而不可遗漏；就是没有答案亦不能空白，一字不填，普通无答案应填一"无"字，被调查者不能回答者，则应填"不明"或"未详"字样。有了这样答案，统计员在统计时才有办法。再者，"无"与"不明"绝不可混为一谈，因在统计时要分别计算的，调查员为节省填写的时间，多用符号来代替，"无"可用"0"来代替，"不明"可用"—"来代替。

关于表格上各项数字的填写，最好一律用亚拉伯^①数字，中国数字甚不清楚，以不用的好，至于各项数字答案的记录，无论是估计或肯定数字，最忌填写浮泛的字样，如"每年每月不同"，或"没有一定"，或"每年支出五六千元"等，调查员在调查时对于数字的答案应追根问底，多问数次，以求得一确切数字，比如调查员问被调查者全年全家大约支出多少，被调查者回答七八千元，调查员可再追问，是七千元还是八千元，被调查者又回答七千五六百元，调查员可再追问是七千五百元还是七千六百元，这时被调查者想一想说是七千六百元，这样反复地追问，才能得到一相当确切的数字，千万不可怕麻烦，把被调查者所回答的七八千元填写下来，便算了事。

至于一切关于法币的价格的填写，均应以元为单位，用亚拉伯数字，比如五百三十五元七角八分，应写作$535.78，千万不可填写一大串的中国数字，又占空间，又费时间，统计计算时又不便利。

调查的项目中关于各种度量衡的单位，亦应预先将各地方的惯用旧制折合成标准市制，以求划一，比如当地的亩等于多少市亩，当地的老斗等于若干市斗等，均应就实际情形先制一折合表，以便折算。

调查员如遇填写时空白不够，答案过长，可写于调查表末尾的空白纸上，或用日记本记下，但须将调查表格中问题的号数载明，免得发生错误。

关于表中的数字有彼此校对关系者，应于调查时即校对看一看有无错误，如有错误立刻追问，免得复查，多费时间。至于相乘的数目，如全县耕种水稻 120 万亩，每亩每年生产量为 2 石，总计应为若干石；又如相加的数目，如全家全年支出食品费、燃料费、衣服费、房租费及杂费各若干元，而欲求其全家全年支出总数，这样的总数均可俟调查回来计算，不必在调查时计算，以省时间。

此外，关于以乡镇、保或村为单位的概况调查，则回答的数字多为一种估计，而估计的数目应当与事实相近，所以这种数字的答案调查员应多问些人，以求从几个数目中得一比较近乎事实的数字。比如说，调查员问完了乡镇长，还要问一问小学教师，问完了小学教师再问一问当地的士绅，问完了当地的士绅，再问一

一 农村社会调查方法

---

① 编者注：即指阿拉伯。

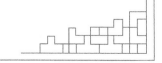

问熟悉本地情形的老百姓，看一看这些答案之中，有无相同或相近者，如有两个答案相同，当取其相同者，如有两个答案相近，则当取其相近者，如几个答案中无相同或相近的数目，则可取其中数，较为妥当，如几个答案相差过远，则最好再重新调查，设法得一比较准确的数字。比如我们调查某一保中有多少家自耕农，有的回答 20 家，有的回答 30 家，有的回答 24 家，有的回答 25 家，四个答案各有不同，究竟取哪一个数目。在这种情形之下，我们最好取其相近的数字，24 或 25，有时在本保得不到确切的数字，亦可到邻保去探询，有时却可得到答案，因邻保无利害关系，容易把真实的情况说出来。

在调查进行之时，如遇对被调查者所回答之答案有怀疑之处，可有两种办法，一为立刻追问，得一解答，此种发问至少有两个好处，有时被调查者所回答的确与事实相差太远，但并非故意说谎，经我们一提，把他提醒，知道自己说得太离格了，便把真相告诉我们，有时被调查者故意不说实话，经我们一问，显出说谎，我们便可再往下追问，使他把实情吐露出来，有时就是不能把实情套出来，亦可知道他说的话是假的。此外还有一个好处，便是有时被调查者所说的话纯属实情，不过因为我们平日对该项问题所了解的与被调查者相差过远，引起了我们的怀疑；经我们一问，被调查者一解释，我们便清楚了解，疑团亦瓦解冰消。

对于农民回答的怀疑还有一应付的方法，便是不立刻追问，在该问题下记一记号，俟调查完后，将怀疑的问题一一反问。农民有时头一次所回答的与第二次所回答的因随便编的假话，记不清楚，而完全不同，这时调查人员即可发现被调查者是扯谎，再进一步追根问底，逼出实话。

挨家挨户的详细调查，最要注意一个门户内的家数，及一个院子里的兄弟数人是否已经分了家，各立门户，如果兄弟已经分家应分别调查，各算一家，调查户口尤应注意此点。

有时调查人员到农家调查，家主不在，其他男人也都在田间工作，妇女出来答话，调查人员务必极其庄重、严谨，说话也要特别小心审慎，免得发生误会。

又农家普通均极贫苦，到处破烂而不清洁，令人触目即生不快之感，尤其是北方的乡村，没有一个地方不闻到大粪的味道，到了农家更脏的难堪，调查人员即在此种情形之下，也不要用手巾堵鼻子，有时农家对调查人员异常客气，煮茶招待，调查人员明知水不开，喝了要肚子痛，也得毫无勉强地一口喝下，表示欣赏、感谢，这样子能博得乡民的欢心，愿回答我们的问题。

详细挨户的调查，问题较多，调查人员为节省调查时间，发问应简捷了当，引乡民回答正题，不要东拉西扯的，白费时间。

调查人员在与乡民谈话中，如发现题外有兴趣、有价值的好材料，调查人员于调查完竣时，要将这些材料记在日记本中，以供参考研究。

以上所说都是关于实地调查进行之时所应注意之点，调查人员应牢记在心，以便随时参考，对于调查工作的进行上，当有许多补益。

六、校对与复查

任何调查，调查人员将调查表填好以后，主持调查者均应详加校对，看看有无遗漏、错误，或可怀疑之处，校对后如发现，应立刻与调查人员共同讨论，设法补充遗漏，校正错误，解释怀疑，有时仍须得重新调查一遍，复查最好请另外一个调查员，免得发生流弊。

七、材料之分析与整理

调查材料之整理包括三个步骤，一为调查表之整理，二为统计之计算与分析，三为调查报告之编辑。调查员将调查表填写以后，普通要经过两种整理的手续：（一）先要将表中须得计算的地方——整理妥当。（二）有时调查员为节省调查的时间，常要用种种符号或暗记记载答案，回来时亦须经一番的整理，同时如果调查表中几个数字的答案有彼此连带的关系，应当符合[①]，调查员亦得细心校对，使调查表本身没有冲突与矛盾的地方，这是最重要的。因为如果调查表中答案彼此冲突、矛盾，那实在无法统计。调查员把调查表整理妥当以后，最好重新誊清一份交给调查主持人。

调查主持人要把一切的调查表详细地加以审查与校对，看看有无遗漏、错误，以及可以怀疑的地方。一张表一张表地详细审查以后，均无问题，便可开始统计的分析。

---

① 编者注：应为复核。

一　农村社会调查方法

在统计的分析以前，调查主持人应预先将各种统计表的格式准备妥当，油印出来，分给统计员，以便按统计表格式的样子去统计，在吾国经费困难的情形之下，私人学术的机关以及地方的政府，哪里能够买得起西洋统计上应用的分类机呢？所以一般说来，较大规模的调查，如一县的户口普查、农业普查等，最好用条纸法或过录卡片的方法去整理材料。清华大学社会学系陈达、李景汉等教授所主持的云南呈贡县的人口普查，便是用条纸法整理统计的。最近四川省选县户口普查委员会所举办的四川彭县、崇宁、双流三县的户口普查材料，便是用过录卡片的方法整理统计的。此外，如果我们调查的材料并不算多，那么我们还是用划记法较为经济，因为划记法并不需要什么设备的，有了统计表的格式，不拘是用条纸法、过录卡片方法，或是用划记法均可依照统计表的格式进行而毫无困难的。所谓统计表的格式乃是由调查表的各项中可能编制出来的种种统计表的样子。兹将四川省选县户口普查委员会整理户口材料所用的关于户及口的统计表格式，各择两种列下，以资读者之参考。

户整理表　　　　　　　现在及常住户口基本整理表

_____乡镇普查区

户卡片数

项目	共计	有常住人口之户			无常住人口之户		
		小计	无外国籍人口	有外国籍人口	小计	无外国籍人口	有外国籍人口
总计							
普通户							
旅馆客寓							
厂号机关寄宿舍							
营业户							
公共户							

（整理人_____，_____年_____月_____日，第_____组领组_____）

户整理表 10　　　　　　县各城市场集各类户之常住人口（表 5）整理表

城市场集名称：＿＿＿＿＿＿＿

所在乡镇名称：＿＿＿＿＿＿＿

县常住人口之各类户数及其常住人口数

项目	共计			无外国籍人口之户			有外国籍人口之户		
	户数	人口数		户数	人口数		户数	人口数	
		男	女		男	女		男	女
总计									
普通户									
旅馆客寓									
厂号机关寄宿舍									
营业户									
公共户									

（整理人＿＿＿＿＿，＿＿＿年＿＿＿月＿＿＿日，第＿＿＿组领组＿＿＿＿＿）

整理表 3　　　　　　县常住人口识字者按年龄与教育程度之分类（表 17）整理表

＿＿＿＿＿＿＿乡镇普查区

＿＿＿＿＿＿口卡片

年龄（岁）	共计	私塾	小学程度			中学程度			大学程度			未详
			肄业	毕业	未详	肄业	毕业	未详	肄业	毕业	未详	
总计												
0												
1												
2												
3												
4												
5												
6												
7												
8												

年龄（岁）	共计	私塾	小学程度			中学程度			大学程度			未详
			肄业	毕业	未详	肄业	毕业	未详	肄业	毕业	未详	
9												
10												
11												
12												
13												
14												
15												
16												
17												
18												
19												
20—24												
25—29												
30—34												
35—39												
40—44												
45—49												
50—54												
55—59												
60—64												
65—69												
70—74												
75—79												
80—84												
85—89												
90—94												
95—99												
100及以上												
未详												

（整理人_____，____年____月____日，第____组领组____）

整理表 4 ____县常住人口按年龄与婚姻状况之分类（表 15）整理表

_____乡镇普查区

_____口卡片

年龄（岁）	共计	未婚	有配偶	丧偶	离婚	未详
总计						
0						
1						
2						
3						
4						
5						
6						
7						
8						
9						
10						
11						
12						
13						
14						
15						
16						
17						
18						
19						
20—24						
25—29						

一 农村社会调查方法

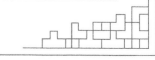

年龄（岁）	共计	未婚	有配偶	丧偶	离婚	未详
30—34						
35—39						
40—44						
45—49						
50—54						
55—59						
60—64						
65—69						
70—74						
75—79						
80—84						
85—89						
90—94						
95—99						
100 及以上						
未详						

（整理人_____，_____年_____月_____日，第_____组领组_____）

统计计算员在统计整理时要细心谨慎，并需要极大的忍耐，以求达到准确与精密，同时在技术上要会用珠算、拉尺或计算机。统计计算员根据各种统计表的格式，把各种统计表编制妥当以后，要经过统计指导者的详细审核与校对，如发现各统计表间有错误或冲突的地方，应立刻改正，经过这一番的校对工作，统计计算员才能根据统计指导者的指示进行各种统计之分析，如计算百分比、平均数、求差量、相关系数等。要知道，如果各统计表中的错误未加校正以前便进行统计的分析与计算，等到发现出来错误以后，那就晚了，全功尽弃，浪费许多人力与时间，是多么可惜！

此外，著者认为，要做一个很好而有价值的调查统计分析，不但要准确、精密、忍耐，要有各种应用的技术，要懂统计的方法，更重要的是须得有学理的根据，长时间的统计的训练与经验，以及丰富理解力与幻想力。有了理解力，才能够判断统计材料的正确与错误。有了幻想力，才能够试着发现调查材料的数量与品质、品质与数量、数量与数量的彼此的关联。同时，著者认为常识也得很丰富，不然会闹出很大的笑话来。著者知道有一个机关聘请一位学农业经济的大学毕业生主持某一县的粮食调查，这位大学毕业生在学校时成绩甚优，统计学的分数为全班同学之冠，他事前也有周详的设计，照例编了一个合理的预算，印了差不多半房子的调查表，招了十几个调查员，买了许多调查统计上应用的仪器与工具，他对于工作很热心并且极其忠实，毫不懈怠苟且，称得起是一个难得的公务员的好榜样。他也很能够吃苦耐劳，带着调查员在县城，在市镇，在乡村去做实地调查。他们不但调查粮食店，也调查全县各集场的粮食摊贩子，同时也注意粮食经纪，挨店、挨摊地调查，一个不遗漏，把各地粮食店与粮食摊全年卖出的粮食数量都按表填入，同时他们又在县中选了几个乡村，做挨门挨户的粮食生产与消费的调查，根据这个数目来推求全县农家的粮食生产与消费量。不但如此，他们也调查了全县由外县输入的各种粮食的数量与由本县输出县外的各种粮食的数量，其调查计划的精密由此可见。听说他们用了半年的时间举办调查，又用了一年的时间从事整理与统计，花的经费，在抗战前有两三万元之多。结果统计出来以后，找了一位专家一看，发现了全年的粮食产量绝对不确。因为这位主持调查的人缺乏实际经验，没有用常识来判断，他忘了用全县的土地面积与人口数量来校对所统计出来的各种粮食的生产量与消费量。经过这位专家的一核算一校对，全年全县粮食生产，减去输出粮食的数量，加上输入的粮食数量，还不够这个地方的人口两个月吃的，同时这个地方在调查举行的那一年还是个丰收的年景，因此后来这个调查报告就未能发表。听说那个机关怕损坏名誉，把这半屋子的调查表，统统用火烧了，用常识来判断统计的结果，是非常必要的！

还有一个机关发表了一篇统计的报告，其中有一个统计表是关于某县的牲畜及家禽的数量与副产物的数量的统计的，从那张统计表里面我们可以看出一个大笑话来，便是全县全年鸡的数字比较全年全县鸡蛋的数字还来得多，这也是没有

农村社会调查方法

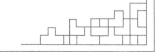

用常识来判断的关系。无论在何种情形之下，鸡的数量绝对没有鸡蛋多的，这岂非一大错误？所以我们可以说，打算统计做得好与合理，并非仅仅统计的技术问题，其他的因素还多，从事调查统计工作的人不可不注意及之。

把统计表编制妥当以后，我们也可以根据统计的材料去制绘种种的统计图，为的是附在调查报告里面用的。

普通统计图表编制妥当以后，便可开始编辑调查报告，一般的调查报告可分为三部分，第一部分是绪论，叙述调查的目标与范围、调查的准备与方法、调查的进行与困难等等。第二部分为分章、分节按次序关于以调查材料为内容的、文字的描述与统计图表的解释与说明，比如说我们调查一县的概况，我们在这一部分普通都要叙述该县的自然环境与社会背景、人口、土地与农业、工业、商业与金融、农家收入与支出、卫生与健康、教育、宗祠与信仰、风俗与娱乐、民间的传说等等，把各种统计图表插入在文字的说明里。最后的一部分为结论与建议，作为全部调查报告的总结。此外，在调查报告的最前面普通有序言、目录及统计图表的目次等，在调查报告的最后面则当附有附录，把调查所用之调查表及当地度量衡旧制与市制的折合表都附在那里，以供读者的参考。这样的做法便成功了一个完全的调查报告。

关于材料之分析与整理，著者只能这样提纲挈领简单的提一提，不能详细叙述，就此结束。从下章起便要讨论各种农村调查的困难极其应付的方法，都是根据著者多年从事农村实地调查的经验写出来的，不注意理论的探究。

第七章　农村社会调查的一般困难及其应付的方法

在农村进行调查，第一个大困难便是一般老百姓对于调查的怀疑与恐惧，不敢、更不肯说实话，故可靠的材料，颇不易得。这一方面是因为乡下人的保守的态度与性格，怕把家里或本地方的情形告诉外人，惹出是非，招些麻烦。一方面尤其是在战争的时候，如果有人把他们的田产、人口，特别是家中壮丁的数目调查去了，必要蒙到征派捐款与抽丁去打仗的危险。我们知道有许多农家因逃避自己儿子的抽调，常把儿子送到城市里充当机关的公役，或做摊贩，或拉洋车，以前各地军阀割据的时代，军队就地征粮草，拉民夫，想出各种名目与花样去搜刮老百姓的钱，更是乡村社会调查的一大障碍。对于这种困难，著者认为，我们应当先使农民明了调查的意思与目的，并且解释调查与增加税捐、抽丁打仗无关，最好我们在调查的时候，同时做一点服务的工作，如医疗、演剧、歌咏、演讲（关于国际的情势与国内抗战的实况，防空、防毒的知识，卫生的常识，农业的改良，病虫的驱除等），以引起农民的兴趣与愉快的情绪，使农民感觉到调查与他们不但无害，而且有利，以博得他们的信仰而敢大胆吐露真情。

第二个困难，乃是由于一般农民因为对于数字的马虎的观念与习惯而引起的，比如说，我们问乡下人，这一村距那一村有好多里，普通他们总是先回答你："那谁晓得呵！"我们如果再追问他们，"这村到那一村，你们是常常来往的，怎么不晓得好多里哪！"他们便回答说："大概有个十来里吧。"我们再接着问他们："是十里往里还是十里往外呢？"他们又接着回答："大概是七八里吧。"我们又接着问："到底有八里还是有七里？"他们又回答说："恐怕七里差不多的。"这样反复地追根问底，才得到一个恐怕差不多的答案，令人又着急、又可笑、又可气！有的时候，我们问乡下人，这一村距那一村有好多里，他们回答："有个二十多里吧。"我们又接着说："据我看这一村距那一村不过有八九里的远近，为什么你说有二十多里呢？"他们的回答是出乎我们意料的想不到，他们说："我们说的是来回，并不是一去！"谁问他们来回着哪！不但是道路的距离的里数，他们的答案是如此，凡是关于数量的，他们的答案多半是这样不清楚，如家中田产亩数、家中生活的费用，甚至于有时连自己家中有多少口人，也不给我们一个准确的答复，还有使人更可笑的一次，著者问一个乡下人有多高，他回答说有五尺多高，我看他至少有六尺高，便向他说不止五尺多高，万没有想到他回答说，他只算身子，没有算头。由于乡下人对于数字的马虎，我们在调查上当然感觉到十二万分的困难，同时我们在调查中，白花了许多冤枉的时候去追根问底，对于这种困难的应付方法，我们以为调查员除了不嫌麻烦反复地去多问几次，以期得到一比较可靠的数字以外，是别无很好的方法的。

第三个困难是季节的困难，在农村中有所谓农闲与农忙，北方普通旧历的九月农家的收获即已完毕，直到次年的二月，田间工作完全停止，这期间便称之为农闲。在这农闲的时期，农家的分子除从事于一点手工业外，别无事情，于此时举行各种调查，极为适宜，调查员可以一连气的同家主或其他家人谈个两三个钟头，亦无问题。著者在定县调查农家织布的时候，曾有一天在某一农家的织布的地窖子里同家主由吃完早饭一直谈到下午日头要落的时候，他还不感觉太麻烦，家主同其他家人在地窖子里一面织布，一面同著者谈天，兴高采烈，情绪非常浓厚，把许多家庭不轻易告人的问题，都流露出来，使著者得到许多的宝贵的资料，这真是农闲无事谈闲天之赐也。到了农忙的时候，农民整天忙于农事，在田里锄地、拔草、浇园、看畦、施肥等工作，由日头还未出来便忙起，一直到日落黄昏，除了吃午饭后睡个一两个小时的觉外，没有一点的空暇，累得精疲力竭，哪里有时间来招待调查员与他们谈闲天呢？所以在农忙时进行调查困难万分！为应付这种季节上的困难，调查工作最好尽量利用农闲时期举行，将全年在计划内之一切主要、详细及能够在农闲时期内举行的各种调查，都在农闲时期办理完竣，其余关于次要、概况及可以在农忙时期举办的各项调查，则均留在农忙时期举行，要知挨家挨户的调查，调查员必得同家主谈话，以村或以乡镇为单位的调查，多是概况的调查，无须到各农家去询问，便可得到材料。无论哪个乡村或市镇，都有不种田的农家，在农忙的时候，调查概况，便可向他们询问，普通乡村的士绅、小学校长教员及办公人员，便多不自己下地耕种，他们平日都有工夫与调查员谈话，除了农忙的时候，在年节、庙会及各场集开市的日子，农家也少有工夫，调查最好不在这种日子举行，举行也是无用。

第四个困难是有时乡村的办公人员拦阻调查员到各家去调查，他们愿意把调查表要去，替调查人员去查填，有的办公人员不喜欢调查他们，用这个方法故意延迟，有的办公人员乃是怕生是非，一方面怕乡下人反对调查，一方面又怕得罪了调查人员，因此要替调查人员去调查，有的时候，村中办公人员如保甲长，他们以为自己对于他们的那一保、那一甲各家的情形都极熟悉，就是闭着眼睛也能够将一切问题，答得完完全全。但是，要知道，无论是多么精明的办公人员，不管他对于当地的情形是多么熟悉，就是关于某一方面的情形，也不能完全知道，何况一切的问题呢？假使他们很熟悉各家的某一方面的情形，他们也未必能够填表，因为调查与填表并不是一个没有受过训练的人所能做的，乡下人简直梦想不到调查要像我们所想的那样详细与准确。著者在定县乡村调查的时候就发现，农民很奇怪我们为什么要问得那样清清楚楚、详详细细。应付这种困难的方法是，设法同办公人员解释调查表填写的困难，以及调查人员因要得到机会到各家拜访，观察他们的家庭生活，发现他们的问题，想法子帮助他们，因此从那一方面来讲，也得亲自到农家去拜访调查。

第五个困难是由于调查人员的学识浅薄及因为当地人所引起的困难，普通一般调查人员因多系中学毕业的程度，没有什么社会科学的理论基础，所以他们对于问题的认识、了解、探求，以及往深里去追寻的能力，实在太薄弱，他们能够把调查表上的各项问题一一地填写好了交回来，没有什么遗漏与错误，已很可令人满意了。调查表以外的材料，很难靠他们去搜集。要知道，在调查的时候，一个有学识、富有理论基础的，能够发现许多问题的里里外外的线索、前因后果的关系，调查人员要抓住这个宝贵的机会，往深里去探求，往四面八方去追寻，这样才能发现许多好材料。要知道，只有统计的数字的表示，而没有那了解与探求数字间所表现的社会意义、社会关系，与社会关系的因果的心灵，那个数字也表

示不出什么来！关于数量的答案，普通一般调查员均能设法得到，至于关于一个问题的先因后果，以及它的四面八方的研究，简直非受过专门或大学训练的人，不能担任。还有一个与这个相连的困难，便是调查员虽然以本地人为最合宜，这是因为他们熟悉当地的情形，对于调查的进行可以便利；但是我们发现两点，也是应当特别注意的，一点是因为他们是本地人，他们对于本地有的情况，我们看起来极为宝贵，极有兴趣，他们却认为极其平常，没有什么可以记录的地方，因此有许多很有价值的材料，便因为调查员是本地人而却得不到手，一点是因为他们是本地人，他们以为本地的情形他们都非常熟悉，便发生几种不良的结果，一种是他们有时觉得调查的材料他们能够回答，于是便不实际出去调查，根据自己的经验便填写答案。要知道，这种办法危险太大，有时就是他们真能回答，回答的也的确不错，那也不过是一方面的而已，绝对不会十分完全。假使他们对于某一个问题的过去经验是错误的，那便更危险了，调查的结果可想而知。一种是调查员慢慢便会养成一种自恃的习惯与态度，遇见问题不愿向人请教，而闭门造车。对于以上两种困难，著者以为倒比较容易应付，只要指导调查的人，肯多用点心去监督的比较严密，那便不成问题。

第六个困难是关于调查员出外调查的饮食起居上的困难。在一般乡村除了有小铺的村庄外，很不容易找到吃饭喝水的地方，普通乡下人都喝冷水，哪里有开水给调查员？至于住的地方则只有又脏又臭的小店，有时可向村中小学校或办公人员家中去借宿，这些地方又不方便，又不干净，夏天炎热，蚊子、苍蝇、臭虫闹得不能睡觉，冬天寒冷，手足冻僵，不能做事。关于这种困难的应付方法，著者以为，如果调查的地方距自己住的地方颇近，调查员最好自带食物，早去晚回；如果调查的地方颇远，不能当天往返，最好能在乡村小学借宿。如果村中有小饭馆便在村中吃饭，如果村中无饭铺，最好在附近村庄吃饭或到附近大镇去吃，如调查的地方左近有一乡镇，调查员为避免打扰村中，最好吃住均在镇上，每日往返调查，必较为方便。总之，在中国乡村做调查，要想不吃苦，那简直办不到，能够吃苦耐劳的调查人员，才能够有好成绩。

此外关于农村社会调查之一般困难，都比较不大十分重要，此处无须一一提出说明。

第八章　农村人口调查

农村人口调查为一切农村调查的基本调查之一，人口的结构的静态方面与人口的出生、死亡、婚姻及迁徙的动态方面，均为调查农村人口整体不可缺少的对象。根据此种调查，可使我们直接明了农村人口的性别、年龄分配、家庭亲属的关系、婚姻、教育、职业、宗教信仰、疾病与健康、出生、死亡与迁徙的情形，间接可使我们了解农村社会经济的制度、文化习俗、道德观念与人口之关系，同时有了农村人口调查的材料以后，其他社会经济的种种调查材料，才可以有比较的依据与标准，所以说农村人口调查极为重要。兹将著者在农村从事人口调查所遇见的各种困难及设法应付困难之方法，叙述如次，以资参考。

人口调查的第一个困难是最容易引起农民怀疑是政府要抽调壮丁。因为农民对于人口调查有了这种怀疑，关于每家人口的数目，尤其是壮丁的数目必要少报，定有遗漏，这种困难应付的方法是要在接洽调查的时候，便要同乡村办公人员把人口调查的意义与目标，说得清清楚楚。我们应把人口为国家成立的三要素之一，说给他们听，要中国成为一现代国家，必得最低限度，知道全国有多少人口，知道了全国的人口，才能开始做一切建设的工作，教育才好办，卫生才好办，经济的发展，才能计划。还有一点，我们也可以同他们讲的，即要国家现代化，必得有组织，要有组织先得从组织人民入手，所以政府有保甲的组织，即口必归户，户必归甲，甲必归保，保必归乡镇，乡镇必归县，县必归省，省必归国。因此，我们要调查人口，是为的把人民组织起来。这样把人口调查的意义与目标讲了以后，便可减少他们的怀疑，而便利调查的进行。我们必得叫他们明了，人口调查不但对他们毫无害处，而且有利。著者在定县平教会工作的时候，因为我们办了许多有利于老百姓的事业，如文艺教育、卫生教育、生计教育及公民教育等，得到他们的信仰，我们无论在哪一个乡村办平民学校，必要先调查那一村的人口，知道那一村里有好多男女文盲及学龄儿童未入学的，这样乡下人毫不怀疑我们为什么要调查人口。有的村子甚至于写信给我们，请我们去调查人口，好办平民学校，有的村子把我们对于他们村子的人口调查的分析统计表要了去，抄了一两份，贴在村公所，表示他们对于村子的人口弄得很清楚，他们并且每年照样调查一次，也统计出来，以求对于村子的人口变动加以明了。他们这样自动调查出来的人口，一定非常准确，毫无疑义。

人口调查的第二个困难便是关于小孩子容易遗漏的问题。普通乡下人不拿小孩子当人，因此他们常常把最小的小孩忘记不报，有时他们故意不把小孩算在家庭人口数目里面，所以我们调查人口应当特别注意小孩子的数目。应付这种困难有下面的几个方法：①调查员调查人口，在进到农家的院子时，应注意院中绳子上晾晒的小孩子衣服，如果小孩子的衣服多，当然小孩子多，反是必少。要知道，乡村家庭多半非常贫苦，小孩子的衣服都很少的，哪里像都市里面的人家，一个小孩子家里要给他做好多衣服，所以衣服多，必是小孩子多。②调查时，农家小孩多喜欢站在调查员的旁边，看热闹或玩耍，调查员便可借着机会向小孩发问，问他们有几个兄弟姊妹，调查员可暗中记在心里，在调查时可根据此数校对。③家中妇人的数目，尤其是中年妇人的数目，很可以做确定小孩数目的标准，如果家中的妇人多，尤其是中年妇人多时，我们可以猜想得到这个农家的小孩一定多。④调查员可在调查谈话时，夸奖农家的房子修得好，请求到各屋去参观，这样便可以看见屋子里睡觉的小孩子同没有出来的喂乳的婴儿，这也是一个方法可以把不算人的小孩子发现出来。总之，调查员于小孩的数目应格外注意，应再三追问，或可得到一个比较准确的数目。

人口调查的第三个困难便是年龄的问题。我们从经验得知，普通一般农民多忘记自己的岁数，常常瞎报，总愿意把自己的岁数往整数上说。二十三岁、二十四岁的人常喜欢报二十五岁；二十八岁、二十九岁的人常喜欢报三十岁。他们常喜欢把年龄往五与十的岁数上报，因此我们想了一个方法来应付这种困难，就是在调查年龄外，又调查他们的属相与干支，农民有时忘了自己的岁数，还可以记得属相，忘了属相，还可以记得干支，相同的属相不是相同的岁数，便是相差十二岁，相同的干支不是相同的岁数，便是相差六十岁。一个十二岁的小孩，与一个相同属相二十四岁的壮年人，其身高、态度一见便可辨别，毫无困难。至于相差六十岁的相同干支，则我们在辨别上当更无问题。调查员可以预备属相年龄及干支年龄折合表各一份，好由属相与干支来推算年龄，我们不但可以用属相与干支去推算忘记年龄的农民的年龄，并且还可以用属相与干支来校正农民虚报年龄的错误。比如，一个农民所报的年龄与属相或干支不合，我们可以判断不是年龄报错了，便是属相或干支报错了，那我们便可追问其年龄，得到他的确实的年龄。

关于年龄还有一真年龄与假年龄的问题，北方人算年龄普通都不根据生日而根据旧历年。意思是说，到了旧历年便每人都长一岁，所以外国人说中国人大家都过一个生日，意思便是如此，因此年龄不是真的而是假的。南方人算年龄多根据自己的生日，因此在南方调查人口，真假年龄的问题倒还小些。举个例来说吧！譬如在北方，一个小孩生于旧历的十二月三十日下午十一点五十九分，到了次年正月初一早晨一分钟的时候，这个小孩只生下来两分钟，便算两岁，因为北方是小孩生下来算一岁，过了旧年又算一岁，一共两岁。所以说正月生的小孩，占了大便宜，十二月生的小孩吃了顶大亏，自然方才著者所举的例子是一个极端的例子，但是这并不是没有的例子，很可以表示此种计算年龄的方法的错误。我们调查的人如果不想法子把这种假年龄变为真年龄，而便根据这种年龄的材料，加以分组统计，所得的结果一定错误极大，又如何能够同国内外人口年龄分配的材料来比较呢？这种错误的材料可说毫无价值。为应付这种困难，最好在年龄与属相或干支外，再加一项出生年月日，有了出生年月日，便很容易推求真年龄。但是根据著者的经验，问出生年月日，比问年龄属相或干支还要困难得多，许多农民真是记不得自己的生日，有些农民，你问他们生日，他们的回答非常令人可笑。有的说他们是鸡刚鸣的时候生的；有的说他们是日头刚落的时候生的；有的说他们是某一个庙会的时候生的；有的说他们是在半夜三更时生的；有的说他们是祖母死的时候生的；有的说他们是父亲同伯父分家的时候生的，种种的说法，不一而足，有时他们不肯告诉我们，是怕我们摆八卦阵陷害他们。应付这种困难的方法是要同被调查者解释清楚为什么我们要调查生日，与计算真年龄有什么关系，使他们不致怀疑，同时要把农家的老太婆的感情联络好了，因为家中的老太婆多半记得清楚小辈们的生日。

人口调查的第四个困难便是关于已婚妇女、未婚闺女及家中老年人的年龄的虚报的问题。普通乡村家庭的闺女出嫁颇早，因此，年纪很轻的妇人便已生了三五个小孩。关于这种年纪轻而小孩多的妇人，多愿把自己的岁数抬高。此外，关于年岁大而还没有出嫁的闺女，总愿意把自己的年岁说得较低，因为乡村的闺女如果到了年龄仍未出嫁，不是这个闺女长得太丑，便是名誉不佳，无人说媒，所以到了结婚的年龄而仍没有嫁出，常自以为耻，多愿把自己年岁说得较低。普通老年人对于年龄有两种心理，一种是愿意把自己的年龄说得较高，表示年高有德，为一家或一族的老辈子；一种是愿意把自己的年龄说得较低，使人知道他们还可多活若干年岁，有高寿的可能。关于这种困难，我们也是设法问他们的属相、干支与生日，来加以校正。

此外关于家庭人口的亲属关系、职业、教育及宗教信仰等，则困难较少。至于从事不正当的职业的家庭，如贩卖鸦片、吗啡、白面、红丸及营暗娼生意的，当然不肯实说。信仰秘密教者，或加入秘密会社者，也颇难探询出来，我们可以从旁探听，得到真实情况。

至于调查人口之出生、死亡、疾病，亦有种种困难，兹分别叙述如次。

出生调查的第一个困难便是最容易引起农家怀疑是要抽人头捐，应付的方法是要同农民把调查的意思讲解清楚，免生误会。出生调查的第二个困难是次生的婴儿容易遗漏。农家有一种风俗，不拘贫富对于头一生都非常重视，普通在孕妇未生产以前，婆母或其他亲属便要预先给她定好产婆，预备产后的食物和小孩的衣服，家中非常重视。孕妇生产以后，到了第三天，街坊邻居同产妇的娘家都来送鸡蛋、挂面、烧饼、油条等礼物，表示贺喜及庆祝安产。到了小孩九天的时候，亲戚又来贺喜，非常热闹。这都是头一生容易调查的线索，至于第二生或第三生，情形便不同了。产婆也不请了，产后的食物与一切用具也不再准备了。到了生产的时候，多半由婆母或妯娌们自己接生，产后三天与九天的庆祝，也取消了，好像没有生产一样，因此头生调查比较容易，次生调查颇为困难。为应付此种困难，调查员非要多认识村子里面几个人不可的。村中办公人员、小学教员，固然要都熟悉，就是村中及附近的产婆、巫婆、有经验的接生的老太太，也都应当有相当的认识，向她们询问，求她们帮助。不但如此，就是村中小学的学生和卖挂面、烧饼、油条的小伙计与老板，也应有相当联络，好从他们那里打听。

出生调查的第三个困难便是女孩或男孩容易遗漏的问题。根据著者抗战前在定县调查的经验，是女孩容易遗漏，而战时后方因抽调壮丁的关系，男孩却容易遗漏。在定县我们调查出生，男儿报告的数目要比女儿多三分之一，这是因为农家妇女以生女孩为羞耻，认为女孩不算人，是重男轻女的结果。抗战以后，著者到了四川，出生的调查的结果却与战前出生的结果正相反，是女儿报告的数目较男儿报告的数目为多；这是因为乡民怕抽调壮丁的关系，这种困难我们始终没有找到比较好的应付办法。出生调查的第四个困难是关于私生子问题。农家认为私生子是最损毁家庭名誉的一件事，农家有了私生子，均极端保守秘密，认为是最大的家丑。因此，农家有了私生子多于深夜或大早，把小孩弃于村外的水坑、坟圈、河沟、土丘或树林里，不叫人家知道，因此最难调查的。为应付这种困难，调查人员只有在每次调查一个村庄时，先在村庄的附近周围环视一周，看看有无私生子，加以记录，至于调查私生子的父母与家庭情形，现在却万分困难。此外，吾国乡村因重男轻女的关系，往往杀溺女孩，这也是出生调查的一个困难，我们不能不加以注意的。

死亡调查的第一个困难便是婴儿死亡容易遗漏的问题。普通农家死一小孩多不算什么，不但贫家多不用棺材，就是很有钱的家庭，也多不用棺材，他们多用席子或干草把已死的小孩卷出，便算了事。在河北定县，农家有两种迷信，一种是说，小孩死了，让狗吃了，家中孩子可以旺盛；一种是说，小孩死了，用棺材装殓，孩子还容易脱生回来，长不成人，便又要死去。因此，婴儿死亡常易遗漏，不容易调查出来。死亡调查的第二个困难，便是关于流产的问题。这个问题的应付方法，最好是由女调查员与农家老太婆去联络，想法子把实在的情形调查出来。死亡调查的第三个困难，便是关于死亡原因的问题。由于疾病死亡者，农民多不知道是什么病，只能说出病相，不能报告病名，有时报告出病名，亦多错误而不正确。应付此种困难的方法，只有把病相告诉医生，由医生判断病名，别无其他好的办法。还有的农民因为行为不正，被人害死，家中亦多严守秘密，我们很难探知，应付此种困难，只有从旁打听，得点消息。关于成年人之死亡倒不易遗漏，要知普通农家死了人，家人首先要把死者的枕头拿到门口去烧，烟火四起，俗名

农村社会调查方法

叫作"烧枕头或烧荞麦皮",表示家中有人气绝身亡。其次,便要叫人糊一个"门头纸",悬在大门口,表示家中有了丧事。门头纸上有许多穗子,从穗子的数目多少,便可以知道死亡者的年岁,每一条穗子代表一岁。再其次,便在大门口粘贴"榜",报告死者的性别、生日、卒日及所享的寿命,并且连埋葬的日期亦有报告。这不但可以使调查员知道哪家死了人口,并且死者的性别、年龄亦都得以知道,对于死亡统计,帮助至大。如果政府有一天通过人事登记的法规,出生、死亡、结婚均得向政府登记,否则不能享受一切公民的权利,那时生产、死亡、婚姻的调查与统计才能准确可靠。总之,在现在情况之下,调查出生难于死亡,调查婴儿死亡难于成年死亡,调查出生头生易于次生。

关于各种疾病的调查,也有许多困难。第一个困难是关于许多极轻的病症不算病的问题。农民视头痛、感冒、伤风、咳嗽、癣疥等均不算是病,非至卧床不起,简直不算是得了病。故这些疾病调查起来颇有困难。第二个困难是关于妇科的病症,如月经病、乳疮等,亦都不易调查,妇女怕羞,不肯告人。第三个困难是关于病名的报告常有错误,因此统计出来各种疾病之重要地位,亦多与事实有不符之处,所以关于疾病的调查,最好得到医生之帮助,对于病名之确定,当比较有把握。

第九章 农村田场经营调查

研究农家经济最重要的方面，便是田场经营，因为田场经营就是农业经营，为农家一切收入的主要来源，田场经营的好坏与农家的收支及农民实际生活上的享受关系极为密切。田场经营调查包括的方面太多，并且又十分复杂，在这里所能说明的，仅限于主要的方面而已。

总括起来说，田场经营的调查包括家庭人口、土地、田场建筑物、作物的种植、种子、肥料、农具、人畜工、饲料、耕作方法、资本、田场收入与支出、田场赢利、田权与租佃、借贷的情形等。

分析言之，这里所说的家庭人口调查，固然一方面也要注意到家庭人口组合与结构的分析；同时另一方面最重要的还是注重家庭人口从事农业生产的分析研究，看一看在家庭人口之中，有百分之多少是从事农业的；并且要发现家庭亲属与从事农业上的分工有无关系；性别的不同与从事农业上的分工有无关系；老幼壮年因体力的不同与从事农业上的分工有无关系，这种人口的调查与从事农业耕种的家工计算上，非常有关系的。

在土地调查项下，应特别注意以下几方面。

（1）便是土地所有权的问题，换句话说，家庭耕种的土地是自有田产，还是租入或当入的田地，著者常把农家根据田产权，分成几大类。一类是自耕农，即自有田产完全由自己耕种的农家。一类是自耕农兼租种，即家中除耕种一切自有田产外，并租进一部分田地耕种，以补家庭生活的不足。一类是自耕农兼租出，即家庭自有田产比较充裕，或因家庭人口较少，不能完全耕种，乃将一部分田产租出，收取地租。一类是自耕农兼租入及租出，即家中除耕种自有田产之一部分外，其余一部分田产租出，并租入一部分田地耕种，这种家庭普通是因为自己的田块有的距农舍过远，在耕作上颇为不便，故将自有较远的田块租出，而租进别家距自己农舍较近的田块耕作，也有的农家是因为自己的田地的土质不适于种植某种作物，乃将自己的田块租出而租进适合于种植该种作物的田块耕作。一类是租入兼租出的农家，即是将自有田产完全租出，再租进与自己所有田产亩数相当大小的田地来耕，此外亦有的租入兼租出的农家是田贩子，将大地主的田租入一部分，再转租给别人，从中取利的，这一类转家便一点田也不种的。一类是完全租出的地主，把自己所有的田产都租给佃农，自己不从事耕作，专靠地租维持生活的。一类是佃农，是自己一亩田产也没有，完全租地主的田来耕种，每年缴纳若干地租给地主，其余所得用以维持生活。一类是雇农，乃是完全以劳力换取生活的，给人家当长工或做短工来赚工资。一类是无地亦不种地的农家，他们既无田产，又不从事农业，做别种职业以维持生活的。根据以上的分类，关于田场经营的调查，当然仅仅包括那些从事耕种的家庭，如自耕农、自耕农兼租种、自耕农兼租出、自耕农兼租种及租出、租种兼租出、佃农等，至于完全租出的地主、雇农、田贩子，以及无地亦不种地之农家则不在调查之列。

（2）除田产权外，关于土地项下应该调查的，乃是农家的田产的亩数与田庄的亩数，凡是有田产的农家，才有田产的亩数。凡是有田场的农家，便有田庄的亩数，所谓田庄的亩数便是农家耕种土地的亩数，不管所耕种的田是自有、是租入，或是当入的。我们很可以将调查的家庭根据田产的亩数与田庄亩数的多少分成若干组，看各家分配的情形，比如说，我们可以把田产或田庄分成 5 亩以下、5—9.99 亩、10—14.99 亩、15—19.99 亩等，这样在田产方面，我们可以看出田产集中的情形，在田庄方面，我们可以看出田场的大小，我们可以计算田产、田庄各组家数的百分比及田产、田庄最大、最小与平均每家的亩数。

（3）在土地调查项下，我们还要调查关于非耕种地的情形，普通非耕种地则包括屋基、坟地、晒场、道路、闲园、沙滩、荒地等，我们一方面要调查农家之耕种地方与耕种地各占田场总面积之百分比，同时也要调查各种非耕种地占非耕种地总面积之百分比，至于各种非耕地最大、最小及平均的亩数，以及非耕种地平均每家面积之多少与田场大小的关系，这也是我们应当明了的。此外，晒场之大小应当与田场之大小有一种关系，也不妨加以分析。

（4）关于耕种调查的方面，我们应当看一看其中水旱分配的情形，水田占百分之多少、旱田占百分之多少，在华北一带农村调查水田更要注意的是用畜力拉水车灌溉的水田，还是用人力打辘轳灌溉的水田，不但是灌溉的效率大有分别，并且所用人畜工的多少，亦大有不同。我们可以看一看平均每家有好多亩水车灌溉的水田、有好多亩辘轳灌溉的水田，这两种水田占水田总亩数的百分比如何，同时可以分析田场的大小与这两种水田占水田总亩数的百分比的变化有什么关系。

（5）关于农家所有田产或田庄包括不相连的地块的数目，每块的面积形状及其距住宅的里数，也都应当加以调查与研究。因为地块小而零碎，距农家住宅过远，均为降低工作效率，浪费工作时间的主要原因。我们可以看一看，农家地块最少有好多块、最多有好多块、平均每家有好多块、最小的地块有好多亩、最大的地块有好多亩、平均每地块有好多亩、什么样形状的地块为最多、什么样形状的地块为最少。普通华北农村的地块的形状，据著者所知道的，以长方形的为最多，正方形的次之，此外三角形的、梯形的、斜方形的，刀把形的则比较的少，地块的形状与工作的效率也有密切的关系。各地块中距农家住宅最近的多远、最远的多远、平均每地块距农家住宅里数，这都是田场经营调查中的有兴趣而又有价值的问题。我们还可以根据每家地块的数目来分组，看看有一块的有好多家、两块的有好多家、三块的有好多家等等，各占总家数百分之多少。关于地块的面积，也可以按亩数的多少来分组，不及半亩的有好多块、半亩至一亩的有好多块、一亩至一亩半的有好多块等等，并且计算各占田地总块数的百分比。各种地块的形状，每种形状的地块的数目占田地总块数的百分比，也可加以计算。至于地块距农舍的远近，亦可根据距离的里数分成若干组，如不及半里的、半里至一里的、一里至一里半的等等，看看距农舍各种距离的各有若干地块，占地块总数的百分比如何。我们还可以将水田与旱田分别来研究，看看水田地块的大小、形状与距农舍的远近，同旱田地块的大小、形状与距农舍的远近有什么显然不同之点，其差异的原因是什么。

（6）至于水旱田地每亩最高、最低、平均的价格，根据地价之高低来分组，看各组水旱田亩数之分配及其百分比。近年来地价之涨落，影响地价之因子，以及在田场经营中土地在资本总额中所占的成分，都是我们可以调查与分析的题目。

在田场的建筑物调查项下，可以包括房屋及其他建筑物，在房屋项下，又包

农村社会调查方法

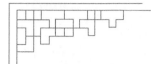

括住房、仓房、堆房、机房等，其他建筑物则包括甚多，有车棚、牲畜棚、磨棚、碾棚、地窖子、猪圈、鸡窝、厕所、水塘、饮水井、灌溉井等，我们可以调查农家各种建筑物之材料、价值，各种建筑物价值占建筑物总价值之百分比，田场大小与建筑物价值多少的关系，各类农家与建筑物价值多少的关系。

作物方面，我们可以研究与分析的却是不少。①我们可以调查田场种植的作物种类，普通我们把农作物分为种籽作物、纤维作物、球茎块根作物、菜蔬作物及其他作物等五类。在种籽作物类又可以分为谷、豆及油籽三类：谷类包括稻、小麦、大麦、小米、高粱、玉米、黍子、荞麦等；豆类包括黄豆、蚕豆、豌豆、绿豆、黑豆等；油籽类包括油菜、花生、芝麻等。纤维作物类包括棉花、麻等。球茎块根作物类包括甘薯、马铃薯、芋、萝卜等。菜蔬作物类包括各种菜蔬。其他则包括叶烟、苜蓿、药材等。我们要看一看每种作物种植好多亩数、作物面积一共好多、各类作物种植亩数占作物总亩数之百分比之多少。在调查作物的时候，我们应当特别加以注意的便是作物面积与作物亩的区别。所谓作物面积乃是用来种植各种作物的土地面积，所谓作物亩乃是在作物面积之上，把第一季、第二季、第三季……各季所种各种作物的亩数统统加在一起所得各季种植各种作物的总亩数，所以如果农家在作物面积上一年之中只种一季作物，在收获后再不种第二季作物，则其作物亩即与作物面积的亩数相同。如果农家一年之中，在同一作物面积内种两季或三季的作物，那作物亩一定大于作物面积，那是没有问题的。比如一块种作物的田地为 15 亩，农家在这块田上种两季作物，第一季种小麦 15 亩，小麦收获以后，又在这块田上种了 10 亩的黑豆。在这种情形之下，其作物面积为15 亩，其作物亩则为第一季与第二季两种作物种植的总亩数，即 25 亩。有了作物面积与作物亩，我们便可以求"复种指数"，以作物面积除作物亩再乘以 100即得。我们看一看田场之大小与其复种指数之高低有无关系，水田占田场耕地面积百分比之高低与其复种指数之高低有无关系，这都是我们可以分析研究的。②调查作物有一点我们应当特别注意的，便是两种或三种作物间种的情形，比如说华北的农家常常在种高粱、小米、玉蜀黍等作物的地里间种豆类的作物，如高粱和黑豆种在一起、小米和白豆种在一起、玉蜀黍和黑豆种在一起，有时也把黑豆、高粱和稷子三种作物种在一起，在调查时要格外留意，方不致遗漏，如果不小心遗漏了，便要大大影响作物的产量，而减少了田场的收入。③我们还要调查关于各种农作物的产量与价值，然后根据各种作物产量的价值来计算各种产量价值占产量总价值之百分比。我们还可以计算各种作物的每亩产量与价值，同时也可以分析田场大小与作物产量价值的关系。④此外，关于地块的大小与栽植的种类的关系、地块形状与栽植作物的种类的关系、地块距农舍的远近与栽植作物的种类的关系，以及水旱田地与作物产量的关系等，我们都可以加以分析，以求明了其真相。

至于种子与肥料的调查，我们可以包括：①田场所用的种子与肥料的名称、数量与价值；②各种作物所施肥料的种类及其制造的方法；③各种作物每亩平均所用种子与肥料的数量与价值；④所用种子与肥料，其农家自有与购入价值的比例，换句话说，我们想知道农家自有种子与购入的种子，其价值各占全年所用种子总价值之百分比，肥料亦是如此；⑤我们还可以分析田场大小与种子肥料自有与购入价值的比例有无关系。

关于农具的调查，我们包括下列几点：①农具的名称与件数及其每件价值。②根据著者在华北农村调查的经验，有的农具价值较昂，如水车、风车等，一家经济薄弱，无力单独购买，多两家或三家合伙购置，轮流使用，所以调查农具，可分为完全自有与与人伙置两种，以显示农具所有权的区别。③关于完全自有与与人伙置的价值占农具总值的百分比，我们亦可以加以分析。④还可以调查各种农具之用途，根据农具的用途把各种农具分成若干类。著者曾把农具分成整地用具、种植用具、收获用具、调制用具、附属用具数类。在整地用具中又分为耕耘器如犁耙等，粉碎器如铁耙、竹耙等。在种植用具中，又分为播种器、镇压器、施肥器、中耕器、灌溉器等。在收获用具中，又分为刈收器、掘采器、运输器等。在调制用具中又分为脱谷器、收敛器、脱稻器、精选器、贮藏器等。附属用具中则包括的农具种类颇多，有筐箩、绳索、扁担、转环粪叉等。根据著者之调查，华北农家所用的农具差不多有 100 种之多，亦颇不简单。⑤我们还可以分析田场大小与农具价值之关系、田场大小与完全自有和与人伙置之农具价值各占农具总值之百分比的关系，同时我们还可以研究农家平均每亩作物之耕种需要农具之费用、农具价值占资本总额中的百分数。

关于人畜工的调查可以包括以下的各项：①人工方面。全年农家雇佣的长工

一 农村社会调查方法

和短工的人数、日数、工资数、伙食折合的费用。除了雇工之外，便要调查家工，所谓家工即家中人口从事农业耕种的人数、日数、折合的工资数、伙食费等。两项合起来，便是农家全年的人工开支。②在畜工方面。应当先调查农家所养家畜及家禽数目，家畜普通有黄牛、水牛、骡、马、驴、羊、猪、兔等，家禽普通则有鸡、鸭、鹅等。在家畜方面又可分为劳力牲畜与生产牲畜两种，黄牛、水牛、骡、马、驴等为劳力牲畜，羊、猪、兔等则为生产牲畜。畜工即指劳力牲畜全年的工作而言。③普通计算人畜工，有一方法，即将人畜工折合成为若干工作单位，每工人或每役畜每工作 10 小时，即称为一工作单位，同时还可以根据人工的工作单位，来折合成为标准工人，每 360 个工，即为一"标准工人"。比如说，某田场有长工 2 人，每人全年做 200 个工，雇用短工计全年 320 个工，则此田场各工人的工作单位可折成 2 个标准工人。④我们可以计算平均每田场之人畜工单位，田场大小与平均每田场全年所用人畜工单位的关系。

至于饲料的调查则比较简单，可包括：①农家所用饲料的种类及全年支出费用；②所用饲料之自有与购入价值之百分比；③农家全年平均每亩所需之饲料费；④田场之大小与全年平均每田场支出饲料费之关系，田场大小与全年饲料费中自有与购入价值占饲料费总值之百分比之关系。

关于各种作物之耕种方法，也值得我们来调查的。我们可以找那比较对于农业经营很有经验的老农夫，同他谈天，问他各种作物的耕种方法，有一个问题要特别注意的，便是关于作物轮种制的问题。农民根据多年对于气候、土质的农业经验、配合农作物下种期与收获期的季节，以及维持地力的方法，便产生出来一套一套的作物在数年之中的轮种的系统。比如拿华北农村来说吧，我们调查出来水旱田地，农民有几十种不同的轮种制，在水田有这样的轮种制，是五年一轮回的，第一年第一季种玉蜀黍，第二季种荞麦；第二年第一季种大麦，第二季种谷子（即小米）；第三年第一季种小麦，第二季种黑豆；第四年第一季种小麦，第二季种谷子；第五年第一季种小麦，第二季种黑豆；第六年与第一年种的一样；第七年与第二年种的一样；第十年与第五年种的一样，这就称之为五年一次的作物轮种制。这是很值得我们调查研究的。

关于田场的资本，也在此略加说明。普通分析田场经营的资本，均分为固定资本与流动资本两项，固定资本中包括土地及永久建筑物如房屋、水塘等，流动资本中包括牲畜、农具、种子及饲料等，这两项相加，便得到资本的总数。在我们的资本研究中，我们可以计算各种资本占资本总额的百分比，同时也可以计算平均每田场的各项资本额、田场大小与资本大小的关系、田场大小与资本之固定资本与流动资本两者间之比例的关系、平均每亩所投资本之大小。

田场收入也是我们要分析的一项，普通田场收入可包括现款收入与非现款收入两种。现款收入中又包括作物及副产收入、牲畜及畜产收入、家庭工艺收入、地租等，非现款收入中又包括产品家用之估计、农舍家用者之估计租金、资本增加等，这两项收入相加，便等于田场总收入。我们计算得到田场总收入后，便可进一步分析各种田场收入占田场总收入之百分比、平均每田场之全年田场收入、田场大小与全年田场收入之关系等。

田场支出普通包括工资、农舍费用、农具费用、牲畜费用、作物费用、家庭工艺费用、赋税、地租杂费及资本减少等，这些费用相加，便得到农家田场总支出。我们得到田场总支出以后，便可进一步作各种分析，其分析的方法与田场收入同，无须再讲。

有了田场收入与田场支出，即可以田场收入减去田场支出而得到田场全年的盈余或亏短，两数相减如得正号，即为盈余，如得负号，即为亏短。得到田场全年盈余或亏短以后，我们还可以研究资本大小与田场盈亏的关系、田场大小与田场盈亏的关系及平均每亩全年之盈余或亏短数。

此外，我们还可以调查租佃、典当、借贷的情形，这也与田场经营有密切的关系。

说完了田场经营调查，现在谈一谈田场经营调查的困难及其应付的方法。

农家田场经营的调查因为是周年业务的研究，所以调查员在一年之中常常要跑到农家去询问、去调查、去麻烦，因此农家必得与我们感情相当的深厚，同时又能了解我们调查的目的，在绝对没有一点怀疑、相信我们的情形之下，才能举行的。著者在河北定县的农村于民国二十年曾经举行过 100 个自耕农家庭的田场经营调查，因为被调查的家庭都是平教会生计部的表证农家，故困难较少。因此，著者认为关于农家田场经营的调查，除非主持调查的人或主持调查的机关与被调

农村社会调查方法

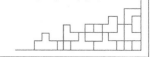

查的农家有相当的特殊的关系，是不必举办的，举办调查，也毫无结果。

田场经营的调查中，除土地与作物两项外，余均无多大的困难。兹因篇幅的关系，仅将土地与作物的两项调查的困难及其应付的方法，分别叙述如次。

关于土地调查的最大的困难，便是最容易引起农民的怀疑，调查地亩是政府要增加捐税。著者刚到定县的时候，因平教会的工作刚开始仍未普遍推广，那时不拘是调查全村的田地的大概情形，或是调查某特殊农家的田地的详细状况，都是很不容易的工作。当时一般村庄都预备两本地亩册子，一本是真的，一本是假的。村子自己用真的地亩册子作根据去摊派各农家担负的地方派款，他们不根据家数来计算各家的派款，因为这样平均太不公道，他们是根据自有田产亩数来计算的，以全村田产总亩数除全村应摊的款额总数，得到平均每亩田产应摊款额，再以此每亩平均数乘各家的田产亩数，便得各家应当摊派的款子，所以村子要根据一个真的地亩册子来计算的，假的地亩册子则多为应付县政府或军队的。要知县政府摊派各村的款子，乃是根据各村的自有田产的册子，各村如果报的田产数多，便要多摊款，报得少，便可以少摊款，因此各村均以多报少而造一个假地亩册子来应付，这是假地亩册子的来源。当时我们调查各村地亩，村中办公人员都拿假地亩册子出来给我们抄，表面却极大方，其实数目都是假的。村子拿这本真的地亩册子，宝贵万分，极守秘密，除了村中办公人员可以翻阅外，无人能够看见，平常都锁在大钱柜里，非常严密。后来平教工作展开，取得人民的信仰，村中办公人员也知道我们是对于他们有利益的，便有时偷偷把真地亩册子拿出给我们抄，毫不隐瞒，有时甚至于把假地亩册子也拿出来给我们比较，证明并没有欺骗我们。有的村子还肯把真的地亩册子借给我们拿回来抄，其相信程度的深切，由此可见一斑。有时我们利用本地调查员，亲友辗转相托，把真地亩册子借到手，其中经过的困难与周折，也就很可观了。

调查土地的第二个困难是关于田产的问题。普通农家对于自有田产的亩数容易以多报少，或简直瞒哄说自己无田，著者在湖南、四川农村调查的经验都是如此的。租出与当出的地亩，亦易少报。有时当出的地亩，农家却肯实说，表示家中贫穷，经济状况不好。租入及当入的地亩，因并非自己出产，所以容易按实报告，与他利害无关。至于农家的非耕种地，如坟地、沙滩、道路等，应与生产无关，则多以实相告。

　　土地调查的第三个困难则为关于地块的问题。普通农家栽植作物的地块，多系不及五亩者，其中又以一二亩之地块为最多，农家常容易遗漏小的地块，忘了报告出来。关于农舍附近的菜园地，因为面积过小，有时仅一二分地或二三分地，故最容易遗漏不报。还有一个原因使农民容易遗漏菜园地的缘故是普通农家认种菜的地不算地。为应付此种困难，调查员在调查时，要特别提醒他们小块地和菜园地，以免遗漏。在南方与北方做调查，这种困难是相同的。在南方做土地调查还有一种困难是农家认荒山及种杂粮的土地不算地，所以荒山与种杂粮的地，在南方甚容易遗漏。为应付这种困难，调查员也要特别留心，提醒调查的农家，免得遗漏。

　　土地调查的第四个困难是关于"亩"的问题。一点是各地"亩"的大小颇不一致。为免除这种毛病，最好在调查以前，多量几块田地，得一个平均每亩面积之大小，然后以这个平均的面积来计算，由一当地旧亩折成一市亩的比例，再以此折算的旧亩与市亩的比率来乘农家田场面积亩数，便得到所调查的各田场按市亩计面积之大小。一点是在南方，如湖南农家并没有"亩"的观念，他们多以某块田地的谷子的产量，或谷子的下种量，或缴纳地租谷子的石数，去代表那块田地的面积。如果你问农家这块田有好大，他们的回答是说，有几石种田，几石租田，或者说有多少挑，有多少肩等，这是以产量来计算的。几石种田的意思是说这块田需要好多种子；也就是说，这块田是可以下这许多种子的面积的田地。几石租田是说这可以收这许多石干谷的一块面积的田地，关于肩、挑乃是这一块田可以产几肩、几挑谷子的面积的田地。所以在没有"亩"的观念的地方，我们在调查以前，应当把租田、种田、肩挑等单位的田地，都要量得清清楚楚，然后把各单位的平均面积之大小，折合成市亩，这样在计算田场面积之大小上，才不至于发生困难。

　　土地调查的第五个困难是关于农作物产量的问题，农家总喜欢少报。在北方，关于水车与辘轳灌溉的田地所种同样作物的产量，农家混在一起报告，要知水车与辘轳灌溉的田地，虽同是水田，其每亩平均产量便大有不同。在问农家各种农作物产量的时候，最好使农家按两种水田分别报告，以免含混。我们最好问旱田、

水车及辘轳每亩田地之平均全年每种作物产量，然后再以各种作物之耕种亩数乘之，即得各种作物之全年总产量。在南方调查水稻的产量，调查员要特别注意田亩的地位，在塞上和冲上所种的水稻，其产量较低，在陇田所种之水稻，因其田地肥沃，产量颇高。河边的田地，其量在中等。所以调查员在南方调查作物产量，如遇有怀疑时，最好问其田地之地位，用以校正。关于各种作物之产量价值，可根据各种作物之全年产量，乘以各种农产物平均每单位之价值即得。

土地调查的第六个困难为关于坟地的问题，无论南北，普通农家均不以坟地算地。在北方农家多在坟地里种农作物，调查员在调查时是要特别注意的，不然便遗漏了农作物的面积，并减少了一部分的农作物的产量。在南方，尤其是多山的西南各省农村，坟地多在荒山上，调查员千万要留意，不要将坟地与荒山的面积计算重复了。普通农家多不知自己坟山有好多亩，这是要调查员特别留意的。

关于田场经营调查之其他项目，根据著者经验，并无什么了不得的困难，此处无须赘述。

第十章 农家生活费调查

要想研究农民的生活程度，必得首先调查农家的生活费。根据生活费的分析，我们才能够确定农民的生活程度的高低。所谓农家的生活费，乃是农家用以维持生活的费用，亦即家庭一切消费的开支。所谓农民的生活程度系指农民实际生活上享受的情形而言，故两者大有分别。

普通调查生活费有两种方法，一种是估计法，一种是记账法。估计法是将各家全年之各项用费加以详确的估计，根据估计的材料加以统计的分析。记账法是调查者预先备有制好的账簿，挨日或间隔数日到被调查的家庭去调查填记，自正月一日至十二月底始告完竣，然后根据所记的账簿，加以统计与分析。估计法较记账法简单得多，同时调查员也不必挨日或间隔数日到被调查的家中去麻烦；不过所编制的调查，必得颇为详尽，各项支出的项目，除细小不重要之项目悉归入"其他"项外，余均不应有所遗漏。这样调查出来的材料，才有统计上的价值。至于用记账方法调查所用的账簿，亦最好把各项支出的名目根本就印在记账簿上，在账簿上既不易遗漏，又可节省许多时间。用记账方法调查农家生活费，因为是全年的，农家为这件事花的时间太多，恐怕一方面被调查的农家非得与调查者有特殊关系，便不易办到；另一方面恐怕调查者还得给农家相当的物质的报酬，才能维持全年调查的进行，使中途不致发生困难或问题。至于用估计法调查农家的生活费，也得找特别明了这种调查的意义的农家去进行，否则所得的材料，一定不会确实可靠。

普通研究家庭生活费的支出是将生活费用分为六大类，即食品费、衣服及被褥费、房租、燃料及灯光费、生活改进费及杂项。食品费中普通又分为米面杂粮、菜蔬、调和、肉类、水果及其他食品六项。衣服中则包括棉毛皮衣、鞋、帽、袜等。燃料及灯光中则包括柴、煤、炭、植物油、洋火、电光等。生活改进费中则包括用于教育、卫生及娱乐之款项。杂项则包括应酬、嗜好、宗教及迷信、婚丧、生日、生育、医药、装饰、年节、公益及慈善、诉讼、祀祖、利息、购买及修理家具、修理房屋等。我们根据这六大项生活费用的调查材料,加以统计的分析,来计算各项支出占全年总支出之百分比,再根据各地生活费调查的百分比,就可确定各地生活程度之高低。生活改进费占总支出之百分比高者,其生活程度即高,反是则低。最要记住的,便是不要把生活费与生活程度两者混为一谈。我国自抗战以来,物价飞涨,一般人说生活程度抬高了,这是大错而特错。实际说来,乃是因物价的高涨,把我们的生活费抬高了,而生活程度则大大地降低了。我们的收入也许比以前增加了几倍,但是所换取的生活上的、物质上的与精神上的享受,则降低不知道若干倍了。一家每月支出一两万元,把大部分的钱用在赌博、嫖娼与吸食鸦片上,另外一家每月支出三四千元,而对于儿女的教育营养、个人的娱乐健康,异常重视,虽然这一家的生活费远不如那一家之多,但其生活程度则远较那一家为高,不成问题。

调查农家的生活费,不拘是用估计法或记账法,都应当附带调查他们的田产、种田亩数、全年大约收入、人口亲属关系、性别及年龄等,因为这些材料与生活费的分析上,均有密切的关系。有了田产与种田的亩数,我们可以根据田产亩数之多少,或种田亩数之多少,来比较其平均每全家全年的生活费用及六大项支出占生活费总支出之百分比之不同。有了全年农家的大约收入数,亦可按收入之多少,分组来比较其平均每家全年的生活费用之高低及六大项支出占生活费总支出之百分比。有了人口数,则可以计算平均每人全年生活费用。但是这里有一问题须得吾人注意,即因为各家人口之性别与年龄之不同,其平均每人之全年生活费用,在比较上亦不能精确。比如说,甲乙两家各五口人,全年生活费各支出五千元,则甲乙两家平均每人全年各支出一千元,如不进一步分析两家人口之性别与年龄,必以为此两家平均每人之全年消费相等。但如仔细研究两家之人口,则可立刻明了两家平均每人全年之消费并不相等。要知甲家五口人中有三男二女,三个男子均在壮年,两个女子,一在壮年,一为小孩;而乙家五口人中,则四女一男,男子在壮年,四女中除一女在壮年外,其余均系幼女。经过这种人口的分析,我们当然可以明了,不顾性别与年龄之差别,而含混地去求平均每人全年之生活费用,其在比较研究上的价值甚少,当无可怀疑之处,因此研究生活费的人,想出一种方法,把各不同年龄之男女均折合为"等成年男子"(adult-male equivalent),

使其单位划一，然后才能比较。至于关于"等成年男子"的折合，因我国目前仍
没有根据调查研究所编制出来的男女各不同年龄的消费量折合等成年男子的标
准，所以一般研究生活费的，普通均根据阿德凡特[①]（Atwater）的标准，这个折
合"等成年男子"的标准，乃是美国的标准，当然不一定适合于吾国的情况，但
是，总比较没有的好一点。兹将阿氏折合标准列表 1-10-1，以资参考。

表 1-10-1　各年龄男女折合"等成年男子"单位计算法

年龄	折合"等成年男子"数	
	男	女
2 岁以下	0.3	0.3
2—5	0.4	0.4
6—9	0.5	0.5
10—11	0.6	0.6
12	0.7	0.6
13—14	0.8	0.7
15—16	0.9	0.8
17 岁及以上	1.0	0.8

　有了这个折合的标准，我们便可以把所调查的各家人口，根据这个标准按人
口的性别与年龄来折合成"等成年男子"，因此不但被调查的家庭有一个人口数
量的统计，同时还有一个"等成年男子"数量的统计。我们在分析的时候，不但
可以按家庭人口数目之多少来分组，同时我们还可以按家庭"等成年男子"数目
之多少来分组。兹以两家为例，以表示折合"等成年男子"之方法（表 1-10-2）。

表 1-10-2　甲乙两家折合"等成年男子"数计算法[②]

甲家	性别	年龄	折合"等成年男子"数	乙家	性别	年龄	折合"等成年男子"数
家主	男	36	1.0	家主	男	25	1.0

---

① 编者注：今译为艾德沃特。
② 编者注：原书此处无表题，为了便于理解，此表题为编者所加。

甲家	性别	年龄	折合"等成年男子"数	乙家	性别	年龄	折合"等成年男子"数
妻	女	35	0.8	妻	女	23	0.8
兄	男	38	1.0	女	女	5	0.4
妹	女	28	0.8	长子	男	3	0.4
子	男	7	0.5	次子	男	1	0.3
总合（和）			4.1	总合（和）			2.9

从表 1-10-2 看来，甲乙两家各有人口 5 人，但因性别与年龄之差别，其折合出来的"等成年男子"数则大有分别，甲家为 4.1"等成年男子"，乙家则仅 2.9 而已。比如说，甲乙两家全年生活费各为 1 万元，如以人口数平均，则两家平均每人全年支出生活费相同，各为 2000 元；但如以"等成年男子"数目去平均，则甲家平均每"等成年男子"全年支出生活费为 2439.02 元，乙家平均每"等成年男子"全年支出生活费为 3459.99 元，两家比较，平均每"等成年男子"之全年支出生活费款项相差达 1020.97 元[①]，由此看来，乙家较甲家消费为多。

至于调查之时期，著者以为，用估计法调查最好在正月十五日以后，农家把旧历新年也过了，正好到农家去调查。用记账方法调查最好每逢集场的第二天调查一次，因农家在平日并不买什么东西，总是在集市的日子去赶场买卖东西，所以赶场的第二天到农家去记账，非常适宜。至于所调查的全年生活费，则自然以旧历的习惯为准，自旧历正月初一至十二月底为止，千万不要根据阳历，农家简直弄不清楚的。

关于农家生活费调查的困难及其应付的方法，根据著者的实地调查经验分述于次。

农家生活费调查的第一个困难，是由于农家所消费的食品与其他物品是一部分出产于自己的农场，并非全部分都是购入的，因此在调查上比较来得麻烦，在都市里面调查生活费便没有这种的困难。都市里面的知识阶级，普通多记账，他们一切消费的物品都是在市场上购买的，并无自己生产的，所以比较容易调查，

---

① 编者注：全年支出生活费应为 3448.28 元，两家相差应为 1009.26 元。

就是多数都市中的劳动阶级的家庭，也比较农家的生活费容易调查的，因为他们每日零星购入，一天吃多少米面杂粮，一天买多少钱的小菜，烧多少钱的柴，点好多钱的清油，在每天晚上到他们家去调查，都很容易得到这些材料。在农村调查生活费，关于米面杂粮、菜蔬及各种燃料的消费，问题却比较复杂。比如说，农家把粮食收获了，装在仓房，每天吃多少取多少，也不量、也不记，当然不易调查，尤其是菜蔬，更不容易调查。农家种了一块地的菜园，有茄子、有黄瓜、有西葫芦、有北瓜等等，今天摘几根黄瓜，明天摘几个茄子，这样天天摘，天天用，天天吃，天天取，也不记，也不秤，这使我们如何能给他们记得清楚呢？至于农家所烧的燃料，除由外面购买进来的煤炭外，其余如田场中自己出产的如秫秸、棉花秸、麦秸树枝、谷草，以及秋冬在野地里所拾的树叶等，均极难于计算。关于这种困难的应付方法，著者以为，我们可以在进行记账的第一天，最好把被调查的农家所存储的各种粮食都量了以后记下来，家中所存的燃料也都用大秤称了记下来。至于地里面种了好多菜蔬，什么菜好多，也都记下来。比如说，农民所存的粮食经我们量了以后记下来，为麦子五石，小米三石，其他粮食各有多少石、多少斗，在我们去记账的时候，我们便可以这样问他们，哪天磨了多少麦子、哪天吃的是小米、哪天吃的是杂粮等等，这些粮食存储的数量有记载；农家从哪天开始吃这些粮食，我们也有记载；哪一天吃的是什么粮食，我们也有个记载；每种粮食是哪一天吃完的，也有个记载；我们有了这几种记载，就能把农家所吃的各种粮食的数量分配到食用各该种粮食的日数上去而得到平均每日所用各种粮食的量数。至于菜蔬的数量，我们也可以这样计算，不过得先估计一下各种菜蔬的每亩产量，根据每亩的产量再计算农家菜园中所种实际各种菜蔬的产量。我们知道了农家是从哪天起吃的什么菜，哪天吃完了的，我们便可以计算平均每天农家吃了好多什么菜。至于燃料方面，也可以用同样的方法去计算。要知用这种方法来计算比较请农家自己每天去估计还要稍微精确一些，不过在这里要注意几点：一点是要注意卖出的各种粮食、菜蔬与燃料的数量，好从粮食、菜蔬与燃料中减去。一点是要注意购入的各种粮食、菜蔬与燃料的数量，好加在总量上去。一点要注意家人到亲戚家去住，亲戚到家里来住，及其他在外吃饭的人数及日数，把这几点记清，便可把账算好，因为这些数字都与农家所吃的粮食数量的多少，大

农村社会调查方法

有关系的。

　　农家生活费调查的第二个困难，便是在开始记账时因为调查员没有纯熟的训练，与被调查之农家对于这种复杂而详细的记账没有经验，所以据著者的经验，头开始一两个月的记账材料是不大合乎我们的标准的。著者以为这样记账的调查，最好开始于年前的十一月中，以十一月中至十二月底这一个多月的记账为调查员的训练时期，到了次年正月一日，才是我们正式需要的材料。这样就是刚开始一个多月因调查员与被调查之农家均无经验，所得结果，我们不能用来分析统计，亦是毫无妨碍的。

　　农家生活费调查的第三个困难，便是因这种用记账法调查农家生活费为一年长时间的工作，调查员有时容易因工作不利而灰心，被调查的农家有时亦因农事忙碌而有中途停止之虞。为应付这种困难，主持调查者要时常鼓励调查员，给予种种工作上之便利与生活上的兴趣，使他们不致灰心丧气，减低工作效率；同时对于被调查之各农家，给予相当的报酬，并且要从多方面与他们联络感情，能够有始有终，不致中途发生问题。

　　至于用估计方法调查农家生活费，问题与困难则比较少些，此处无须赘述。

第十一章 农村工业调查

中国是一个农业国家，中国也是一个手工业的国家，在海禁未开以前，现代工业国家的制造品还没有侵入中国市场的时候，我们日常生活所需用的，除了可以直接地由土地取用的农产品以外，向来全是由家庭、乡村或作坊所供给的手工业制造品。就是自海禁大开以来，在吾国的内地及穷乡僻壤，手工业还占一相当的重要地位。尤其自全面抗战以还，吾国的国际路线多被封锁，外货输入锐减，手工业异常活跃，几恢复往日之地位，农村工业为构成吾民族经济之主要部分，它一方面供给人民的不可缺少的需要，又一方面则可补充农家的收入，其重要性，毋庸赘述。故此农村工业的调查，在民族经济的研究上，极有地位。

农村工业可以分为两大类，一类为家庭工业，一类为作坊工业。所谓家庭工业，多系农家于农闲时家庭分子自行操作的一种副业，普通所需资本颇少，利用自己田间的出产或购入的原料，由家主领导，用粗糙简单的工具，应用某种特殊的技术，以从事于工业品的制造，其目的不为自用，即为卖出；不为赚利，即为得到副产物，以供家用，而补助家庭进款。所谓作坊工业，多属整年经营的一种职业，其工作地点多不在家庭而在作坊或店铺，不拘是一人单独经营或是多人合伙经营，均需要较从事家庭工业所需要的资本为多，作坊普通由掌柜主持，掌柜又多自兼匠师及司账，领导伙友，教授学徒，利用比较复杂的工具，从事于工业品的生产制造，伙友普通有年工与月工之别，按年或月付给工资，收用学徒多由亲友介绍，立一契约，双方遵守。制出物品，多在作坊或店铺销售，也运销于集市与庙会。作坊工业的目的纯系赚利，每到年底计算赔赚。作坊工业与家庭工业主要不同的地方，在作坊工业已渐渐摆脱土地与家庭的束缚与关系，而开始走上了工厂制度的路。

农村工业的调查当然要包括家庭手工工业与作坊工业两大类。著者在河北省定县曾作过一个很详尽的、全县的农村工业调查，发现定县一县便有 120 种之多的手工业，我们也曾把定县的家庭手工业分成七大类：①纺织工业，包括纺线织布、织腰带、织口袋、织带子、织毛毯等。②编织工业，包括编席拍、编席蒌、编蒲锅盖、编柳罐、编筐篮、编竹帘等。③食品工业，包括做挂面、做粉条、磨香油、做芝麻糖、做豆腐、造黄酒等。④木工业，包括造各种农具，如做杆权、做辘轳头、做辘轳把、做风车、造花生筛子、造木犁架等；造各种家具及用具，如造木椅，造小板凳，做木瓢、锣棒槌及擀面杖，做水桶，造风车，造升斗等；此外关于纺织的用具中，则有做纺车、做络车、做卧子、做织布杼、造木织布机等。⑤化学工业，包括造猪胰、造雪花膏、生发油、花露水、扑粉、牙粉、造草纸、做水胶、做鞭炮、制洋蜡、做土火柴、做皮条、做火绒等。⑥铁工业，包括编铁线笊篱、编老鼠夹子、编牲口龙嘴、编铁丝灯笼、造土锁、做剃头刀、做擦子、做修脚刀、造白铁壶、做洋铁灯、做铁钯、造铁织布机、造牲口掌等。⑦杂工业，包括选猪鬃、做猪（羊）小肠、捆扫帚、扎筲帚及炊帚、做革拉、造缯、做鞋等。至于关于定县的作坊工业则分为五大类：①化学工业，包括眼药铺、棉纸作坊、染坊、皮条铺、化妆品作坊、造胰作坊、造桃花粉作坊等。②食品工业，包括面坊、挂面铺、点心铺、酱园、油坊、小磨油坊、糖坊、粉坊、粉面作坊等。③木工业，包括木货铺、木厂、大车铺、花轿铺、柜箱铺、罗圈铺、风箱铺、雨伞铺、竹货铺等。④五金工业，包括铁工厂、铁匠炉、洋铁器铺、铜器铺、铜锁作坊、柜箱饰件作坊、锡器铺、火镰铺等。⑤杂工业，包括鞋铺、鞋零件作坊、军帽庄、轧花店、绳铺、毡坊、油布铺、糊纸匣作坊、纸皮裱箱铺、糊篓铺、造缯作坊、卷烟作坊、毛笔作坊等。此处著者之所以把定县的家庭手工业与作坊工业的种类列出，是为读者将来调查农村工业的种类时的一种参考。著者认为，吾国各地的农村工业种类并无多少的差别，仅仅由于南北气候的不同，影响农业上的差异，手工业制造所用的原料也许有不同而已，不过在此抗战期间，调查农村工业，我们一定可以发现，已经被外货替代的手工业制造品如土针、铜洗脸盆等，现在因为洋针与洋瓷盆不能输入而又复活起来，所以调查出来的工业种类，必要增加，这是无可怀疑的。

除了工业的种类外，在家庭手工业方面，我们还要调查从事各种家庭手工业之家数，从事工作之人数，全年工作日数，每日大约工作时数，原料名称、价值、出产地、制造方法，全年出货数量与价值，全年赚利，销售地点等。我们还要调查全村的家数及人口数，然后可以看出，从事家庭工业的家数及人数占全村总家数与总人口数之百分比，还要调查家庭亲属关系及各年龄男女人口数，好研究家庭什么亲属在从事家庭工业，各龄男女从事家庭工业的人数及其百分比，同时还要调查农业的类别、田产与田庄的大小、全年大约收入总计，这样我们可以根据家庭人口来分组，看各组从事家庭工业的人数占家庭人口总数的百分比，并且可以看一看各组平均每家从事家庭工业之人数与平均每家人口数之多少有无相关，至于田产与田庄的亩数，我们亦可以把它们分成若干组，看从事家庭工业的人数的平均每家人数与田产、田庄亩数的多少有无关系，我们也可以把各家的全年大约收入分成组，看一看各组平均每家从事家庭工业的赚利占各组平均每家全年大约收入的百分比与各组全年大约收入之多少有无关系。我们还可以根据家庭人口的分组，田产或田庄亩数之分组，去比较各组全年从事家庭工业之家庭平均每家由家庭工业之赚利占全年全家平均每家大约收入之百分比有无关系。

在作坊工业方面，除了工业的种类外，我们还要调查各种作坊家数，县城及全县各乡镇各种作坊数目之比较，各种作坊之最大、最小及平均每家资本数，作坊之组织，使用之账簿，工作及学徒之人数，工匠的数目，工资之高低，学徒之待遇，以及学习之年数，工作时数，全年出货总量与总值，全年赚利之多少，货物销售之地点。我们可以根据作坊的种类来列表，看看各种作坊之家数及其百分比，还可以根据每村或乡镇所有作坊的数目列表，以比较各村及乡镇所有作坊数目之多少。我们还可以根据资本、工作及学徒的人数，全年出货价值与赚利的多少来分组，去比较各种作坊的数目。此外，不拘是家庭工业或作坊工业，我们都还要调查关于工业的历史、原料的供给、风俗习惯的变迁与工业继续存在与不继续存在的关系。著者在河北省定县调查农村工作，发现许多有趣味的事实，比如说，定县以前从事选猪鬃的家庭，都用猪鬃做刷子，后来猪鬃因输出国外而价格高涨，较之用猪鬃做刷子，赚利多几倍，故从事选猪鬃的家庭多不再做刷子而仅从事贩卖猪鬃，此为因原料影响于工业品制造的一个举例。关于需求之能否继续存在，有两种因素，一为自然环境，一为风俗习惯，此两种因素的变迁，亦能使

需求继续或不继续存在，因而影响工业之继续或不继续存在。据说以前定县的唐河与沙河水很深，产鱼颇不少，当时沿唐河与沙河两岸农家多从事捕鱼，所以那时定县便有织渔网这种手工业，后来唐河与沙河渐渐干涸，无鱼可捕，织渔网这种手工业亦不复存在，此为因自然环境的变迁而影响于工业品需求之一举例。又定县妇女以前无剪发者，梳头多戴发网，织发网这种手工业颇为发达，近十余年来，定县妇女剪发者日多，发网之需要因而大减，因此织发网这种手工业则日见衰败，此为因风俗习惯的改变影响于工业品之需求之一举例。此外，关于工业能否继续存在，还要看有无代替之工业。根据著者在定县研究之结果，一种工业品能否替代另一种工业品，必具有两种要素，第一，代替之工业品必得是比较经济者，不是实际价格上的便宜，就是品质使用的合算。定县以往一般人都用铜洗脸盆，不但笨重而且昂贵，自洋瓷盆输入定县以后，因其轻便而且价廉，一般农家均用洋瓷盆而不用铜盆，因此铜盆乃被洋瓷盆所替代，此为一实际价格较低的工业品替代一价格较高的工业品之一举例。定县以前有水车之农家，灌田均用木水车斗子，自铅铁输入后，水车斗子铺便用铅铁制造水车斗子，按木水车斗子与铅铁水车斗子之价格相差不多，但铅铁斗较木斗坚实耐用，故农家多改用铅斗而不用木斗，此为一品质上使用的合算的工业品替代一使用上不合算的工业品之一举例。第二，替代之工业品必得是效率较大并且在使用上是较为便利的。定县以前农家织布都用木机，后来铁机输入，农家多改用铁机而不用木机。按用铁机织布较用木机织布约快三倍，此即一效率较高的工业品替代一效率较低的工业品之一举例。又如定县以前染坊染蓝色均用本地靛，在染色的手续上颇为麻烦，自洋靛输入，染坊都改用洋靛而不用本地靛，因用洋靛手续极为简单并且便利，此为一在使用上较为便利之工业品替代一在使用上较不便利的工业品之一举例。

除了关于工业品之替代的调查而外，我们还可以研究工业在地域上分布的情况。我们发现，工业的分布与原料的出产、地理的情况、人口的稀稠、交通运输的便利与否、城镇集市的所在地，均有密切的关系。我们用红点代表家庭工业的家数，用绿点代表作坊工业之家数，一点代表一家，这样的点在定县的地图上，从它们分布的情形看来，我们发现，家庭工业分布于全县的农村，而作坊工业则集中于县城与乡镇。再者，我们发现工业分布与原料的产地亦有密切的关系，棉花种植多的地方，其轧花店、弹花店与纺织工业的家数与全年产值亦多，还有我们发现，编织工业的分布与河流有相当的关系，定县沿唐河、孟良河、沙河各地都有编织工业的存在，这是由于定县沿河两岸的农家多种柳丛及苇子，而柳丛与苇子便是各种编织工业的原料。此外关于定县油坊的分布，我们发现，不但与花生、棉籽两种原料的供给有很大的关系，并且因为花生油与棉籽油每年大量输出，故与运输线亦有密切的关系。在火车站周围油坊的家数比较多些，至于木厂的分布则与有木货市的庙会甚有关系，即有木货市的庙会的附近，开设的木厂特别多。总之，我们调查农村工业的分布，可以发现许多相连的关系与因素，是我们不应当忽略的。

此外关于制造的技术、工业的制度、运销与捐税等等问题，我们都当加以调查与分析，以求对于整个农村工业的问题得以明了与认识。

至于调查农村工业的困难，根据著者的经验，第一个困难是容易引起农家或作坊怀疑是政府要上捐抽税。因为在我们的调查中，有一项是问全年出货总量与总值，但是这倒不像调查田产地亩农家怀疑的那样厉害。应付这种困难的方法，是要向被调查者说明调查的目的是提倡与改进农村工业，使农村工业品得以推广与畅销，这样解释当可免除误会。

第二个困难便是关于农村概况的，从事家庭手工业的家数的问题。要知从事家庭工业之家庭，有只从事一种者，有从事两种以上者，有的家庭只从事纺线或织布，有的家庭却从事纺线兼织布，或纺线兼他种工业者。这实际从事各种工业之家数，则不易得到。我们到一个村庄，问他们村中在一年里纺线的有多少家、织布的有多少家，或做豆腐的有多少家等等。这样单独去问，他们倒容易回答估计，要问他们村中在一年里只从事纺线的有多少家，纺线兼织布的有多少家，纺线兼做豆腐的有多少家等，他们倒（到）底感觉非常困难，并且事实上也办不到的，就是勉强得到数字也不会准确的。因此，关于这种实际的家数，只好根据一般的情况与调查的结果去估计，得到一个大概的数目，至于农村概况的从事家庭工业的人数，其困难与家数相同，此处无须再讲。这种困难，在以家为单位的详细调查，则均无问题。

第三个困难是关于调查从事各种家庭工业之平均每日大约工作时数，农民对

于这问题多不能回答。要知道，一般乡下人根本没有工时的观念，他们的饮食起居及其他日常生活，均以日头为标准。为应付这种困难，我们便举出一个方法问他们，拿从事纺线的人数来说吧！我们可以这样问他们，村中整天纺线的有多少人，纺半天或多半天线的有多少人，纺不到半天线的有多少人。整天纺线的当然是工作八小时以上的，纺半天或多半天线的当然是工作在四至八小时的，纺不到半天的当然是工作四小时以下的。

第四个困难乃是关于全年大约工作日数，从事家庭工业的农家多不能回答。要知从事家庭工业多在农闲，所以我们先问他们农闲几个月中大约工作多少天，再问他们年中其他各月大约工作多少天，问出来以后，把这两个数目加起来，便可以得到全年大约工作总日数。

第五个困难是关于原料的来源，农家与作坊多不肯把原料的产地与购买的处所告诉调查的人。这是恐怕外人知道了夺他们的生意，应付这种困难的方法是托人辗转打听，得到实际的材料。

第六个困难是关于全年的出货量，被调查者亦多不能回答，也有时记不清楚。应付这种困难的方法，是问他们每天大约的出货量，然后再根据全年工作的日数与平均每日大约工作时数，估计全年出货量。要知从事家庭工业的家庭，买了原料就做，做了就卖，赚了钱就用，哪里还记得全年一共出了多少货呢？

第七个困难是关于家庭工业品秘密制造的方法。在定县我们调查家庭手工业的时候，发现有几种手工业品的制造方法极为秘密，如配眼药料、安斗樑等，都是祖传，只传自己的亲属，外人则无从得到。尤其是安斗樑的方法，不到气绝身死的前几分钟，就连自己的儿子，也不传授。据说平日安斗樑的，在安斗樑时都把门锁起，谁都不许进去，这种秘密方法简直无法探知，异常困难。直至现在我们也没有方法来应付这种困难。

第八个困难是关于家庭工业赚利的问题。普通农家关于家庭工业的赚利总是少报。应付这种困难的方法，是先要问一问每种家庭工业的出品每单位所用的原料费若干，然后再求得其平均每单位出品之价值，两数相减，便得到平均每单位的赚利，再以此数乘全年出货总量，即得到全年赚利总计。

第九个困难是关于工业品每单位的价格的问题。因为农家销售的时间与地点不同，故其价格亦不一样。我们解决这种困难的方法是根据全县各大集场各月手工业品之全年平均价格来计算的，以各种手工业品之全年平均每单位价格乘全年各种手工业品之出货总量，便得到全年各种手工业品之总值。

第十个困难是关于农家全年一切收支总数的问题，农民多不能回答。我们只得根据农家的田产、人口、全年家庭工业赚利及一般的生活费来估计。能够回答的农家，我们也要将回答的收支数目与家中的田产、人口及其他情况，一一校对，看看有无错误。

至于调查作坊工业的最大的困难，便是关于资本的问题。因为我们一问到资本便容易怀疑到增加营业税，因此他们总是要把资本说得太低。关于这种困难是要从旁探听，得到实际的资本数目。还有一个困难便是关于工资的问题，普通作坊都愿把工资说得较高，表示优待工人及花费较大，开支一多，当然赚利必小。应付这种困难的方法，是多打听几家同样的作坊，得到比较可靠的资料。我们利用这种应付困难的方法去调查农村工业，结果必可得到相当好的成绩。

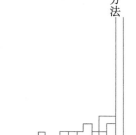

第十二章　农村商业金融调查

　　农村商业金融之组织调查，普通包括铺店、集场、庙会、银号、钱庄、典当业、仓库、合会及借贷等。铺店多集中于县城及乡镇，村庄中则仅有卖杂货与日用品的小铺，数目极少。集场在农村中甚为普遍，有一定日期开场，交易买卖。庙会系举办于有寺庙的所在，年中有一定日期，农民前来敬拜神灵，许愿还愿，一般商贾摊贩及农民，亦来庙会交易买卖，形成很热闹的经济团体的活动，故庙会一方面为一宗教的组织，一方面则为一经济的组织。银号、钱庄均为旧式的金融机关，普通多开设于县城及较大的市镇，其经营的主要业务则为存款、放款与汇兑。自抗战以来，物价高涨，银号、钱庄亦有经营囤积生意者，做不正当的业务。典当铺则多设于县城及市镇，农民于经济困难时常拿衣服、饰物及其他物品去当，押钱使用，为乡村高利贷之一种。仓库为近年来农村中的一种新兴的经济组织，即所谓农业仓库，其主要业务则为农产品的储藏与押借、农产品的代为加工整理与包装及农产品之共同运销等，现各地农村多有此类农业仓库之设置，皆系由银行经营，农民于农产品收获价格低落时，将农产品送至仓库抵押借款，付予极低的利息，至农产品价格高涨时，再由仓库赎出，卖得较高之价格。此种仓库对于农民甚有利益，可免去农民受高利贷之剥削及农产品价格低落时，农民因需款使用，不得不卖出其农产品之苦。合会为吾国农村固有的民众金融组合，又称钱会，为一种储借的合作。借贷则为普通贫农向富农立契约借款的一种形式，亦就是所谓的高利贷。

　　商店的调查可包括县城、市镇及农村各种商店之分配，根据这种材料我们可以计算全县各种商店之百分比，县城、市镇及农村各种商店之百分比，县城、市镇与农村的商店在种类上的差别，按商店的数目全县村数之分配等。同时，我们可以调查商店组织、资本、工作人数、待遇及工资、学徒制、全年营业总额及赚利之多寡。我们可以根据商店资本额、工作人数、全年营业总额及赚利之多寡，来比较县城、市镇及农村各种商店数目之分配，并可比较各种商店最大、最小及平均之资本；全年营业总额及赚利。此外，关于货物之运输及税捐，亦可加以调查与分析。

集场的调查可以包括很多的项目，我们调查全县集场的名称及其地域上的分布，可以把集场用红点代表绘在地图上，以显示其分布的状况。再便是调查集场的种类，要知集场可分不少的种类，有大的，有小的，有单纯的，有复杂的。著者在河北省定县调查集场，发现有的集场只交易一种商品，如线子市，有的集场则交易多种农产品及商品。有的集场到了范围相当大的时候，多依据所交易的物品分别设市，秩序井然。比如说，猪市在一个地方，牲口市在一个地方，棉花市在一个地方，青菜在一个地方等，线子市在定县又称为"露水集"，是说这种市开场极早，多在太阳出来以前，到了太阳一出来，市上一切的交易均已完结，好比清晨的露水，一见太阳便化为乌有的意思。我们亦可以根据集场所占面积之大小，交易一种物品或多种物品，以及分别设市或不分别设市，而加以分类。同时还可以分析县城、乡镇与各村集场在种类上之不同，并可计算各种集场所占之百分比。关于集场开市的日期，亦可加以调查。普通集场开市的日期均以旧历为准，有一、五者，有一、六者，有二、七者，有三、八者，有四、九者，有五、十者。所谓一、五者，即每逢旧历各月之初一、初五、十一、十五、二十一、二十五几日为集场开市的日期，十天两集，一月六集，其他开场日期如此类推。我们可以按集场开市的日期来比较各集场数目之分配，再分析县城、市镇与乡村之集场开市日期有无显著之不同及其原因。还可以调查各集场距各村之远近里数。根据这种材料可以分析，集场即在本村者有若干村，距村不及一里者有若干村，一里不及二里者有若干村，余如此类推，并可计算按集场距村之里数组，各组村数占全县总村数之百分比。关于集场之历史及其沿革，也可向当地的老年人探询调查，加以文字的记录。从这些材料可以看出集场创办时代及其原因，与当地人口增加、交通改进及其他经济发展条件的关系。此外，关于集场开市、闭市的时间，赶场人数之多少，交易物品的种类、数量与价值，集场的组织，经纪人的数目与替买主、卖主拉生意的手续方式及所收各种税捐之多少，集场交易物品与全年四季节

一 农村社会调查方法

年之关系，集场除其经济功能外，其社会与娱乐的功能与活动，亦应加以详细的观察与记载。比如说著者在定县调查集场发现除交易买卖的摊贩外，还有卖艺的、卖药的、耍狗熊的、说书的、唱西洋景的、算命的、理发的、巫医治病的等等，这是表示集场除了可以满足一般农民的经济需要而外，还可以满足人民的社会及娱乐的需要。此外，有的时候农家的家主给儿子看媳妇，也有在集场上见面的，这些都是集场的功能，都值得我们记述的。

庙会与集场有几点不同，集场的主要功能为供给农民的经济需要的活动，庙会的主要功能则为宗教的与娱乐的。集场是一年到头继续不断地定日举行的，庙会则多举办于冬季与春季。集场上交易的多是日常生活应用的物品，而庙会上交易的则多属应时需要的货物及供给宗教的与娱乐业的需求的物品。比如说，华北农家多在春天盖房子，所以春季庙会上的木货市特别多。春天农民要耕种，所以庙会上便有各种农具与牲口卖。在冬季农闲的时候，农家多从事家庭手工业，所以庙会上便有种种家庭工业的原料与制造品的销售。在这里关于庙会调查的项目只限于经济的活动方面，如庙会的摊贩的种类与数目，交易物品的名称、数量与价值，经纪人及税捐与运销等，至于关于庙会的其他宗教、社会与娱乐的活动的调查项目，则在下章讨论。

关于银号及钱庄的调查可包括名称、开办年月日、地址、组织、资本、业务的种类、营业的状况、全年存款与放款的数额、往来汇兑的地点及款额、利息的高低、全年的盈余及其他等。

至于典当业之调查，则可包括名称，开办年月日，地址，资本，全年当入物品的种类、数量及价值，典当之手续，典票之样式，典当之期间及利息，典当物品保存之方法，近十年来典当业之兴衰及利率之变迁。如果可能，最好将经营典当业者之职业及社会阶层加以调查，看看是否就是当地的大地主或土豪劣绅。

仓库之调查则可包括全县仓库的数目及其在地域上之分布，如县城、乡镇及村庄各有若干及其百分比，资本之大小，开办之时期，开办之银行名称，抵押农产品之手续与利率，来仓库抵押农产品之农民数目，全年抵押农产品之数量及价值，在各月农民赎回各种农产品之价格及其占农产品抵押总价值之百分比，全年各种农产品价值占农产品总值之百分比，近年来仓库业务经营之情形等，均可加以调查与分析。

　　至于合会之调查，则可包括组织、会额、会期、会规、会票之形式，会柬之形式，会息及会式等，要知合会之组织，系依种类之不同而有差异。按普通合会约有三种，即"轮会""摇会"与"标会"。所谓轮会乃是将会友排定次序，按照次序的先后而轮收会款的组合方式。摇会则不同，系用摇彩竞收法而得名。摇彩的器具，通常用六粒骰子，放在碗中，并于碗上再盖一碗，先用抽签或拈阄法排定摇彩的次序，再由各人依次摇碗，以觇其数，点多者为胜，即取得值收的资格。至于标会则系用贴现竞争的投标收会法，会期通常每月举行一次，第一期的会款照例由会首坐收，从第二期起则归各会脚投标竞收。投标的方法，是由各会脚依自己需款的缓急，自定一愿意预出利息的标价，等开标比较后，即归标额最高的人收会。普通需款迫切者投标最高，款需较缓者投标较低，不需款用者则常投空标。至于会期则系指转会的期间而言，比如说，有的会是每月一次的，有的会是每两月一次的，有的会是每三月一次的，有的会甚至于半年或一年一次的。会规则系指合会的规约而言。规约内载明会额、会期等条款及会脚的姓名，每会脚逐期应发的银数，由会首具名签押，一式数纸，交与各会脚分别收执，以作凭证。所谓会票，系值收人于取得各份会金时，给予未收会者之凭证，备将来未收会者收会时以此票交还原出票人，换取应得会金之用。会柬乃是由会首于每届转会期前，先行邀约各会脚的通知书，有在五日以前发送的，有在十日以前发送的，使会脚有所准备。所谓会息乃是因收取会金期间有先有后而发生的利息的出入。在战前普通利率均以八厘或一分为标准，抗战以来，物价高涨，利息抬高，合会利息当亦随之而增高。所谓会式乃是值收会款所取的方式，或为轮收，或为摇彩竞收，或为赛标的标收，已如上述，无须再讲。

　　合会在农村中极为普遍，为吾国固有的信用合作之一种，虽各处形式组织均大致相同，但各地均有其特殊的地方。我们对于合会的调查，一方面要作概况的研究，一方面则最好选各种形式之代表，作个案的详细叙述，当更为有价值。

　　农村借贷的调查可包括金钱的借贷与粮食的借贷两种，关于各村借贷的家数，各类农家借贷家数及其百分比，借贷的期限、利息、抵押品、用途，偿还的办法，借贷的种类与样式，债主的职业及其在当地的地位，欠债引起的纠纷，抗战以来

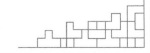

农村借贷总数之增减及利率的高低。我们可以根据这些调查所得的资料作种种的分析。我们可以按借贷家数之多少来比较村数之分配及其百分比，同时也可以计算各村借贷家数占全村家数之百分比，然后再根据百分比的数目来分组，求各组村数之分配及其占全县总村数之百分比。还可以根据各农家全年借贷的款额或粮食价值来分组，比较各组农家数目之分配。此外，仍可根据借贷的用途来比较各种用途的借贷农家数目之多少及其百分比。至于平均每家的全年借贷款额或粮食价值，亦应加以计算，而将计算所得之结果与全年农家借款最高额与最低额、借贷粮食的最高价值与最低价值来比较。

关于农村商业金融之组织调查，除仓库与合会在调查上无何困难外，兹将其他商业及金融之组织调查的各种困难及其应付的方法叙述于次。

商店、银号与钱庄在调查上有同样的困难，第一个困难是关于资本的问题，普通因怀疑增加捐税，均喜欢少报。应付此种困难的方法，是要借重本地调查员的亲友辗转相托，探寻真相。还有一个方法是请本地对于商业及银号、钱庄业的情形熟悉者，根据调查的结果，予以校对及判断。第二个困难是关于商店、银号与钱庄全年的营业状况及赔赚，他们多不肯告人。尤其是乡村的小铺，多半前面开买卖，后面住家眷，商店的经营与家庭经济尚未完全分开，家人在铺子里帮同做生意，在铺中吃饭，用钱的时候，也就在铺子取来用。这种小铺并不记账，也不用伙友，也不收学徒。他们只是到了节年点一点存货，查一查存款，计算是赔是赚，赔赚固然不会不知道，但是有时连究竟赔好多，赚好多，他们都弄不十分清楚。调查这种小铺的全年营业与开支的情形，实在是千难万难。为应付此种艰难，只有按情形给他们估计。至于银号、钱庄的全年营业情形，也只有找熟悉金融业的人加以估计而已。第三个困难便是关于赚利的问题，普通均不易调查出来，应付这种困难的方法，是可以从两方面去询问来校正，一是问全年除开销外赚利多少，一是问全年赚利可出资本百分之多少。根据所得两个答案，用来彼此互相校对，当可得一比较可靠的数字。

集场调查的主要困难有三，第一个困难是如果打算调查一个集场，加以详尽的记载与描述，是需要全年四季长时间的观察与调查的。要知集场全年各季交易的农产品或手工业品，其种类、数量、价格均因季节而有不同。不但如此，即赶场的人数亦有多少。因此，如果想把一个集场调查得很详细，虽不能每场都去调查，亦须得每月去调查一两场，同时节年更要去，这样所得的材料才充实、丰富，写出来的研究报告才有价值。第二个困难是关于每场交易的货物的数量的问题。场上交易的货物可以分为两部分，一部分是由经纪介绍的货物，一部分则为非由经纪介绍而是买主与卖主直接交易的货物。由经纪介绍交易的货物可与场上的经纪联络感情，从他们手中取得材料。至于集场上直接交易货物的数量，如果我们调查的时间短促，不能挨摊调查，只好托熟悉场上的情形者，加以估计而已。挨摊调查费时太多，并且极其麻烦，但估计则无调查来得准确可靠。第三个困难为关于经纪的组织与弊端等。这种材料非有内行人，简直无法打听出来。关于庙会的经济活动方面调查的困难有二，一为关于每天庙会交易货物的数量的问题，一则为关于经纪组织与弊端等问题，与集场相同，无须再讲。至于借贷调查的困难，其主要者则亦有三种。第一个困难是容易引起农民的怀疑，莫名其妙调查借贷是干什么，因此对于接洽这种调查所引起的困难与阻碍甚多。著者在定县调查借贷是要根据调查的材料去计划办理信用合作社。当然在调查以前，为使一般农民明了调查的目标，便要把办信用合作社的消息告诉了他们，叫他们不要怀疑，以利工作的进行。农民因为将来有借款的希望，肯把借贷的情形告诉我们，但是所发生的流弊、引起的困难，仍不在少数，农民因为觉得将来有机会借钱，并且利率很低，农家多将借贷款额的数目说得较多，表示他们极其贫穷。第二个困难是关于债主的问题，调查债主多隐瞒，或以多报少，他们大多数不愿把借出的款项告诉外人，此中原因，一是因为家庭的关系复杂，自己往外放债，恐怕家中其他亲属知道，对他不利。一是怕村中无赖知道他有钱，敲他竹杠，或竟勾结土匪绑票抢劫。关于这种困难的应付方法，著者认为我们简直可以不调查债主，而去调查负债的家庭，由负债家庭而得到关于债主的各项材料，这样可以省去许多麻烦。第三个困难是关于借贷的用途。一般生产与非生产的用途，当然农家很易说出，并无任何困难，不过，关于赌博、吸食毒品的借款，则不肯告人，所以许多家庭的借贷用途是调查不出来的。应付这种困难的方法，是由村中其他农家间接探听，得到真情。

一 农村社会调查方法

第十三章　农村宗教调查

农村宗教为农村社会主要组织之一种，其对于农村社会生活的影响至深且巨，吾国农村社会在穷困贫乏、经济破产的情况之下，仍能保持安定的局面，宗教确为一有势力的决定因素，而农民的保守被动，无激进的精神与勇气，以克服自然界的灾害与困难，大部分也是受了宗教与迷信的影响。所以农民宗教信仰的调查，甚为重要。

吾国农村宗教因尚未脱离原始宗教的色彩，故其组织比较简单，而信仰亦比较幼稚，具有迷信与多神观念的特质。调查我们农村宗教，可以包括家庭中供奉的神灵、寺庙、庙会、其他各种宗教团体及秘密教，农业社会与农民宗教信仰的关系，都市势力侵入农村后，对农村宗教信仰的影响等。

农村家庭为农民日常生活的场所，也是鬼神祖先敬拜之地，这表示农村家庭的宗教功能仍继续存在，为农村宗教与农村家庭组织之一特色。调查农村家庭宗教可包括家庭中供奉的各种神名，关于各神的传说与神话，敬拜的目的、敬拜的时期与礼仪，供品的种类与名称，婚丧节庆的特殊敬拜仪式，家庭分子对各神的态度等。我们可以把调查的材料加以详细的描述与分析，根据神像的种类，看看各家供奉的数目分配及其百分比，这样分析，我们可以知道农村家庭供奉的神像中，哪一种最多，哪一种次之，哪一种最少。从这种统计表中可以看出，哪一种神像供奉得最普遍，其所以最普遍的原因安在，也可借以明了。还可根据每家供奉神像种类之多少，比较农家数目之分配及其百分比，看看一种神像都不供的有若干家，供一种的有若干家，供两种的有若干家，其余如此类推。还可以计算不供神像的家数占总家数百分之多少，供神像的占总家数百分之多少。其余材料则多系文字的叙述，用不着统计的分析。至于农家的祖宗崇拜，也是一种宗教的形式，在农村宗教调查中，亦是不可缺少的一个重要项目。祠堂的种类、建筑的样式、供奉的祖先、崇拜的仪式与时期、族中的公产、公产管理的组织与方法、全年的收支、家谱的研究、祠堂宗法家规的条款、扫墓公祭的情形等，均可加以调查与分析。据著者在湖南衡山师古乡之调查，祠堂按其重要的程序，可分为宗祠、支祠、私祠与家庙四种。宗祠又称为"总祠"，为合同姓各派建立的祠堂，系祭始祖之所。支祠为始祖以下，各支派分别建立的祠堂，为各派祭各派支祖之所，故亦称"分祠"。私祠为支祠下各房分别专立之祠堂，如某某公祠，故又称为"公祠"。家庙乃私祠之一种，为前清的遗制，家中先祖有做官者，为他修建祠堂，即称家庙，含有光宗耀祖的意思。我们调查祠堂也可以根据这四类来分，看各类祠堂有多少。关于各类祠堂的建筑费用及房屋间数，亦可加以分析。各类祠堂的建筑费用最多、最少与平均，房屋间数最多、最小与平均，都要计算出来。关于祠堂建筑费之来源，亦可加以分析。据著者在湖南调查，祠堂建筑费普通有三个来源，一为祖宗遗产之收入，多为祠堂之田产每年之地租；一为各派各房之募捐；一为由入主的进款而来。所谓入主的进款乃是族内子孙将祖父母或父母之神主置于祠内神龛，必须缴纳所规定的入主费。在战前湖南各地祠堂之入主费，普通由五十元至百元不等。我们可以根据祠堂建筑费的来源各项款额来计算各项来源占总建筑费之百分比。至于祠堂的建筑的形式与祭祖礼堂布置的情形，亦可绘成图形，以做参考。家谱普通包括四礼、家训、祠规、谱表、本原世表、流派表、分乡地域表、谱牒名称表、像赞、传记、诰封、哀祭、墓志铭、诗文、各位志、节孝、祠图、碑、坟山图契据录、义庄录等，我们可以根据家谱作种种的分析与研究。

农村寺庙非常普遍，调查的项目可包括寺庙的名称、沿革与历史、数目、供奉的神像、面积亩数、财产价值、寺庙管理之组织、僧道尼姑的数目、讲诵的经典及诗歌、敬崇的仪式、信徒日常生活的程序、全年开庙的日期、有无庙会的主办、地方人士对于各寺庙的观感及批评。我们可以根据调查所得的材料加以种种的分析。比如说，我们可以将全县各种寺庙按其数目之多少，依次予以排列，看一看哪种寺庙最多，哪种寺庙最少，各种寺庙的数目占寺庙之总数百分比。同时亦可依每村寺庙数目之多少，比较全县村数之分配及其百分比，如寺庙建筑之年份、费用，寺庙所占面积之亩数，信徒数目之多少，均可加以分析与比较。

一 农村社会调查方法

关于庙会的经济活动的调查项目，已于本书第十一章叙述，此处不必再讲。至于庙会的宗教活动的调查项目，则可包括庙寺的名称、创办庙会的年份及原因。要知寺庙的举办庙会是有它的原因的。据著者的调查，其中一个重要的原因是庙中神灵的显圣与灵验。庙会举办的时期与组织、经费的来源、收支款额的数目、赶庙会者的人数、敬拜的仪式、远路赶庙会的乡民的团体组织及其特殊装束、庙会有无祭神的大戏、唱演的天数、戏目的名称、庙会上的其他娱乐节目、每次庙会寺庙香火钱收入的多少、庙会对于附近农民的种种影响，亦均在调查之列。要知有些大的庙会，来赶庙会的人远在数千里的路程。例如湖南衡山的南岳庙会，赶庙会的乡民固然以湖南省内各县来者为最多，但是来自湖北、广东、广西、贵州、云南、四川、江西、安徽等省者亦颇为不少。他们来赶庙会均有团体组织，并有特殊装束，不分男女均用青布和红带包头，穿青色或蓝色衣服，上面再穿一个红色或黄色的背心，上书"南岳进香"或"朝顶进香"的字样，手持一炷香，或焚着檀香，由领导的人沿途领着唱南岳进香的神咒。在香客朝岳时期，家人都要吃斋，表示虔诚的意思，至于庙会对于附近农民的种种影响，我们也可以加以详细的叙述。要知庙会不但为一宗教的组织与活动，还有它的社会的功能，它给予农民一个很好的社交机会，增加农民的社会接触，给他们许多新刺戟与新经验。华北一带的农村，在举办庙会的时候，村子里同过年过节一样的热闹。哪个村子办庙会，哪个村子的农家在庙会的前几天，便要开始准备好菜、好饭，为的是招待来村赶庙会的亲友。到了庙会的时期，还要亲友全家男女老幼套大车前来参加，多不能当天回去，便住在村中，因此庙会给予一般农民一个社交的机会，对于农民当有很大的影响。

宗教团体的调查包括基督教、天主教、回教、佛教及其他种种秘密道门。我们可以调查它们的历史沿革、组织、教义，入教的手续，敬拜的仪式，教徒的人数，所读的经典与诗歌，教规及戒条，各教所办慈善及社会事业，全年的经费及其来源，近十年来各宗教团体信徒人数的增减等。根据调查所得的材料，可以作种种的统计分析。例如，全县各种宗教团体的数目，信徒性别、年龄与职业之分配，各种宗教团体全年各项经费来源及支出款额数目之分配及其百分比，我们还可以把各种宗教团体及信徒人数用不同颜色的圆点代表，绘在地图上，以表示其分布的情形等。

秘密的道门在农村中亦甚为普遍，我们可以调查它们的起源、历史、组织、散布地域的广狭，信奉的鬼神与妖怪，宗旨与规矩，入道门的手续，信徒的人数，唱诵的道歌，修炼的方法等。这种民间的迷信的秘密宗教的组织，对于农村的社会治安大有关系，这种秘密组织在此抗战期中，如被敌人或汉奸利用，扰乱后方的秩序，其为害当极大。故我们应对于这些组织加以详细调查，明了其内容，好用政府的力量加以严格的统制。著者在定县调查的时候，曾发现定县第一区六十二村中有秘密道门九种之多，信徒达二千人。道门之名称为背粮道、圣贤道、九功道、理门、香门道、坐功道、静心道、金香道等。团体中的一切活动，均极秘密，不告外人。吾国民间各地此种秘密的道门，一定甚多，应当为吾人调查的一个重要项目。

至于农民信仰的宗教与农业，亦有相当的关系，据著者在华北农村调查所见，农民供奉土地神者极为普遍，土地庙到处都有，这是因为土地为农业经营的最重要、最基本的条件。此外，关于雷公、龙王、风神、虫王等神，亦均为农民所敬拜，因这些神灵与气候、雨量及作物灾害的关系至为密切。这是表示农民没有控制自然环境的科学技术以经营农业，而将不能解决的问题交给神灵。再者，因都市的发展，附近农村自然受到许多影响，农民的宗教信仰当亦不能例外。据著者所知道的，都市影响侵入乡村社会之后，乡村宗教逐渐改变其特质，其主要的变迁则为：①宗教礼节渐与日常生活的各种活动分离；②敬拜场所渐脱离家庭住宅而集中于教堂寺院；③家庭的宗教功能逐渐减少，而祭司教主僧尼等的宗教功能渐大；④祖先敬拜逐渐改观，而进为少数神或独神的敬拜；⑤宗教仪式与礼节少受社会遗传的影响，而渐受辖于宗教领袖所规定的条款；⑥宗教教育的责任渐由家庭移转至教牧僧尼等人。关于都市势力对于农村宗教的种种影响预先有了了解，便可进行调查，搜集事实，得到具体的印证。

至于农村宗教调查的困难，据著者的经验，第一个困难便是关于祠堂的田产及家谱的问题，族中多不愿将这种材料告诉外人。应付这种困难的方法是最好想法子请人介绍族中的老辈子，或祠堂的管事的人，同他们认识熟悉，联络感情，这种困难便可迎刃而解。第二个困难便是寺庙的财产，僧尼亦多不肯告人，怕政府加税加捐，这恐怕要从寺庙的佃农那里探询，方可得到材料。第三个困难是关于庙会的收支款项的详单，亦不大容易得到，我们要同村中办公人员有了相当的交往认识，然后对于这种材料的搜集，始能获得。第四个困难便是关于秘密的道门。据著者所知道的，这些团体的信徒对于道门里面的组织、宗旨、规条及其他迷信的活动，均严守秘密，不告外人，但是关于组织中的大概情况，外面人也可辗转打听出来，因为信徒总有时不免告诉家中的亲属，由亲属慢慢传出来的。比如说定县的许多道门，我们在乡下从一般老百姓的口里均可探询出来，至于要详细研究各道门的内容，调查者只有自己参加在里面，得到其中的真相。第五个困难是关于都市势力侵入农村后，对于农村宗教之影响的问题。一方面是要找大都市附近的农村去调查，并非所有农村都有的现象，一方面则并非仅仅用调查表填写所可解决的问题。调查者是要用敏锐的观察，深入寺庙、农家及其他农村的宗教团体去研究，始克成功的。

第十四章　农村教育调查

农村教育为文化传递的工具与活动，为农村组织与建设的原动力，为农村社会改造的指南针，民众生活之能否革新、组训工作之能否彻底、基层政治之能否发挥其效能、建国基础之能否坚固，都要靠赖农村教育的内容如何与推进的程度。所以说，农村教育不但与地方建设民众生活有密切的关系，即对于民族文化的发展，亦有极大的贡献。农村教育的调查应为从事农村社会调查者所不可忽视的一个重要的项目。

农村教育调查可以包括许多的项目：地方兴办教育的沿革与历史，经过的成功、失败与困难，县教育行政与组织，教育经费的来源，全年数额，各项支出的数额，热心倡办教育的人物及私人对教育之捐款数额，全县各种学校的数目，包括私塾，私立的小学、中学等，各乡镇的中心学校，各保的国民学校、初级中学、高级中学、师范学校、职业学校，各种学校之全年经费及其各项的支配，校长教员及其他负行政上责任的职员的姓名、性别、年龄、籍贯、学历、资历、从事于教育的年数，在校担任的职务，薪水及津贴，教授的课程等。此外，关于各学校所在地址、开办的年月、创办人的姓名、历任校长的姓名、沿革与变迁、历年毕业的班次及学生数、课程及设备、学生的成绩及课外活动等，这是说在学校教育方面。至于民众教育，我们可以调查关于各地的妇女班、成人班及儿童班的数目、教员及学生数、课程、教材及设备等。在社会教育方面，为民众教育馆、教育巡回辅导团，以及电影、音乐、戏剧教育的种种设施与活动，亦可加以调查。最近各省社会处成立，各县在县政府机构中添置社会科，他们除负社会行政的责任外，其主要的工作便为推动社会事业与社会教育的工作，有些关于社会教育的材料也可以从县政府社会科去搜索。再者，关于县中其他文化及教育机关与团体的创办年份，主持人姓名，职员人数，组织系统，全年经费数额、来源及其分配，主要之事业，近年来的成绩，地方人士对于这种种文化及教育团体的批评与态度，亦可加以调查。我们根据所调查的材料，可以作种种的分析与统计，我们可以把地方的教育行政机构用系统图绘出来。同时把各种教育团体与学校用不同颜色的圆点，制绘在地图上，以显示其分布的情形，也可以按教育经费的来源来比较各项来源占全年全县教育总经费之百分比。

在华北各农村多有学田，此种学田乃是村中原有的公产拨给学校的产业，学校把此田产租给佃户，将每年所收的地租充当教育经费。此外，在华北农村学校经费中，仍有地亩摊一项，这乃是在学校经费不足时，由村中各家按家中田产亩数之多少，平均摊纳，以维持学校的开支。还有一种经费之来源是地用，所谓地用乃是农民买卖地亩所佃的经纪佃费，此外则为学校基金的利息、学费及补助金。我们还可以根据全县全年教育经费之来源、数额及其百分比分配的情形，绘成一个圆图，以比较各项经费来源之多少。关于各种学校的数目，也可以计算其百分比，也可以根据每村学校数目之多少，来比较全县村数之分配，看看没有学校的有好多村，有一个学校的有多少村，有两个学校的有多少村，其他如此类推。我们还可以根据各学校全年支出的经费数额来比较各组学校之数目及其百分比，还可以计算平均每学校全年支出之经费数额及其百分比。关于学校教职员的统计表，我们可以编制一全县各学校教职员姓名、性别、年龄、籍贯、学历、资历等一览表，再根据这一个总表去编制许多的统计表。比如说，我们可以根据各学校教职员之性别与年龄去分析，把教职员之年龄分成若干组，看各年龄组男女教职员数目之分配及其百分比。男教职员中最年轻者、最年长者有好大岁数，其平均年龄如何。女教职员之年龄，也计算其平均年龄并注明其最高与最低之年龄。至于各学校教职员之籍贯、学历与资历等，亦可分别加以分析与统计。关于各校教职员所得的薪水与津贴，亦可以把它们分成组，而比较各组教职员人数及其百分比。同时可以计算各教职员之平均每月及全年收入，全县男女学生的人数，男女学生人数各占全县学生总数之百分比，亦可根据学校之种类，来比较各种学校学生数目之多少及其百分比。还可以根据每村有学生之数目比较全县村数之分配及其百分比。学校平均每校学生的人数，亦可根据学校之种类加以计算，以求比较。如果各学校有关于学生之年龄、籍贯、家庭人口及职业、体重与身高的材料，亦可加以分析而做出种种的统计。历年各学校毕业的学生数目及毕业后之升学或就业等材料，亦可加以分析。关于全县民众教育的情形，我们可编制一全县各地妇女班、成人班及儿童班的数目，以及教员与学生人数统计表。

此外，著者认为，我们可以根据农村人口调查表上填写的材料，去分析全县人口中文盲与识字者的人数及其百分比，同时可以比较在文盲与识字者中男女各占百分之多少。至于学龄儿童数占总人口百分之多少，男女学龄儿童占学龄儿童总数之百分数，以及男女学龄儿童中入学者及未入学者各占百分之多少，也可以从人口调查材料中分析出来。再者，关于文盲与识字者年龄之分配也可以加以分析。此外私塾的调查，著者以为我们可以选几个私塾作一详尽与深刻的描述，把私塾教育的劣点，不合时代的要求与农民的需要，尽量披露出来，以供社会人士之参考。至于近十余年农村教育制度的变迁、学校数目之增减、学校课程之编制、教育对于社会之影响、抗战以来战争对于地方教育的影响等，均可加以观察与分析，而作有系统地叙述。

关于农村教育调查的困难，著者依已往调查之经验，第一个困难是关于地方办理教育的沿革与历史，各地多无有系统的材料以供参考与编辑，我们得从各方面去搜集材料，县政府的档案、县地方志、有关地方教育的材料、各学校的历史材料，以及向当地老年人去询问，从多方的材料中去搜寻、去收集，然后把这些材料加以分析整理与组织，便可成功一篇关于地方县教育沿革与历史的好文章。第二个困难是关于农村教育经费的来源，村中学校负责人多不肯告诉外人，尤其是学田的亩数，他们怕人家知道。应付这种困难的方法，是设法打听租种学校田产的佃农家庭，从他那里去问，便可得到一个可靠的数目。第三个困难是关于各学校教职员的履历，调查者如与学校不熟，很难把这种材料要出来，所以一个容易办的方法是请求县政府教育科通令各学校叫他们呈报这样的材料，如此则可省去许多的麻烦。第四个困难是关于私塾调查的困难，私塾因为怕政府取缔，故对调查的人非常怀疑，有时所答非所问，驴唇不对马嘴，得不到真实的情形。应付这种困难的方法，著者以为调查者可用观察的方法，在私塾中多用时间去看，把观察的结果加以详细的记录与描述，有些材料可以从私塾的学生口里得到。这样综合起来，加以分析，结果亦不会太差。至于农村教育调查的其他项目，均无特殊困难，此处无须赘述。

农村社会调查方法

第十五章　农村社会调查与农村社会学

农村社会生活的研究可分为两部分，一部分是纯理的研究，一部分是应用的研究。所谓纯理的研究乃是从种种方面去分析农村社会的起源、发展、组织与控制，以发现农村生活的原理、原则。所谓应用的研究乃是从种种方面去分析农村生活的问题的内容，去了解问题发生的原因，并寻求问题解决的方法，因以促进农村生活的改善。纯理的研究为应用研究的基础，而应用的研究则为纯理研究的目标，这两部分的研究，则包括了农村社会学的全部。吾国为一农业国家，农民生活的研究与改造是基本的建国工作，我们应当一方面介绍西洋农村社会生活的研究的理论与方法；一方面还得应用西洋的研究法以实地调查吾国农村社会生活及其变迁的现状，这样地注重"实地调查"的工作，才能把中国的农村社会学发展起来，所以农村社会调查与中国农村社会学的发展，关系极为密切。

近年以来，吾国各地农村社会调查的研究报告，出版问世的也不算少，但均零碎片段，不相关联，没有社会学的观点，更没有从农村社会生活各方面的交互关系上去研究、去分析，因此根据这种材料所写的几本农村社会学也没有多大的成功。所以著者在本书的最后一章愿提出来农村社会调查与农村社会学的关系，同时要讨论在吾国研究调查农村社会生活应有的几个观点，用这几个观点去从事实地调查，所得的结果，当比较有成绩，兹分别讨论于后。

第一，著者以为，我们可以根据农村种类之不同去调查研究各类农村社会生活的差别。我们可以从各方面来分析农村社会的类别，从地域方面来分，有山村、渔村与平原村。从职业方面来分，有以种植农作物为主的农村、有以经营蚕丝为主的农村、有以畜牧为主的农村、有以林业为主的农村、有以蔬菜果树为主的农村等。从人口方面来分，有疏居制与密居制的农村、有单姓农村与复姓农村。从田产权方面来分，有自耕农的农村、有佃农的农村、有雇农的农村、有各种田产权农家混合的农村等。从历史的久暂方面来分，有新村与旧村等。这些不同种类的农村，在各方面均有相当的差别，从这些农村的同点与异点去研究，更能使我们对于中国农村社会生活得到清楚的认识与明了。

第二，著者以为，我们可以从农村社区与市镇社区生活的差别上去研究农村社区。据著者看来，吾国的社区可大别之为三类：一类是都市社区；一类是市镇社区；一类是农村社区，这三类社区便组成了吾国社区之基本类型。它们各有特点，从它们的彼此的差别去研究，更能认识它们的性质。所以我们研究调查中国的农村社会生活，要有一个比较的看法，亦就是比较社会学的观点。

第三，著者以为，我们还可以从农村家族组织的结构与功能方面，去研究家族组织在农村社会组织中的地位及其与农村社会生活各方面的关系。据著者看来，农村家族组织不但是农村社会的最基本的组织，同时亦是农村社会生活的缩影。有些自给自足的农村，除了姑娘结婚的时候，由娘家到了婆家，换了一个家庭去住，简直一辈子不出家庭一步，家庭就是她们的社会，家庭生活便是她们的全部社会生活。家庭可以满足人们的所有需要。中国的农村家庭从它所实现的生物功能方面来看，它是一个种族生命绵续（延）的团体；从它所实现的文化功能方面来看，它是一个传递文化与社会遗产的团体；从它所实现的经济功能方面来看，它是一个生产与消费的团体；它简直无所不包，是一个万宝库。我们站在家族组织的立场上去研究农村社会生活，是一个不可缺少的观点。

第四，著者以为，我们还可以从田场经营方面去研究中国的农村社会，土地是农业生产的基本条件，因此土地的利用与分配两个问题为吾国农村经济的两个最重要与最基本的问题。这两个问题如不能得到合理的解决，农村社会生活的许多其他问题，亦不能得到合理的解决。所以，站在土地利用与土地制度的立场去研究中国农村社会，亦是一个不可缺少的观点。

第五，著者以为，我们还可以站在农村受都市的影响及受西洋文化影响所引起的变迁的程度的立场来研究中国农村社会生活。沿海的农村与内地的农村所受都市与西洋文化的影响，当然有显著的不同。我们从这种差别去研究，很可以帮

一 农村社会调查方法

助我们明了中国农村社会生活的固有的性质及其变迁的原因与程序。借着这种的研究，我们还可间接明了中国一般社会生活的变迁的原理、原则。

　　总结说来，我们要了解中国农村社会生活及其改造的办法，必得从农村社会生活的实地研究入手，而调查方法为实地研究所不可少的一个重要的方法。有了方法，才能作实地的研究。有了实地研究，才能搜集吾国的农村社会生活的资料。有了这种资料，加以分析、组织与综合的工作，始能创造中国的农村社会学。但读者不要忘了，要创造好的中国的农村社会学，在实地研究时，必具有社会学的观点，否则一定没有很好的成绩。

附录① 县单位调查概况纲目

一、疆界与面积

（1）地图：实测县图包括县界、区界、山脉、河流、道路、电线、县治、乡镇、集场、村庄等项；图下附县概况简要说明。

（2）疆界：县界极东与极西之地名及其东经度、极南与极北之地名及其北纬度；县界东至西最远之平行线距离里数及其两端之地名、东至西最近之平行线距离里数及其两端之地名、东至西平均距离里数；县界南至北最远之垂直线距离里数及其两端之地名、南至北最近之垂直线距离里数及其两端之地名、南至北平均距离里数；县治距县界四方最远与最近之距离里数及其地点名称；县界周围之里数；县界周围各方邻接之县名或其他地名；关于疆界之问题。

（3）各大类面积（以市亩或方公里计算）：全县面积总数；县面积对全国与全省面积之比例；陆地面积，占全县面积之百分比；水面面积，占全县面积之百分比；熟地面积，占陆地面积之百分比；荒地面积（荒山在内），占陆地面积之百分比；可垦之荒地面积，占荒地面积之百分比；不可垦之荒地面积，占荒地面积之百分比。

（4）有生产之各类荒地面积：有生产之荒地面积总数，其中公有与私有面积及所占百分比；公有与私有森林面积、公有与私有树木与矮林面积、公有与私有草地面积、公有与私有芦苇面积、公有与私有牧场面积、其他各种公有与私有土地面积；关于有生产荒地之问题。

（5）有生产之各类水面面积：公有与私有出产鱼类之面积及所占百分比；公有与私有水产作物之面积及所占百分比；其他公有与私有各种产物之面积及所占

---

① 编者注：原著中"附录二中外度量衡折算表"省略未录入。

百分比；关于有生产水面之问题。

（6）各类熟地面积：耕地面积及其占熟地面积之百分比；房产及其他建筑物所占面积及百分比；道路所占面积及百分比；坟墓所占面积及百分比；灌溉沟渠与坝堤和水井所占面积及百分比；其他耕地占各种熟地面积及百分比；关于熟地面积之问题。

（7）各类所有权之荒地面积：官有地面积、有契与无契之民有地面积、各种团体所有地之面积；关于荒地所有权之问题。

（8）各类所有权之熟地面积：各种官有田地面积、有契与无契之民有田地面积；各团体公有田地面积总数，其中寺庙地面积、义地面积、学田面积、族田面积，其他团体公有田地面积；关于熟地所有权之问题。

二、地势

（1）高度：县内山脉、丘陵、高原、平原与盆地所占之面积及其高度（以海拔之公尺计算）；关于各种高度地势发生之问题。

（2）河流：县内各河流发源之地点；各时期之宽度、长度，各时期之深度，灌溉之面积；关于河流之问题。

（3）湖沼：县内各湖沼之面积、长度、宽度，周围里数；关于湖沼之问题。

三、地质与土壤

（1）地质：县内地质时代、地质构造、各种矿产储量约计；关于地质之问题。

（2）土壤：县内各种土壤分布的状况。

四、气候

（1）温度：全年各月之平均温度、上年最高与最低之温度及在何月何日、一年中各时期一日之内温度之变化及相差度数；关于温度之问题。

（2）湿度：各月之平均湿度；关于湿度之问题。

（3）降水量：各月之降雨降雪量；关于雨量之问题。

（4）气压：各月之平均气压；关于气压之问题。

（5）风向：各月之风速与风向；关于风之问题。

（6）其他：各月云之多寡，各月雪之多寡，上年降雹之时期、下落之时期，上年春季最后之严霜在何时，秋季最早之严霜在何时，一年各时期昼夜之长短（自日出至日入为昼）；关于上列各项之问题。

五、历史

（1）县：县之起源与沿革。

（2）乡镇：乡镇之起源与沿革。

（3）村：村之起源与沿革。

（4）古迹：古迹来历与保管情况；关于古迹之问题。

六、政治组织与行政

（1）县政府：县政府之内部组织、各科室之职掌与各级人员额数；县长及重要行政人员之姓名、年龄、籍贯、履历、到任年月；全县行政经费与来源；关于县政府之问题。

（2）地方自治：本县地方自治之沿革、地方自治组织（自治单位之组织）、自治内部之组织、乡或镇自治之组织、地方自治经费（各项收入数及其来源，各项支出数）、中央与本省及本县之地方自治法令（地方自治制度之法规与地方自治实施之法规）、本县地方自治进行情况；关于地方自治之问题。

（3）县政府以外之组织：县政府附属各机关、省立各机关、中央机关；关于上列机关之问题。

（4）自抗战以来及实施新县制后政治建设之改进与问题。

七、司法

（1）司法组织：本县司法机关之组织，各部分之职掌与员额；关于司法组织之问题。

农村社会调查方法

（2）民事案件：上年受理民事案件数（其中旧受件数、新收件数）、终结件数（包括关于人事、建筑物、船舶、土地、金钱、粮食、物品、证券及杂件数）；未结件数，受理离婚案件数，其中终结件数（包括判决离婚数、和解数、撤回数、其他数），未结件数，受理解除婚约案件数，其中终结件数（包括判决解决、和解、撤回、其他），未结件数；受理撤销结婚案件数，其中终结件数（包括判决撤销、和解、撤回、其他），未结件数；关于民事案件之问题。

（3）刑事案件：受理刑事案件数（其中旧受件数、新收件数）、终结件数、未结件数；各项罪名之刑法犯人数、各项罪名之特别法犯人数；各项罪名刑事被告人所受各种刑罚数（包括死刑人数、无期徒刑人数、各年数之有期徒刑人数、拘役人数、各种罚金人数）；各项罪名刑事被告人犯法时之年龄（13—15、16—20、21—30、31—40……）、职业、教育程度与家庭状况（婚姻情况与有无父母子女亲属情况）；关于刑事案件之问题。

（4）监狱：上年各种监狱数，上年各种罪犯入监人数，各种罪犯出监人数；前年末一日在监人数，上年末一日在监人数，在监各种徒刑与拘役人犯数，人犯入监时之年龄、职业、犯罪度数，各监狱之设备，监狱人犯之工作，在监人犯疾病死亡数；反省院之设备、收容人数、出院人数；关于监狱之问题。

（5）自抗战以来各种犯罪人数之增减及其原因。

八、人口

（1）户口：全县户数与人数总计；全县乡数、镇数、保数、甲数、县治与各乡镇户数与人数；关于户口之问题。

（2）性别与年龄：县内男女人数；各年龄之男女人数及其性比例；关于性别与年龄之问题。

（3）婚姻情况：各年龄组内男女未婚、已婚、鳏寡、离婚人数；上年内结婚男女人数与离婚人数；关于婚姻情况之问题。

（4）职业：从事各种职业人数（职业分专务农者、务农并兼他种副业者及其他各种职业）；各种职业中之失业人数；关于职业之问题。

（5）出生与死亡：上年出生人数、死亡人数；出生率、死亡率、特殊死亡率；关于出生死亡之问题。

（6）人口迁徙：上年迁入县内户数与男女人数、徙出县外户数与男女人数；人口迁入与迁出之原因及有无季节性；关于人口迁徙之问题。

（7）人口密度：全县人口密度、县治人口密度、乡镇人口密度；关于人口密度之问题。

（8）外侨：县内各国侨民户数；男女人数、职业；关于外侨之问题。

（9）其他：上年内承继人数；分居户数与人数、失踪户数与人数；关于上列各项之问题。

（10）自抗战以来本县户数人口数之增减及其原因。

九、税捐及征实

（1）税之种类数额及征收方法：上年本县担负之各种盐税、关税、烟酒税、烟酒牌照税、卷烟统税、统税、印花税、田赋及附加、契税及附收、牙税及贴照费、营业税、牲畜花税、屠宰税等项之数额，征收机关之名称、组织、征收税率、征收方法、征收费用、用途分配、拨解情形等；关于本县征税之问题。

（2）田赋及征实：各种征收地来源、征地亩数、征银数及科则、征收方法；自抗战以来本县各年征粮石数、增减及其原因；关于田赋征实之问题。

（3）县捐：上年本县担负之各种县捐（包括田赋带征地方用款附捐、花生木植捐、牙税附捐、牲畜花税附捐、屠宰税附捐、田房中佣及各种杂捐）；关于县捐之问题。

（4）其他捐款：各村自行抽收货物牙捐附收、各村随时摊款；关于村捐之问题。

（5）人民负担：上年一切税捐总数、各层包税与收税者之收入、人民实际所纳捐税总数、平均每户负担税捐数、每人担负税捐数、每亩担负税捐数；估计取之于本县民众而又用之于本县民众者之款额及所占百分比；关于民众负担之问题。

农村社会调查方法

（6）自抗战以来人民负担之增减及其原因。

十、金融

（1）货币：本县通用之各种货币、各种货币每周之兑换行市；县内发行兑换券之机关、流通总数、现金准备；关于货币之问题。

（2）金融机关：县内各银行、银号、钱庄家数，组织，资本，公积金，存款总数，存款放款利息；上年新设立之家数、倒闭家数；关于金融机关之问题。

（3）典当业：上年县内典当业家数、资本；全年典出金额总计、年来典出金额净计、典出利息；关于典当之问题。

（4）邮局储金：县内邮局储金存户数、存款总数。

（5）农村借贷：各种借贷方法（包括立约借贷、摇会等项）、利率、抵押、期限；全县借贷家数占全县总家数之百分比；关于农村借贷之问题。

（6）抗战对于本县金融之影响。

十一、交通

（1）陆路交通：各种道路之里数、保管之情形（包括普通、土路、汽车路、铁路等）；关于陆路交通之问题。

（2）水陆交通：各种水路之里数、交通情况、通行船只种类及数目；关于水路交通之问题。

（3）运输：各种运输方法与费用、转运公司家数与营业情况；关于运输之问题。

（4）邮政：各等邮局所数、各种人员数、城内与乡镇信柜数、乡镇站数、代售邮票处、邮路里数、上年各种收入数、各种支出数、交寄国内与国外各种邮件数（包括信函、明信片、新闻纸、书籍、商业传单、贸易契据、货样等项）、交寄国内与国外各种包裹件数与价值及重量、接收国内与国外寄来各种邮件与包裹件数、交寄国内与国外汇兑开发张数与银元数、兑付国内与国外汇兑张数与银元数；关于县内邮政之问题。

（5）电话：电话局之组织、各种人员数、上年各种收入与支出数、使用乡镇数、使用户数；关于县内电话之问题。

（6）电报：电报局之组织、各种人员数、上年各种收入与支出数；关于电报之问题。

（7）自抗战以来本县交通方面有何改进及其原因。

十二、农业

（1）田权：上年县内自耕农户数、半自耕农户数（其他自有田多于租种田户数与租种田多于自有田户数）、佃农户数、地主户数、雇农户数；近二十年、十年及自抗战以来各种田权家数增减之趋势及原因；关于田权之问题。

（2）田产大小：各田产大小组之家数与各组田产总亩数（每组距为5亩，即5亩以下、5—6亩、10—14亩……），近二十年、十年及自抗战以来田产面积有无集中或分散之趋势及原因；关于田产大小之问题。

（3）田场大小：各田场大小组之家数与各组田场总亩数（每组距为5亩），近二十年、十年及自抗战以来田场有无集中或分散之趋势及原因；关于田场之问题。

（4）田块：各田场包含田块数，各田场大小组之田块数，近二十年、十年及自抗战以来田块有无增大或缩小之趋势及原因；关于田块之问题。

（5）租佃制度：各种缴租方法之租佃户数与亩数（包括纳钱租法、纳谷租法、粮食分租法、帮工分租法等）；各缴租法增加或减少之趋势；关于租佃制度之问题。

（6）地价：县城内各种地价之亩数、村镇内各种地价之亩数、村外各种田地价格亩数（可分每亩1000元以下者、1000—1999元、2000—2999元等组）；近十年来地价之涨落及其原因、抗战对于地价之影响；关于地价之问题。

（7）农产：上年县内各种农作物所占作物亩数、全年各种农产品数量与价值、全年各种副产亩数量与价值（包括猪、鸡、鸡蛋等）；上年内各种农作物平均每亩产量、普通年每亩产量、丰年每亩最高产量；关于农产之问题。

（8）灌溉：上年各种方法所灌溉之田地亩数、全县灌田之水井数；关于灌溉之问题。

一 农村社会调查方法

（9）排水：上年用各种排水方法所种田亩数；关于排水之问题。

（10）肥料：上年县内施用各种肥料数量、来源、价值、制造方法、足用或缺乏、下肥方法；近十年以来施肥料之改变；关于肥料之问题。

（11）农具：各种农具之构造、质料、用途、价格、使用年数、制造地；各种新式改良农具或机器之采用及其结果；关于农具之问题。

（12）牲畜：县内普通所用牲畜之来源、饲养与管理方法；关于牲畜之问题。

（13）种子：县内种子之来源；普通各种农作物选种方法、下种方法、科学方法选种之普及程度；近二十年来有何新种之采用及其结果；关于种子之问题。

（14）耕地与除草：预备耕地之时期与方法；各种农作物自下种至收获时期内中耕地与除草次数及方法；关于耕地与除草之问题。

（15）收获与打获：各种农作物收获时期、收获方法；各种农作物打获方法；关于收获与打获之问题。

（16）贮藏：各种农作物贮藏之方法；常发生何种损失；关于贮藏之问题。

（17）作物轮种制：各种轮种之方法及其原因；同时同地种两样或两样以上之作物；关于轮种制之问题。

（18）病虫害：上年各种病虫害发生时期、受害期限、受害面积；各种受害作物收获成数、应付之方法；近二十年来各种病虫害发生之次数及所受损失；关于病虫害之问题。

（19）其他灾害：上年各种灾害（包括水、旱、风、雹等）发生之时期、经历之时期；农作物受害之面积；各种受灾作物收获成数、逃荒人数、死亡人数、救济情形；近二十年来各种灾害发生次数、所受损失；关于灾害之问题。

（20）雇佣制度：各种农工雇佣制度、工资与待遇；抗战以来工资之变迁；关于雇佣之问题。

（21）农场经营：各种农场周年经营详细情形、各项收入支出与盈亏；关于农场经营之问题。

十三、畜牧

（1）牲畜：县内各种畜头数（马、骡、驴、黄牛、水牛、骆驼、绵羊、山羊、猪、鸡、鸭、鹅、蜂等）饲养与管理方法、常患病症与预防方法、上年新生数；关于牲畜之问题。

（2）畜产：上年各种畜产数量与价值（包括毛、乳、肉、蛋、皮革等）；关于畜产之问题。

十四、林业

林木面积与蓄材量：县内天然林面积与蓄材量、人工林面积与蓄材量；国有林面积、县有林面积、社团有林面积、私有林面积；各种保安林面积（防风林、防水林、水源含蓄林、坠石防止林、卫生林、风景林等）；针叶林面积、阔叶林面积、针阔混淆林面积；荒山荒地宜于种树之面积；县内造林计划；上年林地增减之面积。

（1）林木产量：上年林木采伐量与价值、各种林木副产物量与价值（果实、柴炭、树皮、油脂等）；近十年来林木产量之增减及原因、林木所受之灾害及损失数量；关于林木之问题。

（2）试验场：县内林业试验场或苗圃面积；各种人员数、各种国内国外与改良种树木株数；实际工作与成绩；关于试验之问题。

十五、渔业

（1）渔产：本县渔场面积与深度；上年各种渔场数量与价值；各种水产制品数量与价值、运销何处；近五年来渔产之增减；关于渔业之问题。

（2）渔户：渔民户数与男女人数；以渔业为主业户数与男女人数、以渔业为副业户数与男女人数；从事海洋渔业之户数、从事河湖渔业之户数；各种捕鱼船只数、捕鱼方法；关于渔户之问题。

十六、矿产

（1）矿产：县内各种矿产面积及估计藏量（包括金属与非金属）；关于矿产之问题。

（2）矿厂：县内矿场之组织、资本、设备、职员与工人数；上年所出各种矿产数量与价值、运销地方；矿工待遇、工作时间、出险与防险情况；近十年及自抗战以来矿产之增减及原因；关于矿厂之问题。

十七、工业

（1）工厂：上年内各种工厂数目、组织、资本、开办年数；使用原料来源与价值、出货量与价值、职员及工人数与待遇；上年内新设立之各种工厂与倒闭之各种工厂数；各种工人组织、人数、规则与实际活动；近十年及自抗战以来各种工厂数之增减变迁及盛衰之趋势；关于工厂之问题。

（2）家庭手工业：上年各时期从事各种手工业之村数、家数、男女人数；使用原料之来源、出货量质、工作时间；近十年来各种手工业之变迁、原因与趋势；目下县内需要推广何种新的手工业；关于家庭手工业之问题。

（3）工匠：上年内各种手艺人数、工资与团体之组织；各种苦力工人数、工资与团体之组织；关于工匠之问题。

十八、商业

（1）商店：上年县内各种商店数目、组织、资本、开办年数、交易所达区域、店员待遇、学徒制度、商人生活情形；上年内新开各种商店数目、各种倒闭商店数目；关于商店之问题。

（2）商业组织：各种商业团体成立年月、沿革、组织、规则、经费、实际工作与本地商业之影响；关于商业组织之问题。

（3）集场：上年县内有集场之村镇数目；各种集场数目、组织、章程与规则、日期、开场散场时间、各种习惯之利弊；各集场来此赶场之村数、距离、人数；交易数量、征收税额；上年新成立之集场、经过情况；消减之集场、原因；有何种法律或情形系辅助或阻碍农民之交易；近三十年来集场之变迁与原因及趋势；关于集场之问题。

（4）土产运销：上年县内各种土产运销（即交易）之总量与总值；各种土产

运销总量中销售于县内之数量与价值；各种土产运销总量中运出县外之数量与价值；各种土产运销之主要地点及各地点运销之数量与价值；各种土产输往县外所经过与转运地点及最终地点；上年各时期内各种土产运销之数量；各种土产运销之程序与方法（自生产农民之手至销货者之手，其间经过之步骤）；各种土产在运销程序中之各种费用；各种土产运销之利弊及应改进之点、运销费用如何减轻、农民吃亏之处如何补救；上年输出各种土产较前一年、前五年、前十年之增减及原因；抗战对于土产运销之影响；关于土产运销之问题。

（5）输入货物：上年输入县内各种货物之总量与总值（输入货物分类：衣服类、食品类、燃料类、烟草类、兽畜及其产品类、图书类、纸类、瓷器玻璃类、敬神品类、药品类、木竹草制品类、金属制品类、染料油漆类、石料泥土类、卫生品类、电料类、照相材料类、化学品类、杂类）；输入县内而又输出县外各种货物之数量与价值；输入并销售于县内各种货物之数量与价值；各种货物输入县内与销售之地点及在各地点运输之数量与价值；各种货物之来源及经过与转运之地点；上年各时期内各种货物输入之数量与价值；各种货物输入之程序与方法；各种输入货物运销之各种费用；输入各种货物中国货与各国货所占数量与价值；各种输入货物运销之利弊与应改进之点；上年各类输入货物数较其前一年、前五年、前十年之增减；各类货物输入之原因；关于输入货物之问题。

（6）物价指数：上年各种日常用品之全年零售平均价格、零售物价指数；评价机关名称及组织、有无实际功效；本县囤积居奇之情形；政府对于囤积居奇之取缔；关于物价之问题。

（7）抗战对于本县商业之影响。

十九、合作事业

（1）信用合作：上年信用合作社之社数、社员总数、股本总额、实收股本、借入款额总数、存款总数、放款总数、盈余或亏短总数。

（2）其他合作：生产合作、利用合作、运销合作、贩卖合作、购买合作、消费合作及其他合作社之社数、社员总数、股本总额、实征股本、营业总额、盈余

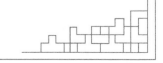

或亏短总数；关于合作事业之问题。

二十、人民平时及战时团体

（1）公开组织：上年所有各种人民平时及战时团体、成立年数、组织、章程与规则、会员数、经费、实际活动；近十年来各地人民团体之变动原因；关于人民公开组织之问题。

（2）秘密组织：各种秘密结社之组织、人数与实际活动；近十年来各种秘密结社之变动与原因；关于秘密组织之问题。

二十一、治安及壮丁抽调与训练

（1）警察：人数、枪数、弹药、各种违警事件数；关于警察之问题。

（2）保安队：人数、枪数、弹药；关于保安队之问题。

（3）保卫团：人数、枪数、弹药；关于保卫团之问题。

（4）消防队：队员总数、各种机械及器具数；上年内被水灾户数、被烧房屋间数、死伤人数、各项损失价值；关于消防队之问题。

（5）驻军：上年与目下县内驻军名称、人数、各种武器、马匹、车辆数；目下驻军与县内治安之影响；近五年来驻军与本县之影响；关于驻军之问题。

（6）盗匪：上年县内各种盗案发生次数、死伤人数与各种财物损失之量值；关于盗匪之问题。

（7）自抗战至现在本县每年抽调及训练壮丁之数目、出征人数及有关征丁之一切问题。

二十二、生活程度

（1）各等富力之户数：上年内贫户、普通户、小康户、富户数。

（2）各等户周年各种消费：上年食品类、衣服类、房租类、燃料类与杂类周年支出额；近十年、二十年及自抗战以来人民生活程度之变动与原因；关于生活程度之问题。

二十三、救济事业

（1）灾害：上年各种灾害发生数、被灾面积、被灾户数、被灾人数、财产损失、待赈人数、受赈人数；灾害经过时期，救济机关、施赈款额与赈品数量；关于灾害之问题。

（2）贫穷救济机关：上年各种贫穷救济机关数（养老院、孤儿院、残废院、贫民借本处、乞丐收容所）、经费、救济人数；关于贫穷救济机关之问题。

（3）特殊救济机关：上年各种特殊救济机关之性质（红十字会、育婴堂、济良所、感化院、疯人院、聋哑学校等）、经费、救济人数；县内目下急需之特殊事项；关于特殊救济之问题。

（4）自抗战以来因战争及空袭人民死伤数目、财产损失数额及政府对于难民之救济。

二十四、教育

（1）教育行政：上年与现在教育行政之组织、内容、经费、实际工作；关于教育行政之问题。

（2）学校：上年各种学校数目、性质（国立、省立、县立、私立）、教职员数、男女学生数、毕业学生总数、经费、设备、各级男女学生之年龄；上年内各种学校入学人数、退学人数、毕业人数；近十年来学校情况之变迁与原因；关于学校之问题。

（3）社会教育：上年各级男女民众学校与职业补习学校数、经费数、教职员数、男女学生数、各级学生年龄；民众教育馆数及巡回文库组数与通俗演讲所数、经费数、职员数，民众图书馆与民众阅报所数、图书册数、报纸杂志份数、经费数、职员数、阅览人数；民众博物馆数、经费数、职员数、参观人数；县内出版各种报纸及刊物数；关于社会教育之问题。

（4）教育普及情况：上年与现在县内七岁以上人民识字人数与文盲人数及各占百分比；县内有各种教育程度之人数；关于普及教育之问题。

（5）流行书籍：上年一般人最常看之各种书籍、学生最常看之各种书籍；关

于流行书籍之问题。

（6）抗战教育之实施情形及问题。

二十五、卫生

（1）医院：上年各种医院数、各项资产数、医师数、护士数、职员数、病床数、诊治男女人数；关于医院之问题。

（2）药店：上年各种西药房数、各种中药房数；近十年来各种药店之增减与情况之变动及其原因；关于药店之问题。

（3）医生：上年各种西医数、资格、诊费，人民对于西药之态度；各种中医数、出身、诊费；近十年来各种医生之增减与情形之变动及是否应人民之需要；关于医生之问题。

（4）新式助产士及旧式收生妇：助产士及收生妇数目、出身、年龄、能力；是否应产妇之需要；关于收生妇之问题。

（5）疾病：上年人民常患之疾病；上年发生之传染病及死亡人数；近十年来所发生之各种传染病次数；关于流行疾病治疗之问题。

（6）防疫状况：县内人口总数中种牛痘与未种牛痘人数所占百分比；上年种牛痘人数、上年注射伤寒预防疫苗人数、上年注射霍乱预防疫苗人数、注射脑膜炎预防疫苗人数、注射其他预防疫苗人数；关于防疫之问题。

（7）卫生设备：上年街道清洁情况与设备、饮水来源与设备；厕所管理之情况、废物清除办法、家庭卫生情况；关于卫生设备之问题。

（8）巫医：上年男女巫医人数、治病方法、人民受害状况；其他各种迷信治病情况；关于迷信治病之问题。

（9）本县对于伤兵医护及空袭受伤人民之医疗工作情形。

二十六、信仰

（1）寺庙：上年各种寺庙数；各种僧尼道士数、庙产数；各种庙会与情况、香火之盛衰；各种人民对寺庙之态度；近二十年来寺庙数之增减、近三十年来人民对于信仰鬼神心理之变迁及原因；关于寺庙之问题。

（2）回教：县内回教之历史；上年清真寺数、教徒数、阿衡数；有回教徒之村数。

（3）天主教：县内天主教之历史；上年会堂数、教徒数、神父数、有天主教堂之村数。

（4）耶稣教：县内耶稣教之历史；上年会堂数、教徒数、牧师数、有耶稣教徒之村数。

（5）其他信仰：上年真正佛教徒与道教徒人数、各种道教门组织与人数；祖先崇拜、风水、卜筮、星相、巫觋、鬼怪等迷信之普通程度。

（6）各教关系：各种教徒间之关系与感情如何，与地方民众是否融洽，民众对于各教之态度；关于信仰之问题。

（7）抗战以来战争对于一般人民宗教信仰之影响。

二十七、风俗

（1）婚事：普通订婚与结婚之手续与仪式，各种费用；新式订婚结婚之手续与仪式及采用之程度；早婚普通之程度，上年内结婚次数；上年内妾及童养媳人数，最高、最低及普通之年龄，纳妾及童养媳之手续与仪式；关于婚姻之问题。

（2）丧事：普通办理丧事手续与仪式、各种费用；新式丧礼采用之程度；关于丧事之问题。

（3）庆祝：新生婴儿庆祝仪式、寿日庆祝仪式、其他喜日庆祝仪式；关于庆祝之问题。

（4）节日：新年、中秋、端阳及其他节日纪念之情况；关于节日之问题。

（5）应酬：亲友往来之各种礼节与习惯；关于应酬之问题。

（6）赌博：各种赌博普通之程度与影响；关于赌博之问题。

（7）烟酒：纸烟、烟业、饮酒流行之程度；关于烟酒之问题。

（8）麻醉毒品：上年吸白面、扎吗啡、吸鸦片及嗜好其他毒品之普通情况；染有各种毒品人数占总人口之百分数；禁毒之实际工作与成效；近十年来各种毒

品流行情况之变迁与原因；关于毒品之问题。

（9）自杀：上年内各种自杀方法之男女人数、自杀原因、自杀者之年龄、自杀者之职业；关于自杀之问题。

（10）男女关系：纳妾、纳童养媳、抢亲、畜婢、售女、典妻等行为之普遍程度；自由结婚进行之程度；私生子之普遍程度；上年离婚事件发生次数、离婚手续、各种原因数、离婚者之年龄；人民对于子女解放、离婚、寡妇再嫁及男女自由交际之态度；关于男女关系之问题。

（11）陋习：二十岁以下缠足女子数占二十岁以下女子总数之百分比；现在可以开始缠足年龄之女儿中估计不再缠足之女孩所占百分数；近五年来对于禁止缠足之实际工作；女子束胸之程度与普及情形如何；男子蓄辫者占男子总数之百分比；其他尚在流行之陋习；关于各种陋习问题。

（12）娼妓：县内各等公私娼妓馆数、各等公私妓女数、妓女之来源、全年之收入、近十年来之增减与变迁；关于娼妓之问题。

（13）诉讼：人民好讼之程度、上年内诉讼之家数占总家数之百分比、诉讼所受之各种损失、村内息讼会之效力如何；关于诉讼发生之问题。

（14）歌谣：记载各种传颂之歌谣；近五年内流行之新歌谣及其来源；关于歌谣之问题。

（15）风俗变迁：近二十年来，尤其是自抗战以来，各种风俗习惯显著之变迁与原因及其趋势；关于风俗变迁之问题。

二十八、娱乐

（1）商业娱乐：戏园、电影院、说书场及其他各种娱乐场所数、顾客数、全年收入数；关于商业娱乐场所之问题。

（2）非商业娱乐：各种娱乐会社之组织、人数费用、实际活动；各种男女儿童娱乐与游戏之方式并普及之程度；各种成人男女之娱乐与游戏及普及之程度；各种家庭消遣之方式与普及之程度；关于非商业性质之娱乐与游戏及消遣之问题。

（3）音乐：县内盛行之各种乐器与其普及家庭及个人之程度；关于音乐之问题。

（4）新式游戏：近二十年来足球、篮球、网球及其他新式游戏普及之情况；关于新式游戏之问题。

（5）抗战对于一般人民娱乐之影响。

（商务印书馆，1944 年 7 月）

二　怎样举办农村调查

冯紫岗*

一、农村调查是什么 …………………………………………139

二、为什么要做农村调查 ……………………………………139

三、农村调查之种类 …………………………………………140

四、怎样去做实地调查 ………………………………………143

附录　农村调查大纲 …………………………………………144

　　* 冯紫岗（1900—1943）：著名农学家、农业经济学家。曾任安徽大学农学院院长、湖北农专校长、河南省建设厅合作管理处处长等职。著有《南阳县农村社会调查》《兰溪农村调查》《嘉兴县农村调查》等。

一、农村调查是什么

我们对于农村社会经济研究的方法，普通有二种：第一是文献的或历史的方法，第二就是统计的或调查的方法。要了解农村现况，农村调查尤为必要。农村调查是社会调查的一种，换言之，农村调查就是社会调查之所应用于农村方面的一种。然则，社会调查是什么呢？社会调查是研究社会现象的一种科学方法，是观察、了解社会现象之一种最有力的工具，是要查明社会事实，加以整理，以分析其中的因果关系。农村调查既然是社会调查之所应用于农村方面的一种，那么，农村调查自然是观察农村现象，搜集农村事实，以图整理分析农村各种现象或各项事实的因果关系之一种科学的方法，或最有力的工具。

二、为什么要做农村调查

上面已经说明农村调查是什么，现在，进一步讨论为什么要做农村调查。

农村调查主要的目的有二：第一是关于学术方面的；第二是关于应用方面的。现在来分别加以讨论。

关于学术方面，我们晓得，农业社会科学是一种新兴的科学，而介绍这种科学到中国来，尤其是最近的事件，我们为要建设适合中国农村情形的农业社会科学，就必须要以科学的方法对于中国农村社会现象，作具体的观察和了解。有了明确的认识，然后才可以分析出来各种现象的因果关系，然后才可以说对于中国农业社会科学之建树找到切实的根据。所以说，农村调查就是要建立中国本位的农业社会科学的基础，同时，也是创造中国新文化的基本工作。

以上是说关于农村调查之学术方面的价值。但是，农村调查，尚不只是有其学术方面的价值，也是复兴中国农村的基本工作！譬如说，医生治病，必先诊断出来病症，然后方可对症下药。所以，要想复兴中国农村，必先对于中国农村的"病症"有了明确的诊断，然后，才能设计具体的方案。有了科学的设计，去有步骤地实施，方可达到复兴农村的目的。农村调查，就是要达到这种任务的最有效的工具。

二 怎样举办农村调查

三、农村调查之种类

现在再进一步讨论农村调查的种类。农村调查，因分类的标准不同，可以分为下列许多种类。

（1）按照它的范围而分：①个案调查；②全体调查；③抽样调查。

（2）按照它的内容而分：①概况调查；②精密调查。

（3）按照它的实施方法而分：①通讯调查；②实地调查；③记账调查。

现在依次说明如下。

1. 个案调查、全体调查与抽样调查

（1）什么是个案调查？个案调查就是以个体为调查的单位。这种调查，普通应用于犯人或者精神变态的人；这种调查的目的在改善个人的生活状况；而其最大的效用，是可以由此调查的结果证明个人同社会的关系，即所谓社会连带的关系。关于个案调查的项目，普通包括被调查者的种族、历史、家庭、健康、宗教、嗜好、社交、财产、职业、起居、饮食、性欲、经验、智力、观念、态度等等。关于调查的程序：第一是去与被调查的人会谈，再一方面，便是访问被调查者的亲戚、朋友，以及与被调查曾发生过关系各方面（如学校、医院、邻居等）。

（2）什么是全体调查？全体调查就是在一定的区域内，对于某种事业或某种现象，详细调查它的全部构成分子，如全县、全省或全国的人口调查，就是对于某一县内，或某一省内，或一国之内的人口，为详尽无遗的调查，男女老幼各种情形，都得调查清楚。

个案调查，其范围太狭；全体调查，其范围又太广；平常最易行的也最有用的调查，还是抽样调查。

（3）什么是抽样调查？抽样调查就是要在全体中选出一部分作标样，加以调查，以其结果，用以代表全体。此种调查虽不如全体调查详尽，然而省费用、节少时间与人力。如果在举行全体调查有困难时，很可利用此种调查方法。

抽样调查的效果如何，全看所选的标样究竟能否代表全体为定。所以，如何抽取标样，为抽样调查的主要问题。只因所抽取标样方法的不同，抽样调查又可分为下列四种：机遇抽样法、间隔抽样法、比例抽样法、特殊抽样法。

什么是机遇抽样法？就是完全任凭客观的方法，在全体中各个分子之被选的机会绝对平等，决不因某一分子之被选而影响其他分子之被选机会。普通所谓抽签法或拈阄法，就是机遇抽样法的很恰当的例子。

什么是间隔抽样法？就是每经一定的间隔，选取一个标样，如调查一个区域内耕地块段之大小，可以顺着大路，一面走，一面数地块数，逢五或逢十则抽作标样，以计算其面积，即以此种标样田块面积之总平均数，作为这一区域内耕地每坵之平均面积。

什么是比例抽样法？比例抽样法是各种抽样调查法中最精密、最可靠的方法。就是要按照全体中各种重要性质的比例，以选择标样出来。此种抽样之步骤有三：

第一先将全体中之构成分子为详尽的分析，分析清楚以后，再看各个构成分子在全体中所占的成分、地位和比例。其次，用机会均等原则抽取标样，所抽取的标样，必须包含所有构成全体之各主要分子。且不但如此，各主要构成分子在全体中所占地位、比例，还须使之能以相等的比例表现出这种原关系。例如，举行农家调查，预备抽取三分之一的农户为标准，假定地权的分配为影响农家经济之重要因素，因而分农户为自耕农、半自耕农及佃农三种，如甲、乙、丙三村庄包含各种类农户之比例不同，则当以其相等之比例实施抽样，见表 2-1-1。

141

表 2-1-1　甲、乙、丙三村各类农户及应抽标样之各类农户数①

村别	各类农户数量				应抽标样之各类农户数量			
	自耕农	半自耕农	佃农	合计	自耕农	半自耕农	佃农	合计
甲	60 户	30 户	30 户	120 户	20 户	10 户	10 户	40 户
乙	30 户	60 户	30 户	120 户	10 户	20 户	10 户	40 户
丙	30 户	30 户	60 户	120 户	10 户	10 户	20 户	40 户

采取比例抽样法，假使要顾到的因素太多，而又要想完全达到正确的程度，也是不可能，不过应使之近于正确的程度罢了。

二　怎样举办农村调查

---

① 编者注：原书此处无表题，为了便于理解，此表题为编者所加。

什么是特殊抽样法？特殊抽样是为适应特殊研究的目的，于全体中只为选择一部分作标样，但这部分必须包括特殊的性质而适合所要研究的目标，不管它是否可能代表全体的普通性质。例如，要调查某种肥料对于棉作的效果如何，那就应该选择施用某种肥料而又管理适当的棉田作标样。

2. 概况调查与精密调查

就调查的内容而论，有概况调查与精密调查之分。这种区别的意义，可就其名词为之理解。至于在什么情形应当做概况调查，什么情形应当做精密调查，则全看以下二事为定：第一，要看人力、财力与时间三方面是否皆为充足；其次要看问题的性质如何以为定。如农村一般的共同事实；若地价、工资、佃租制度、交易情形、田赋杂税、风俗习惯等，则可做概况调查，以此例彼，不必做精密的挨户调查；至于各家人口多寡、地亩分配、生产、消费、负债等等，彼此都不能相同的事件，则应挨户访问，逐项领教，以期获得较为精密之认识。

前面所说的个案调查为最精密的调查。抽样调查可做概况调查，也可做精密调查，至于全体调查，往往只能做概况调查。

3. 通讯调查、实地调查与记账调查

再以调查的实施方法不同，而分为通讯调查、实地调查和记账调查三种。

通讯调查是以通讯方法，寄出印好了的表格或各项问题，委托当地的或主管其事的人士为之填答。实地调查是调查员自行到被调查者方面去按表亲查。记账调查是详查被调查者的账簿，以资事实之分析；在不惯记账的农家，要应用记账调查，尚须特约农家记账，并须为之特设指导记账人员，方可进行。

这三种调查方法，也各有其优点及其劣点，此处不必细谈。惟应因问题的性质与其范围的广狭，以及所需要的精确程度如何，以定去取。而人力、时间与财力之多寡，也为选择调查方法之主要的事项，如果人力、财力和时间都充备的话，顶好是做实地调查或者记账调查，否则，自然可以去做通讯调查。

关于通讯调查所应注意的事项，就是在作通讯调查之际，于寄发各项简单明了的表格外，还须附有极详细的说明书；说明调查的意义及填表方法。这样，一方面可使担任调查者能够引起兴趣，另一方面不致填表错误。

关于实地调查所应注意的事项，就是要作实地调查，须选择适当的时间和适当的地点，以不妨碍被调查者的工作而且能予以方便为主；利用本地热心人士为之宣传引导，尤为必要。

记账调查为农村调查中之最精密的一种，必须设法奖励被调查者，使之有继续记账之勇气；中国农民不识字或稍识字而不能记账者甚多，所以要举办记账调查，还须设记账指导员，每一指导员可指导二三十户，逐日轮流至各家指导记账或代为记账，此虽繁琐，然将来所得收获甚多。关系农业经营、农家经济、农民生活程度等研究，只有记账调查，方可期望得到良好的效果。

四、怎样去做实地调查

实地调查所搜集的材料，比较通讯调查为可靠，且比之记账调查更为易行。所以，实地调查为农村调查中最重要的、用途最广的一种。怎样去做实地调查，现在可分为以下三段，略加说明：①调查员应具备的条件；②调查前应有的准备；③实地调查之程序。

实地调查之能否得到完美的结果，全靠调查员之态度、学识及其经验等之如何以为定。一个良好的、能干的调查员，应具备下列的几个条件：①态度诚恳、和蔼而且活泼，尤其应当耐烦；②能耐苦耐劳；③善于发问；④顶好能说本地土话，至少要能够懂得被调查者所说的是些什么；⑤有丰富的常识，能判断答问的真伪。

至于调查以前应有的准备：①确定调查的目标与问题的范围；②选定适当的地点和时间；③编制调查大纲、调查表、各种说明书，以及宣传品等；④准备时之一切用具及应用药品；⑤与本地人士先行接洽，实行大规模的普遍的宣传。

俟实地调查之际，应预定调查程序，邀请本地人士领导、翻译，代为解释一切；调查之后，须详细校对，倘有错误，再行覆查；校对无讹之后，始可从事于统计工作。

附录 农村调查大纲

一、地理

（1）农村之名称、意义及所在地：属何省、何县、何区。

（2）村之面积：东西距离、南北距离；生产地面积；总面积；耕地面积；民国以来疆域之沿革。

（3）地势：经度、纬度、高度、地形。

（4）土壤：表土及心土之深度、颜色及其理化的性质。

（5）山水：山岗、河流、湖泽之名称、来源；民国以来之变迁及其利害关系。

（6）气候：各月之最高、最低、平均温度及湿度；雨雪分量及其分配；各季的风向与风力；暴风及冰雹等灾之有无及为害情形；初霜、晚霜时期，农事就业期间。

（7）天然动植物的种类、数量及其利害关系。

（8）矿物之种类、数量及其开采情形。

二、历史

（1）村之沿革：该村姓族，由何时，自何处，以何种原因迁来？最初迁来者有几姓，各几家？各姓各有人口若干？经过若干年代？中间有何重要变化？曾经有无著名人物，其所建事业？各姓人口增减及其贫富盛衰之变迁。

（2）古迹：古迹之名称、历史、保管情形及兴废情形。

三、交通运输

（1）交通机关：水路、大路、公路与铁路之起讫及经过地点；本村距汽车站、火车站及水路码头几里？有无邮局、电报局，或距离邮局、电报局几里？有无转运公司？

（2）运输工具的种类及运费：火车、轮船、帆船，小车、牲畜、人挑等的运输费用（每百斤中等货物百里费用几何）。

四、户口

（1）人口数量：全村人口总数，每年出生死亡率，人口增减。

（2）人口分配：如籍贯、性别、年龄、职业（正业、副业）、教育、宗教信仰等。

（3）残废人数：如疯狂、白痴、盲、哑、聋、跛子等数量。

（4）婚姻状况：已婚、未婚；结婚年龄；结婚率；鳏寡孤独的人数、离婚人数及其原因。

（5）迁移状况：人口移出、移入的数量及其原因。

（6）离村情况：离村人数、原因；离村人口之年龄与性别；离村后所赴地点及其所从事的工作；离村后与本村的关系。

（7）其他。

五、家庭

（1）家庭之平均大小，最多人数及最少人数。

（2）家长：家长的特权、性别与年龄别。

（3）夫妻相对之权利、义务。

（4）家庭组织的大小、世代数、支数、承继办法。

（5）家庭仆役：男女仆役之种类、数量及待遇。

（6）童养媳之有无、原因及待遇。

（7）其他。

六、家族

（1）村中各族姓氏及其户口数。

（2）各族之发达与衰落情形。

（3）家庙、宗祠数量；事业；财产；族规；族谱之有无及其起讫。

（4）族长的权威。

七、农业

（1）农业之起源及其发展、开垦的历史。

（2）农地：田地种类及其亩数；垦殖地面积及其指数；耕地面积及其指数；各类土地价格；各地土地的租税负担。

（3）作物：主要作物、次要作物的种类、亩数、栽培方法、轮作情形、每亩收量、总收获量、单价及总价。

（4）蔬菜：蔬菜的种类、亩数、栽培方法、轮作情形、每亩收量、总收获量、单价及总价。

（5）各作物的增减：何种作物、何种蔬菜之面积在增加；何种在减少；及其原因。

（6）家畜、家禽：主要次要的家畜、家禽的种类、头数、每年生产量及其单价与总价。

（7）新近引种的作物名称、原因及其经过。

（8）新近引种的蔬菜名称、原因及其经过。

（9）果树的种类：亩数或株数、每年生产数量及价值。

（10）桑树的种类：亩数或株数、每年生产数量及价值。

（11）茶树的种类：亩数或株数、每年生产数量及价值。

（12）森林：有无森林？树木的种类；林地面积，保护方法；林产品之种类、数量、单价及总价。

（13）农工之种类、来源、需供情形、雇佣时节、工资、工作时间、休息日期。

（14）农具之种类、材料、用途、使用年限、修理及单价。

（15）肥料之种类、使用方法、自备或购置情形及其单价。

（16）养蚕农户数量对总户数百分比；蚕种来源、饲养情形及收支亏盈。

（17）捕鱼之户数对总户数百分比；鱼之种类、繁殖、饲养、捕取之各种方法及各种工具。

（18）灌溉排水之有无必要、所有方法、投资数量及效益。

（19）主要病虫害之种类、生活及防治方法及危害情况。

（20）民国以来之水、旱、风、雹、病、虫等灾荒实况，其原因、经过及预防办法。

八、工商贸易

（1）市场之距离与其范围。

（2）附近庙会集合之有无、地点、时期及买卖之主要货物。

（3）出售农产品的种类、数量、时期；价格的变迁及销售程序。

（4）购进农业原料及日用品的种类、购买时期、购买数量、价格变迁及购进的程序。

（5）预售农产的有无、手续、利率及利弊。

（6）赊欠店账的有无、手续、收账的时间，对于农家之利弊。

（7）其他。

九、手工业

（1）各类手工业之原料、生产工具、生产量、销路、销售方法、单价总价、有无纯利。

（2）各类手工业之起源、变迁及盛衰趋势。

（3）从事于各类手工业之户数对总户数之百分比；工人工资、工作时间、学徒的人及其待遇。

（4）各种工商团体之组织、成立年月、会员人数、会规及事业。

十、副业及特产

（1）副业的种类、经营法、人数多寡及盛衰。

（2）特产的名称、历史、生产制造的方法及其兴衰的情形。

十一、借贷及金融

（1）借贷的人家几户，占几成（民十六，民元）。借贷原因、利率、放款机关或私人。

（2）放款的人家几户，占几成（民十六，民元）。放款原因、利率。

（3）借粮的人家几户，占几成（民十六，民元）。借粮的时期、原因、归还时期及归还种类。

（4）合会之有无、种类、数量及办法。

（5）一般的金融机关及农业金融机关之有无、放款储金的种类、利率方法。

（6）信用合作社之有无、其组织规程及实际活动情形。

（7）当店之有无及利率。

十二、佃制

（1）承佃手续：地主或佃农如何寻觅对方，口头契约抑书面契约，单方契约或双方契约，契约之名称及其内容，押租之有无、名称，每亩押租多少，押租的意义，于退佃时是否归还。

（2）佃作年限：永佃制之有无及其所占成数，其实质、起源、经过及增减趋势，普通对于押租年限是否规定，如有规定，最多、最少、普通几年？永佃权之有无及其手续，土地所有权之区分及其价值的比较，退租之条件及其手续。

（3）纳租方式：各类田租（力租、钱租、谷租、分租）所占的成数、民国以来各类田租的变迁及其趋势。除正租外有无小租，其意义名目、数量及缴纳时期。

（4）租额及催租：各类田租之每亩租额、缴租手续。

（5）荒年减租办法之有无及办法的内容。

（6）双方义务：①房屋、道路、晒场、肥池等是由地主借给，或佃户单独设置，或共同负担以及分担的原则。②耕畜、农具、种子、肥料等是由地主借给，或佃户单独设置，或共同负担以及分担的原则。③正税、杂税全由地主负担，或地主与佃户分担，或由地主责成佃农负担。④地主有无其他的义务（如收成不佳借款于佃农）。⑤佃农有无其他的义务（如帮工、服役等）。

（7）二五减租实施的经过及其结果。

（8）民国以来佃租纠纷发生之次数、原因及其结果。

（9）民十六年以来佃租纠纷发生之次数及其结果。

十三、政治

（1）乡村行政机关及自治机关之成立年月；其组织、设备、经费及主要工作情形。

（2）乡村行政机关及自治机关主管人员之姓名、年龄、学历、经历、家庭经济情形、其职权及其产生方法。

（3）公安保卫的组织；其所用武器之种类及其数量。

（4）党部及农会之组织、经费及其事业；主管人员的姓名、年龄、学历、经历、家庭经济情形；其职权及其产生方法。

（5）其他各种组织之起源、成立年月、经费、会员人数及其事业。

（6）国税、省税、地方税、附加税之种类、数额、征收方法。

（7）三年来诉讼案件之多寡及其原因，何人调唆，其结果如何。

十四、教育

（1）全村识字人数之多寡及占总人口之百分比。

（2）学龄儿童之多寡，就学、失学人数及百分比。

（3）学校的名称、性质、成立年月、班次数量、常年经费、建筑、设备。

（4）教师姓名、性别、年龄、籍贯、学历、经历、职务、待遇。

（5）学生之数量、性别、年龄、籍贯、级别、村别。

（6）社会教育机关之有无、种类、成立年月、办理成绩。

（7）其他。

十五、宗教

（1）庙宇之数目、性质、所供神位及其历史，僧、道、尼人数，产业多寡，管理方法，香火盛衰。

（2）耶稣教、天主教堂之有无及会友人数、性别、年龄、职业。

（3）回教堂之有无、教友人数、组织、信条、规律、活动、势力。

（4）会祭等团体之组织、数量及其内容。

（5）各种异教（如红枪会）之起源、历史。

（6）祭祖的时期及仪式。

（7）星相巫觋的活动。

（8）朝山进香的情形。

（9）与各寺庙祠宇有关之故事、谣谚、传说、神话及迷信。

十六、卫生

（1）衣服之原料、式样、洋布流行情形。

（2）食品种类及其季节的变化。

（3）房屋之种类、单价、每家平均几间，住宅、畜舍、厨房是否分开。

（4）西医、中医之有无，数量及药店之有无、数量。

（5）民国以来有无传染病，其名称、来源、经过及死亡数。

（6）饮水之来源、厕所之设置与管理情形。

（7）各季之流行病。

十七、风俗道德

（1）婚丧之礼节、费用及其程序。

（2）每年举行庆祝之节日与仪式。

（3）茶馆酒店之有无及营业情形。

（4）赌博之有无，赌具之种类、输赢大小、赌的人数。

（5）吸食鸦片、红丸、白面之人数及贩卖各种毒品之人数。

（6）盗匪之有无。

（7）奴婢及买卖人口之有无、人口买卖价格。

（8）杀婴之有无及其原因。

十八、游戏及娱乐

（1）男子游戏娱乐之种类、时节、工具、方法及各种利弊。

（2）女子游戏娱乐之种类、时节、工具、方法及各种利弊。

（3）儿童游戏娱乐之种类、时节、工具、方法及各种利弊。

（4）三年来演戏之次数、时节、原因、费用、观众数目。

（5）歌谣。

（《省立安徽大学农学院农林丛刊》第一号，1936 年 12 月）

二 怎样举办农村调查

三　农村调查

杨开道[*]

自序 …………………………………………………………155

第一章　绪论 …………………………………………………157

第二章　农村调查的预备 ……………………………………164

第三章　农村调查的大纲 ……………………………………172

第四章　农村调查的表格 ……………………………………192

第五章　农村调查的材料 ……………………………………204

* 杨开道（1899—1981），著名社会学家。曾任复旦大学、中央大学农学院社会学教授，燕京大学法学院院长等职。曾于1930年组织发起成立中国社会学社。1949年后，历任武汉大学农学院院长、华中农学院（现为华中农业大学）筹委会主任和院长、湖北省图书馆馆长等职。著有《农村社会学》《社会学研究法》《农场管理学》《中国乡约制度》等。

自　序

　　社会调查是社会研究方法里面一种最科学的工具，恐怕已经成为普通的公论，而农村调查，尤其是占农村研究一个中心的地位。中国自从金陵大学刊印那本农村调查表以后，各处所印行的调查大纲、调查表格，至少也有十几种。最完美的，当然要推冯锐博士所编著的《农村调查大纲》。关于调查方法的书籍，在最近的二年里，也出了樊、蔡两种，还有黄枯桐先生那本小小的《农村调查》。樊著详于表格及整理，蔡著详于普通原理及大纲，黄著比较简单一点。他们对于许多的预备手续、题目、地点、人才、经费，都没有注意到。对于大纲只举出例子，而不讨论编制的方法。对于表格的编制，樊著还能就夏平（Chapin）原意，尽量发挥。调查谈话，便没有提及，樊著虽然提及个例方法的谈话（case method interview），但是不是调查的谈话。不惟我们中国的作家如此，美国的作家亦复如此。普通注意多半在大纲身上，有名的爱尔冒（Elmer）和亚罗罗维西（Aronovici）都是如此，唯有夏平对于表格方面详加注意，谈话只有波格杜斯（Bogardus）稍为提及，其余的题目、地点、人才、经费等问题，只有东一点、西一点的，寻不出一个相当的系统。

　　本书的目的是要寻出一个整个的系统来，叫读者可以主持一种农村调查事业，不要倚赖别人的大纲和表格，不要倚赖人家的指导和帮助。全书的材料虽然十分有限，但是作者已经费了不少的精力，从十几本中西书籍和二三年调查经验慢慢组织成功的，既不是作者的武断，也不是作者的抄袭。希望过了三五年以后，我们大家的经验更丰富的时候，能够大加改造，成功一本真正系统的农村调查指南。假使读者将来实行调查的时候，觉得有不到或不对的地方，请他们随时赐教，以便参酌修正，这是作者所十分感激、十分欢迎的。

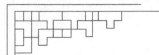

　　本书的材料，多半在燕京大学社会调查班发表过，讨论的时候，得着同学们不少的帮助。尤其是在清河和他处实行农村调查的几位同学，对于本书的内容，供给不少的材料，是作者所应当表示谢意的。

　　　　民国十八年冬月杨开道识于国立中央大学农学院

第一章　绪　　论

一、农村社会的研究

我们无论是讲农民土地问题、农民生计问题、农民运动问题、农民合作问题、农民自治问题，以及其他一切和农民有关的问题，我们要认清我们最后的目的是农民生活的改良。农民生活合起来是整个的，分开来是多面的，所以无论哪一种农民问题，只是农民生活问题的一部或是一面。但是农民生活是多么一个抽象的概念，一个笼统的东西，改良中国农民生活，改良江苏农民生活，空空洞洞的、笼笼统统的，从哪里说起？要是一个一个农民，一个一个农家地去研究、去改良，又未免太支离破碎，偏到另一方面去了。所以我们无论是研究农民生活，还是改良农民生活，一定要有一个大小适中的单位，那便是农村社会。农村社会是由许多邻近的农民组织成功的，他们有学校、有保卫、有自治，以及其他的社会组织、社会活动，是一种最小的地方共同社会。在一个小小的区域里面，他们的农民用他们自己的人力和财力，去求谋共同事业的发展，共同幸福的增进。人是社会的动物，世界是社会的世界，一个人不能单独解决他自己的问题，一定要联络许多邻近的人，同类的人，共同去工作，才能够达到改良的目的。农村社会便是那样一种组织，由许多邻近的农民、同类的农民联络起来，去解决他们一切政治上、教育上、经济上、卫生上……以及其他一切共同有关的问题。我们要改良农民生活，必要从农村社会下手；不了解农村社会，又怎么样去下手呢！

了解农村社会的方法有三个：一个是历史的方法，去了解过去的农村社会；一个是单例的方法（case method）；一个是调查的方法（survey method），都是去了解现在的农村社会。历史方法是从文字的记录，古代的遗物、遗迹，去搜寻历史上的事实，去解释历史上的因果，去推求历史上的原则。关于历史的记录和遗物不算很多，解释寻求的工作，也是非常的困难。研究农村社会的人们，非有史学的方法，不容易从这一方面入手。个例研究是去研究一两个例子，从他们的里面寻求出相当的原理来。不过一两个例子的研究，是非常危险的，他们不见得是常例，所以他们里面找出来的道理，也不见得是常理。一定要到许多个别例子去研究，看他们的情形是否相同。要是他们里面的情形都差不多，我们可以知道例是常例，理是常理。相同的例子越多，我们的道理越靠得住。从许多例子去推求原理，便是调查的方法。调查方法和个例方法的不同，就是在于例子的多少，一两个例子便是个例方法，几十百个例子便是调查的方法，几千万个例子便是完善的调查方法。换一句话说，调查方法就是个例方法的总和，许多的个例，便成了调查的通例。不过个例研究的时候，因为例子很少，我们可以多下一点工夫。调查研究的时候，例子太多了，我们只能研究一两部分或是一两方面。除了这种狭小的、深切的调查研究以外，还有一种普通调查，把一个农村里面的各部分、各方面，都调查清楚，预备作改良农村的基础，名虽为调查而实际同个例研究相差不远，也是我们作农村研究的人所不可不认清的。

二、农村社会的调查

农村社会调查有两个目的：一个是学理的研究，一个是改良的根据。农村社会学者要的是学理研究，农村社会领袖要的是实地改良。本书因为应双方需求起见，对于两种调查的办法，都有相当的注意，使读过本书的读者，不惟知道怎么样作学理的调查，并且知道怎么样去作实用的调查。

农村调查是社会调查的一种，假使我们知道社会调查的意义，便自然了解农村调查的意义，因为农村调查只是社会调查应用在农村社会里面。亚罗罗维西（Aronovici）在他的《社会调查》书中说："社会调查是去记载地方社会里面各种有关系的重要因子，其目光在预备充分的材料，图谋合理的计划和建设的社会改革的实现。"[1]他的研究单位是地方社会（Community），他的研究范围是各种因子，他的研究目的是社会改革，所以正好代表那种实用的社会调查。默克林列汉女士

---

[1] Aronovici, *The Social Survey*, p.5. 编者注：因该部分所引外文资料年代久远，好多无法查找到原文，均保持原著所注，不再额外补充出版信息。

的定义，也是指实用调查，她说："社会调查是去研求各种社会问题和社会能力，以及他们两个彼此的关系。"[1]卜劳老（Brunner）的定义，便有一点学理研究的意味，他说："社会调查是去收集一个社会现象（social situation）的各种有密切关系的事实。"[2]Social situation 译成社会现象，不十分妥当，因为他有一点社会情形的意思，不过社会情形那个名词也是不妥。他的定义没有地域的限制，不是一定在某一个地方社会里面，也不一定要各方面各因子的研究，随便哪一种社会现象，社会情形，都是可以研究的。莫斯（Morse）的定义，比卜劳老的更要清楚一点，显明的是一种学理的研究。他说："社会调查是一种科学的、秩序的、肯定宗旨的方法，去分析一种社会现象（社会情形）、一个社会问题或是一群社会人口。"[3]在学理的调查，只向一两方面进行，没有地域的限制；在实用的调查，限定在一种地方社会——农村，市镇，省县——里面，四面八方都要顾到，这是这两种社会调查大不相同的地方。不过还有两个重要的概念，是两种社会调查共同必有的：一个是实地调查（Field Survey），亲身到要分析的地方去调查；一个是数量测量（Quantitative Measurement），用肯定的数目，用测量社会的现象。当时只质的考察，调查的时候也是有的，甚至连历史的考察都有，不过他们只是社会调查的预备或是社会调查的附属品，不是社会调查的本身，社会调查的本身，只是数量的测量。

农村调查的实行，虽然是各处都有，农村调查的讨论，恐怕还是要推尊美国农学大师贝力（L. H. Bailey）博士。他无时无地，不鼓吹农村调查，不实行农村调查。在 1890 年的时候，即已从事纽约省西部园艺的调查；在 1895 年的园艺推广报告里面，便正式承认园艺调查是园艺学的一种研究。以后在他的《国家与农民》(*The State and the Farmer*, 1908)、他们的乡村生活委员会报告、他的《乡村生活运动》(*Country Life Movement*, 1911)、他的《纽约农村问题》(*York State Rural Problems*, 1913)，无处不鼓吹农村调查。他以为各种农村改良主张、各种农村改良办法，都有相当的价值。不过无论手段怎么样，运动怎么样，科学方法是要通

① McClenahan, *Organizing the Community*, p.41.

② Brunner, *Surveying Your Community*, p.13.

③ Morse, *The Social Survey in Town and Country Areas*, p.104.

159

三
农
村
调
查

用的。科学方法的第一步是去决定确切的事实，然后设法在这些事实上面下功夫。旁的工作是那么样，我们农村的工作也是那么样。我们要想改良农村，一定先要去寻求事实。寻求事实的方法，便是农村调查，农村调查是多么重要的一个工作！① 在《国家与农民》里面，他大声地说：“每省的真正农业情形，应该有一个透彻的研究，省政府应该负责去提倡，农科大学应该负责去实行。这样的研究，假使有相当的人负责，在相当的时期内，细细地、慢慢地去进行，对于各种农村的问题，实有重大的贡献。”② 我们的政府呢！我们的农科大学呢！赶快起来担负这个重大的责任，树立农村改良的基础。在《乡村生活运动》里面，他又积极地主张，“乡村生活情形和材料的收集，是万分的需要，因为在改良以前必须先有诊断；真确的诊断，没有充分的事实是不可能的”③。贝力博士主席④ 的乡村生活委员会，也十分地看重农村调查。他们的报告里面说，现在的时机已经到了，我们应该知道我们农业的财源。我们已经作了很久的地质调查，对于矿产加以研究……我们现在应该知道各个农业区域的能力了，因为农业是我们殷富的基本，而农作又是一种地方事业。我们假使对于全国乡村不加以详细的研究，我们的乡村生活，也不能有永久、良好的发展。所以，委员会建议在政府引导之下，作成一种周详计划，去研究各种农业生产、农民生活情形，使我们能知道我们的农业财源，并且供给农民以本地的知识。中央政府、省政府、农科大学、农村教育机关、农业团体、农业学者，大家合作起来，去从事那伟大的农业和农民生活的调查。⑤

贝力博士所实行的是学理的农村调查，单面的调查（园艺的调查）。单面的农村调查，限于某一方面，而不限于某一农村。园艺调查也可以，农艺调查也可以，农场管理调查也可以，农民生活调查也可以。贝力博士所鼓吹的是全省的农村调查、各面的农村调查，预备作诊断的材料，改良的根据的。不过全省农业调查或是农村调查实在是太大、太泛；全省农业诊断、全省农业改良也是太笼统了。农业改良、农业诊断，一定要从一个一个小的农村下手。与其叫作全省农业调查，

---

① Bailey, *York State Rural Problems*, pp.238-239.

② Bailey, *York State Rural Problems*, p.244. 编者注：原文如此，此处引用似有误。

③ Bailey, *York State Rural Problems*, p.246. 编者注：原文如此，此处引用似有误。

④ 编者注：此处所表达的或许为贝力博士担任主席的乡村生活委员会。

⑤ Bailey, *York State Rural Problems*, pp.247-249.

不如叫作地方农村调查、全省的农村调查。他以为，农业上的调查工作是去记录整个的情形，显示全部的真理。片面的、局部的调查，无论如何完美，总不能算是一种最优良的调查。我们一定要知道，要记录一个农村地方里面整个的基础、整个的情形。[①]他讲的完全是实用的调查、周详的调查，不是学理的调查、精深的调查。学理调查，因为研究太专、地域太泛，所以多半只能作一次，不能时时重复。实用调查，一村的周详调查，可以每年举行一次，看一年来的进步，一年来的改变，并且预备下年度的计划，下年度的改革。我们现在总结这两种不同的农村调查：学理调查是局部的或是片面的，不限定在某一个区域，并且不易继续进行；实用调查是在一个农村社会里面，四面八方地去研究，找出地方的优点和缺点，去设法改进，最好是每年一次，或是每二三年一次。

三、农村调查的步骤

农村调查的步骤，不是死板板的，而是活动的。有许多事情可以先做，有许多可以缓做，不过还有许多是不能先后倒置的。没有一个大纲怎么样去做表格？纵然勉强做成一个表格，也是缺漏不全、杂乱无章的。没有表格又怎么样出去考查、出去记录？所记录的东西，一定也是缺漏不全、杂乱无章的。所以做调查的时候，不能不看调查的种类、地方的情形，拟定一个大约的步骤。

农村调查的步骤至少可以分成五大步：第一步笼统地叫他作预备工作；第二步大纲分析；第三步表格编制；第四步材料收集；第五步材料整理。预备工作因为调查种类的不同，可以分成二种；其余的步骤，都是差不多的。在学理调查的时候，第一步是去找一个相当的题目，题目找好了，便去找相当的参考书作我们的指导。从参考所得的材料里，可以把这个题目详细分解，并且综合成为一个有系统的整体。题目弄清了以后，我们便应该进一步去选择适当的方法。方法选择了以后，便去选择调查的区域，一个地方或是许多地方，一个什么地方，许多什么地方？经过了许多次的考察、讨论、比较以后，我们才能决定我们的区域。

实用的农村调查，题目用不着选择，方法用不着选择，地点也用不着选择。

---

① Bailey, *York State Rural Problems*, p.252.

因实用调查的用意，就在解剖某一个农村的内部情形，题目、方法、地点岂不是都包含在里面吗？不过在实用调查的时候，又有两个特别的问题为学理调查所无的。学理调查总是由一个学术机关或团体去担负，调查的人是有的，调查的钱也是有的，不然他们就不会作学理调查。实用调查是一个农村社会的人民，需要真实的凭据去做改良的基础。他们既没有调查的专门人才，又没有调查的专门经费，所以人才和经费，就成了问题，有讨论的必要。关于人才一方面，自然是以本地的人民为主体，不过怎么样组织他们、怎么样训练他们，是我们所要研究的。经费的筹集、经费的支配也应当有相当的考虑。因为农村人民知识闭塞，不知调查为何事，往往十分怀疑，或从而阻挠。所以也应当有一点宣传，把调查的意义、调查的重要告诉一般人民，请他们合作。

这许多预备工作完成了以后，便应该去预备一个详细的大纲，作为调查的指南。从大纲的条款里面，把根本的原素找出来编成表格，作为调查的工具。有许多人往往把大纲和表格弄不清楚，有的时候把大纲当成表格去用，有的时候没有大纲便糊糊涂涂弄一个表格。不知道大纲是大纲，表格是表格，他们各有各的功用，各有各的形式。大纲是把一个题目的内容分了又分，分成许多根本的条款，然后再经过一番选择的工夫，淘汰去不重要的东西；一番整理的工夫，编成一个有条理、有先后的系统。不过大纲里面还有许多东西是要从旁的原素推算出来的，有了那些原素，便可推求大纲里面一切的条款。表格的里面，便只有那少数的原素，便是去寻求那少数原素的答案。大纲里面有几百个条款、表格里面有几十个原素便可推算出来。所以大纲长而表格短、大纲大而表格小、大纲在前而表格在后。

材料收集是调查里面最重要的一个步骤，也是调查里面最困难的一个步骤。收集材料的方法在实地调查有二个：一个是目力观察，一个是口头谈话。观察和谈话所得的结果，便拿来记录在调查表里面。在农村调查时候，目光所能观察的东西是很少的，所以重要的方法还是口头谈话。谈话的时候、谈话的地点、询问的人、被问的人、询问的方式，都有重要的关系，值得我们的注意。

材料收集好了以后，便应该设法去整理。整理的第一种工作就是校对，校对材料的错误、重复和脱漏。校对好了以后，便经过一番转录的工夫，从一个一个的表格里面，转录到一种一种的分析表里，好像从一天一天的日记账，转录到一种一种的总账里面去一样。转录好了的材料，便可以做成各种的图表。应当计算的东西，便可以求得各种的平均数、变异数、相关数和差误数。最后的一种整理工作就是解释或推论，从许多没有意义的数目字里面，找出各种的关系或是原理。有许多的社会调查书里面，都连带讲一点材料整理，不过我们要知道，调查材料整理，除了校对工作以外，都是统计的工作。统计的图表、统计的计算，何等繁复，在社会调查的书尾里，稍为带说几句，又有什么用处。本书因为篇幅有限，老老实实把那简而无当的材料整理讨论删去了，不过材料的校对，是统计书里面没有的，我们暂把它留在材料收集的后面。至于真正的统计方法、整理方法，请参看农业统计的书籍，或是任何种（类）的统计书籍，都可得到满意的答复。

三

农村调查

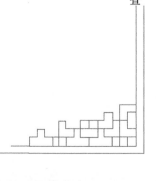

第二章　农村调查的预备

一、调查题目的选择和参考

作学理调查的人，不是单去研究一个农村，不是研究一个农村的各种现象，乃是去研究许多农村，研究许多农村的一种现象。所以我们一定要决定一种现象，作为我们研究的题目。农村里的现象这么多，这么有趣，这个也好，那个也好，我们到底是选择哪一个呢？没有做过调查的新手，一定会选上一个最广大、最繁复的现象，以为这个才有意思，才有研究的价值。不知道题目愈广，内容愈空；题目愈杂，内容愈乱。调查的老手，碰到了这么广大、繁复的题目，都要十分小心；初出马的新手，一定要弄得手足不知所措，一点没有办法。与其贪高望远，赶那广大、繁复的题目，不如脚踏实地，先去试作一个狭小的、简单的题目。等到调查经验多了的时候，然后再一步一步进取，去做广大、繁复的调查。当然，个人的预备、个人的知识、个人的兴趣，以及时机的关系、经济的关系、环境的关系，都要详细考虑，才能选得一个最适宜的题目。在选择的开始，我们必须选择三五个简单的题目，稍微作一点分析的功夫，然后再一个一个去比较，看哪一个最合于个人的预备、个人的兴趣、现在的时机、调查的经费和环境的需要，认定作为我们调查的题目。

选择题目的时候，我们便应该有相当的了解、相当的认识；选择好了以后，尤其应该有透彻的了解、完全的认识。要有透彻的了解、完全的认识，第一步必要参考旁人的意见，第二步必要融化自己的意见。参考的时候，顶好先到各种书目上[1]，去寻求和本题有关系的参考书，把他们记录下来，分类起来，作为一个有

---

[1] 杨开道：《社会研究法》，上海：世界书局，1930年，第五章第三节。

系统的参考书目^①。但是参考书籍那么多、那么杂，我们作农村调查的人，哪能一本一本地去看，只能拣几本最重要的详细参考，作为我们的根基。选拣参考书的标准非常得多，阅读参考书的方法也各有不同，不过我们做调查的人，只能选择几部名著里面含有特殊的见解或是新颖的方法，值得我们详读细读的。其余的参考书籍，只能略为翻阅，不能像普通社会研究的那样快读、略读办法了。^②

二、调查地点的选择

地点选择同题目选择一样，只在学理调查中有地位，实用调查是用不着他的。因为实用调查为的是改良某一个农村，先有地点，先有题目，然后去设法调查，设法改良的。地点的性质，普通的说起来，顶好是一个寻常的农村，不大不小、不好不坏，能够代表许多的农村。不过假使我们的调查是一个特殊的题目，便应该到一个特殊的农村里去。调查园艺，一定要到一个园艺发达的农村里去；调查租佃问题，一定要到一个租佃制度盛行的农村里去。在一个小规模的调查，一两个农村便可足用；要是大规模地调查，一定要选择好许多农村，才能够代表同体的性质，获得真确的事实。譬如，研究江苏租佃问题，不是一两个农村调查所能了事的。调查村子的多少，当然愈多愈妙，不过因为人力和财力的限制，我们不能不牺牲代表的程度，牺牲真确的程度，不敢希望有百分之百、百分之九十几分真确，只要有百分之八十，甚至百分之七十几也就够用了。农村调查的数目，同农村的常态有很大的关系。假使江苏省各处的租佃情形相差不远，我们只消做一村的调查，便可以代表全省。假使各处不同，我们必须在各处调查，至少每种农村应该有一个调查，才能勉强代表，略为真确。所以选择的时候，顶好先做一种大略考查，从观察上、文字上、口头上把各处的情形略为了解，然后按照各处不同的情形（只关于那一个问题的不同），划全部为若干区域，而从每区内选择一村，作为全区的代表。这是一种平均的分配（even distribution），还有一种倚重的分配（weighted distribution），系按照各区人民的多少或是农村的多少，去酌量每区调查村数之多少。要是各区的大小都差不多，平均分配当然可以采用。假使差得太多

---

① 杨开道：《社会研究法》，上海：世界书局，1930年，第五章第四节及第五节。
② 杨开道：《社会研究法》，上海：世界书局，1930年，第六章各节。

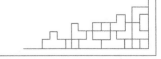

的时候，我们自然应该权其轻重，配其多寡。假使每区内只有一个代表村子，我们当然选择一个最普通、最中庸的村子，要是每区有三四个，我们未尝不可采用二个寻常的村子，一个超常（super-normal）的村子，一个逊常（sub-normal）的村子；二个中等的村子，一个大村和一个小村，使寻常、反常（abnormal）两面，都有一半的代表。

选择地点的时候，村里农民的态度，也应当十分注意，尤其是农民领袖的态度。因为无论何种调查，总要一家一家去询问，没有领袖的介绍，没有农民的合作，是不可能的。实用调查为谋全村改良起见，当然容易引起领袖的热心，农民的合作，甚至于自动地去家家户户的调查。学理调查的时候，比较要困难一点，因为这是纯粹为学理而研究，对于农民的本身没有什么利益、什么希望。他们得不到好处，望不见好处，而要他们帮忙，实在有一点不容易。所以一定要有直接或间接的朋友，或是有十分明理、十分同情的领袖，我们才敢到一个村子去做调查。不然，不惟不能调查真确，恐怕要引起无限的疑惧，连大门都跑不进去。

三、农村调查事业的鼓吹

学理调查是用不着鼓吹的，鼓吹也没有用，因为只有头脑清醒、神经冷静的学者才去作这样的调查。实用调查为的是改良农村，为的是唤醒民众，一定要极力鼓吹，使农民都觉的农村改良的必要，认识农村调查为农村改良的根本，自动地去办理农村调查，继续地去办理农村调查，去总结一年的成绩，去计划来年的进行。

大约无论哪一个农村里面，总有三种人民：第一种是先知先觉，第二种是后知后觉，第三种是不知不觉。先知先觉的人民，是农村里面的中心，农村改革的原动力，调查鼓吹的责任，也完全在他们的身上。他们的感动灵敏，知道一个村子的"病状"，也大约知道一个村子的"病根"，不过他们没有正确的"诊断"，所以不敢乱开"药方"，或是开出来"药不对病"。农村调查就是调查一个村子的"病根"，供给真确的证据，好去判断"疾病"，开发"药方"。同时也去调查一个村子的人力、财力和社会的力量，以便作为"抵抗疾病"的主力军。大约这一班先知先觉的人们，没有不在那里想法子改良，没有不鼓吹调查农村的虚实的。

后知后觉的人们，便没有那种感动、那种眼光，必定受着先知先觉的影响，才了解农村改良的必要，农村调查的重要。先知先觉的农民，一个村子是很少的，有时有一二个，有的一个都没有。有一二个的村子，从他们一二个人的发动，可以影响到许多的后知后觉。不过他们只有一二人，不能实际去做调查的工作，一定要靠较多的后知后觉者，跑到农家去调查。一个先知先觉都没有的村子，要是听其自然，他们的改良是没有希望的。我们不能不从权办理，借用一二个外面的先知先觉，暂时作他们的中心。等到他们的后知后觉都已经知觉了，才把借用的外才取消，把调查改良的责任，归还到村民的身上。

不知不觉是指大多数的普通农民，他们根本知识太低，不容易了解社会改良的事情；他们工作太忙，也无暇顾及社会改良的事情，并且他们人数太多，我们也不能一个一个地去开导，使他们都知道、都觉得本村改良的必要，本村调查的需要。为什么要问我们何年何月生的？为什么要问我们何年何月结婚的？为什么要问我们家里的田地多少？为什么要问我们家里的牛羊多少？这些询问的人，不是疯了，便是别有用意。加税？共产？那还了得。不理他！不要让他进来！不要告诉他真话！看他有什么法子加我们的税，共我们的产。这就是一般人民的知，一般人民的觉，他们只能知道、感觉这种的关系，不能知道、不能感觉其他的关系。你有什么法子解释给他们听，教他们相信生出的年月可以作增加寿算的根据，田地的多少可以作增加生产的根据。只要他们不怀疑，相信张甲、李乙不是害人的，肯老老实实回答，就算十分合作了。因为问的话虽然是可疑，问的人却是不可疑，张甲、李乙认识了几十年，祖居了几辈子，大约是不会害人的，放心告诉他罢，给他一个面子！

当然，农村调查的鼓吹是要公开的，是要向大众宣示的，不过在鼓吹的初期，应该注重个人宣传。因为假使当着大众宣传新奇的思想、调查人家的办法，必遭大多数的反对，而不能实现。不如一个一个的接头，使后知后觉的人们都知觉调查的效用，愿意帮助工作。然后向一般的农民宣传，请他们了解，请他们合作。他们虽然不懂这里面的玄妙，但是看见许多领袖都是那么说，都要那样做，也就释去疑团，老老实实告诉我们的底蕴了。当然，假使他们能够完全了解，调查改良工作尤其容易进行。不过农民头脑比较简单，尤其是中国农民，要想他们完全了解，费的力量实在是太大了。我们只求其谅解，不阻挠调查的进行，不留难调查的谈话，肯告诉我们八成九成真话，我们的工作就算成功，我们的鼓吹就算有效了。

四、调查人员的训练和组织

上面已经说过，学理调查，自有经验的学者去担任，用不着我们替他打算。惟有实用的调查，人也没有，钱也没有，真不知怎么样好。其实人是有的，一个村子里有二三百户人家，还怕没有人吗？不过这许多人，一来十分散漫，没有一点团结；二来也不知怎么样去调查。所以有人主张到外面去请一两位调查专家，替我们调查。这当然是一个很好的主张，因为调查专家既有调查知识，又有调查经验，调查起来当然是事半功倍。不过一个二三百户的村子，单请一个专家来调查，连同筹备和整理工作，至少要三四个月光阴，二三百块钱报酬，我们那样穷的农村，当然担负不起，并且调查专家不是本地人民，对于本地情形一点不熟悉，对于本地人民一点不认识，家家户户调查的时候，一定要有许多的困难，正如学理调查一样。事实上还是要本地的领袖，引带他一家一家地去跑。老实讲起来，实用调查所最困难的是设计和整理，家户调查，只要领袖们稍微受一点训练，干起来要比调查专家格外迅速、格外真确。因为本地人本来就知道许多本地的事，要瞒的也不敢瞒，瞒了也很容易发现改正。并且本地的领袖多，调查专家只是一人，一个人调查一个村子当然是很慢，许多人调查一个村子当然是很快，一个调查专家调查二三百户要三四十天，十个本地领袖调查二三百户只要二三天，那节省的时间，节省的经费，就可想而知。

当然，调查的计划和材料的整理不是村民所能胜任的，一定要到外面去请专家来指导。在美国一省有一个农科大学，他们里面有这里的专门人才可以求助，还有不少的社会调查机关，也是十分愿意帮忙的。中国大学有农科的很少，有这样的人才的更少。所以我们中国农村调查，能够找到帮助的地方非常得少。北平文化基金董事会所主办的社会调查部、燕京大学的社会学系、南京的中央大学社会学系和农政科、金陵大学的社会学系和农业经济系、上海的中央研究院社会科学研究所、沪江大学的社会学系，还有其他的学术机关，也许能替我们农村计划和整理一切调查事项，或者可以不收任何种类的费用。我们要明自身利病，做农村调查的朋友，可以写信给这许多地方，一定可以得到满意答复的。

计划和整理，虽然是到外面去求助，实地调查的工作是要我们的后知后觉，我们本地的领袖去执行的。本地的领袖很多，有村长、有族长、有间邻长、有教员，有其他的领袖。比较和农民接近一点的，还是间邻长，所以家家户户的调查，还是以间邻长最为适宜。邻长所管的不过五家，各家的人士、各家的情形久已熟悉，只消略为询问，便可以得着真情。邻长把所查的五家汇交间长，间长细细地校阅一过，看有没有错误，因为间长熟悉附近情形，很容易看出表格的错误。假使他能把可疑的几家，重复调查一遍，结果尤为可靠。间长校正了以后，再一齐汇交村长，村长招集教员、绅士及其他熟悉本地情形的长老，共同研究，去校对里面的错误。这样的办法，只要间邻长了解调查的用意，负责办理，真确的程度是很高的。

不过间邻长对于调查的方法，一点也不懂，不知道怎么询问，也不知道怎么记录。我们从外面请来的专家，必须给他们以相当的训练，使他们了解调查的用意、表格的内容、问题的措词、答案的记录。好在他们和本间、本邻的人民是十分认识的，所以措词上面，不会有什么困难。只要编制表格的时候，语句弄得详细一点，显明一点，一天半天的解释，就可使他们全部了然，没有多大的困难。

调查人员组织，本来也是一个很困难的事情。一个巨大的调查，许多的调查员一定为划分为若干组，五人一组或十人一组而以调查指导员率领之。调查员的成绩，先由指导员校对无讹后，然后送到总办公处去汇齐。调查员有困难的地方，便找这位指导员帮助，指导员也不能解决的困难，便直接到总指导员那里去求助。所以，全体的组织分为内外两部：内部有总办公处，有书记，校对若干人，由总指导员统率；外部有分办公处若干，每处有调查员五人乃至十人，由指导员一人统率。但是我们农村的调查，便用不着那两层的组织，只消有一个办公处，几个调查员便可应用。当然，间邻组织已经编好的地方，可以不用另外组织，只消训练间邻长的调查知识，便可以开始调查。因为社会调查是自治里面一种重要事务，自然是间邻长分内之事。没有间邻长的地方，便要多费一点工夫，去寻找调查人员，去分配调查工作。五家八家互相聚居的地方，像江南一带的农村，可以到每

169

三　农村调查

个小地方找一个自然的领袖，宣传调查的重要，请他帮忙调查那一小块的人家。要是全体村民都聚居在村落里面，像北部和西南各部，村长顶好召集全村的领袖，开一种非正式的会议，讨论调查的问题。开会的时候，能有一个专家到场鼓吹，更容易引起领袖们的信仰，促进调查的工作。假使他们大半赞成的时候，立时可以组织一个调查委员会，推选常务委员三人，委员数人乃至十数人。常务委员是调查事业的中心，筹措经费、聘请专家、分配工作，都是他们的责任。其余的委员，是真正的调查员，看领袖的多少，人民的多少，每人分配十家乃至二十家，二三天的里面便可以调查完竣。分配的时候，或以家族的异同，或以职业的异同，或以邻近的关系，或以亲朋的关系，使调查者对于其所要调查的家庭，多少有一点关系，有一点了解，调查的时候，便不会发生阻难。

五、调查经费的用途和筹措

调查是要花钱的，尤其是学理调查，花钱尤多，不过学理调查有学术机关维持经费，用不着我们来讨论，我们讨论的只是实用调查的经费。调查最大的费用，恐怕就是专家的报酬和报告的刊印，其余表格的印刷、文具的使用是花钱不多的。请一个专家到乡下来视察、设计和整理，在普通二三百家的村子，恐怕至少要一个月的光景；要是请他亲自去调查，至少要有三个月才能竣事。专家一个月的报酬，连同往来的旅费，至少要有一百多元。要是某一个学术机关，能够帮忙指导，不取报酬，可以省掉不少的经费，不过旅费和食宿，是必要供给的。印刷报告的费用，可大可小；用铅印印刷，发行数千份，费用自然浩大，非有几百元不行；用油印印刷，发行几百份，费用便极省，有几十元便够。印刷的份数，至少要比本村的户数多好几倍，才能应各种亲友、各种学术机关以及邻近农村之索取。村民殷富，经费易于筹措的时候，顶好用铅印印成，因为铅印清楚，油印模糊，铅印可多印而油印不能，既有经费为什么不铅印呢！表格的印刷，要是用卡片铅印，也要好几十块钱。在这种小规模的调查，可以用坚韧的洋纸，油印起来便足应用，不必多花几十块钱。连同文具、杂用，恐怕一个二三百户村子的调查，至少要有一二百元的经费。要是自请专家，多印报告以及卡片、表格等等，恐怕要有四五百元的光景才能够用，中国的农村，到哪里去筹措呢！

旁的农村经费，要公摊公出，表示平等的原则，调查经费的筹措，万不可那样固执的。因为一般的农民对于调查的语句，究竟不能完全了解，他们很老老实实地告诉你，已经是十二分的面子，再要他们出钱，恐怕根本就要发生动摇。办一个学校叫农民出几个钱，教育他们的子弟，已经是很难，教他们出钱请人来盘诘自己的家底，他们是绝对不肯干的。这个经费筹措的责任，是完全在先知先觉和后知后觉的领袖们身上。他们既然完全了解调查的重要，愿意出力调查，当然也可以出钱调查，改良工作的时候，再请村民出钱不迟。所以，这许多已知已觉的领袖们，不要因为每人几块钱的负担，便把调查的兴头打消了，以至社会的生活不能改良，经济的生产不能增加。他们要知道这二三元的投资，是值得投资的，将来生产增加，生活改良，都是从这个根本上发生出来的。

三　农村调查

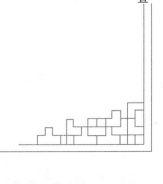

第三章 农村调查的大纲

一、调查大纲的编制

    调查大纲和普通作文时所作的大纲一样，是调查时候的一种指南针。没有他我们便不能编制详尽的表格，不是多了这里，便是少了那里，结果只是一个缺漏不全的调查。所以我们在没有编制表格以前，一定要先有一个很详细、很整齐的大纲，以便按步进行。大纲编制不外两种工作：一种是分析，一种是综合。先把一个题目的因素分得清清楚楚，然后取重异轻，按照因素的等级、先后，合成一个完美的系统。本书因为注重于农村调查，对于农村各种调查大纲，颇备作充分的讨论。至于分析和综合的基本方法，请参看拙著《社会研究法》的第七章。

    分析的时候，一面向宽的方面进行，一面向深的方面进行。宽的分析原理是详，深的分析原理是尽，不详不能四面顾到，不尽不能分析到底，到最后的原素。譬如，我们分析农村社会，第一步是宽的分析，分出历史、地理、人口、家庭、家族、政治、教育、经济、宗教、道德、卫生、娱乐、人情、风俗等等；第二步便往下分析，由经济分农业、工业、商业（农村中亦微有工商业），由农业分农地、农作、农产、农价。由农地再分为耕地面积、农地主权、农地种类、农地等级、农地性质。由农地主权再分为自有、当有、租有。其实只是许多次的继续分析，横面看起来，便是宽的分析，纵面看起来，便是深的分析。

    我们把我们整个的农村社会，或是农村社会的一种现象，像上面所说的分析了一次又是一次，一直到不可分为止。这许多的因素，要是不加以整理，没有等级，没有先后，好像一盘散沙，对于我们调查的进行，不惟不能指引迷途，恐怕还要误入歧途，所以我们不能不有第二步的综合。综合第一个问题是等级问题，综合第二个问题是先后问题。哪些因素应该放在第一级，哪些应该放在第二级，哪些应该放在第三级，第四级……便是我们综合时候的等级问题。哪些因素应该在前，哪些应该在后，便是我们的先后问题。普通说起来，从一个共同根据分出来的许多因素，应该同在一级；政治、经济、教育、宗教……都是生活的一方面，所以他们同级；农业、工业、商业都是职业或企业的种类，所以他们同级；农地、农工、农业资本都是农业生产的因子，所以他们同级；农地大小、主权、种类是农地问题的各面，可以同级；自有、典有、租有，是主权的种类，所以同级。上面举的不过是普通原理，假使有一种特别重要的因素，我们也未尝不可把他提高一级乃至数级。譬如，主权的租有一项，内容复杂，关系重要，可以再分至五六次之多，不能不把他的等级破例提高一点。我们可以把他列在农地一级，也可以把他列在农业一级，也未尝不可以把他同经济、教育列在一级。按照共同根据是常理，按照地位重要是变道，常变参用，才能够得着一个最合理而又最适用的等级排列。

排列先后的原理太多，办理更不容易。因为每次排列，只能遵守一个原理，依了这个，便违了其余的一切。所以你有你的原理，我有我的原理；你有你的排列，我有我的排列。我们可以顺着历史的次序去排列，先过去，次现在，次将来，所以历史常常在前。我们可以从复杂的排到简单的，我们也可以从简单的排到复杂的。我们可以把重要的排在前面，我们也可以把轻小的排在前面。有的时候同等级的因素太多，一个原理不能个个排好，也未尝不可以参用第二种、第三种原理。原理是死的，应用是活的，我们无论如何，要在先后错乱的因素里，寻去一点乃至半点先后的顺序，才能完全我们整个调查大纲的系统，作为以后进行的指南。

二、农村调查大纲

实用调查是调查一个农村的整个现象，四方八面都要顾到，宽了便不会深。并且实用调查，只求一种相当的了解，作为改良的根据，用不着学理调查的那样认真，那样彻底。我们要是把一个农村的各方面，依照学理调查去分解，恐怕我们的结果，要比卜凯教授所作的"农村调查表"，冯锐博士所做的"农村调查大纲"还要多许多。我们这一章里面，怎么样容得下呢？并且学理调查，一个人有一个

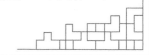

人的见解，一个人有一个人的假设，代拟一个，也是没有用的。我们现在所能做的工作，只是一个普通农村调查大纲，预备在实用调查的时候采用的。至于学理的调查，也不妨略举一两个，作为大纲的例子。下面所载的便是一个普通农村调查大纲。

（一）总纲

（1）村名——解释及来源。

（2）所属——何区、何县、何省。

（3）调查者姓名。

（4）调查年月——何年何月起，何年何月止。

（二）历史的沿革

（1）土著——种族、数目、特性、文化程度。

（2）最初移民——种族、数目、特性、文化程度、来自何处、何时移来、经过若干年、若干代。

（3）移民领袖——数目、姓名、职业、性情、功绩。

（4）移民土著关系——土著降服、土著同化、土著迁让。

（5）历史上大事变、大人物、纪念物、人口增减、贫富盛衰、职业变迁。

（6）其他。

（三）地理的背景（附地图）

（1）面积——东西距离、南北距离、总面积。

（2）地势——山、河、湖、经度、纬度、高度、倾斜度。

（3）气候——温度、湿度、风向、风力、雨量、雪量、霜降、冰雹。

（4）野生动植物——种类、多少、利害关系。

（5）矿物——种类、多少、开采情形。

（6）其他。

（四）人口状况

（1）数量——总数、生产数、死亡数、增加数。

（2）分配——性别、年龄、籍贯、教育、职业、宗教、家族。

（3）残废——疯狂、白痴、盲目、哑巴、聋子、跛子。

（4）婚姻状况——已婚、未婚、孤寡、结婚年龄、结婚率。

（5）迁徙——出入、数目、性质、原因。

（6）其他。

（五）家庭状况

（1）家庭大小——平均人数、最多人数、最少人数。

（2）家庭主权——家长地位、男女、年龄分配。

（3）家庭组织——包含代数、支数。

（4）家庭财产——种类、价值、继承方法。

（5）家庭收支——收入数量来源、支用数量用途、收支关系。

（6）家庭设备——教育设备、交通设备、娱乐设备、卫生设备、光热设备。

（7）家庭佣役——男工、女工、丫头、人数、待遇。

（8）其他。

（六）家族组织

（1）族数——各族姓氏、班次序法、人口比较。

（2）家祠——数目、地点、大小、材料。

（3）族谱——始祖、分支、经过年数、经过代数。

（4）族产——种类、每种数目、管理情形、每年收入。

（5）族长——人数、资格、威权、义务。

（6）祭祀——次数、时期、仪式。

（7）族内小组织——名称、奉何祖先。

（8）族规——礼节、赏罚。

（9）其他社会事业——族学、救助。

（七）经济状况

（1）农地——田地等级、每级亩数、土质土肥、土地主权、耕地面积、各种地价、各种地租、各种地税。

（2）农作物——主要、次要、总产量、每亩产量、总价值、每亩价值。

（3）牲畜——主要、次要、总数量、总价值、每种数量、每种价值。

（4）其他农事——森林面积、种类、水产。

（5）农工——种类、工作、待遇。

（6）金融——机关、种类、利率、期间、合作。

（7）买卖——店铺种类、数目、货物、价格；何处买日用品，何处买贵重物品，何处卖农产。

（8）交通——孔道、工具、费用。

（9）手工——种类、出产、销售、价值。

（10）度量衡制——本地亩、升、斤合标准亩、升、斤。

（11）币制——每元铜元若干枚，与上海或他都市比较。

（12）其他。

（八）政治状况

（1）村长——姓名、年龄、资格、职权、报酬、产生方法。

（2）村公所——组织、设备、经费、事务。

（3）公安——巡士名额、武器、待遇、工作、消防。

（4）保卫——团丁名额、武器、组织、待遇、工作、招集方法。

（5）党部——等级、组织、事业、经费、党员人数。

（6）农民协会——等级、组织、事业、经费、会员人数。

（7）赋税——国税、省税、地方税、附加税、每亩税额。

（8）其他。

（九）教育状况

（1）学校——数目、性质、建筑、设备、经费。

（2）学生——数目、男女、年龄、分级、占全村学龄儿童百分数。

（3）教师——每校数目、性别、年龄、籍贯、资格、职务、待遇。

（4）课程——种类、每种时数、分配组合。

（5）文盲——数目、年龄比较、男女比较。

（6）社会教育——图书室、展览、演讲、平民学校。

（7）在外学生——数目、男女、学级、科目。

（8）其他。

（十）宗教状况

（1）庙宇——数目、性质、所供神祇、僧尼人数、香火盛衰。

（2）耶稣教——教堂、牧师、教徒、查经班。

（3）回教——清真寺、教长、回民、学经。

（4）家庭宗教——祖先崇拜。

（5）其他迷信。

（十一）道德情形

（1）娼妓——数目、等级、籍贯、社会态度。

（2）奸通——数目、关系、社会态度。

（3）赌博——种类、普遍程度、输赢大小、社会态度。

（4）鸦片——吸食人数、贩卖人数、烟禁。

（5）盗匪——抢窃次数、损失、盗匪来源。

（6）其他。

（十二）卫生状况

（1）医生——数目、训练。

（2）药店——数目、性质。

（3）产婆——数目、训练。

（4）传染病——近三年重大传染病名称、防除、死亡。

（5）卫生设备——饮水保护、阴沟制度、垃圾处置、厕所管理、厩舍管理、蚊蝇防除、食品保护、厨房清洁、浴室设备、个人卫生。

（6）本地最盛行之疾病。

（十三）娱乐状况

（1）音乐——歌谣、盛行乐器、留声机器。

（2）村戏——何时、何故、班子、经费。

（3）游戏——球戏、象棋、围棋。

（4）文学——诗、歌、词、赋。

（5）字画欣赏。

（6）名胜、古迹。

三、农村自治调查大纲

上面所举的一个例子，是一个农村的普通调查，农村里面的各种生活，都稍为注意而不十分详尽。因为普通调查顾虑的方面太多，所以不能对于哪一方特别注意，更不能方方注意。并且普通调查是为实用的目的、为改良农村而作的，也不用那样的详尽。下面所举的，是几个特殊的调查，目光只注在一个东西上面，应该详细地去分析，才能得到充分的材料，推求精细的学理。这一节的大纲，便是一个农村自治调查大纲。

（一）村名①——命名用意，各种用意村数及百分比

（二）面积

（1）总面积——一方里、二方里、三方里、四方里、五方里、六

---

① 照立法院的规定，村制已经改为乡制，恐怕有人误会，所以仍用旧名。

方里、七方里、八方里、九方里、十方里、十方里以上者各若干村，
百分比。

（2）东西距——一里、二里、三里、四里、五里、五里以上者各若
干村，百分比。

（3）南北距——一里、二里、三里、四里、五里、五里以上者各若
干村，百分比。

（4）密度——每方里一百人、二百人、三百人、四百人、五百人、
六百人、七百人、八百人、九百人、一千人、千人以上者各若干村，百
分比。

（三）户口

（1）口数——二百、三百、四百、五百、六百、七百、八百、九百、
千、千二百五十、千五百、千七百五十、二千、二千五百、三千、三千
五百、四千、四千以上者各若干村，百分比。

（2）户数——五十、百户、二百、三百、四百、五百、六百、七百、
八百、九百、千户、千户以上者各若干村，百分比。

（3）壮丁数[1]——百人、二百、三百、四百、五百、六百、七百、
八百、九百、千人、千人以上者各若干村，百分比。

（四）编制

（1）间数——三间、四间、五间、六间、七间、八间、九间、十间、
十一间、十二间、十三间、十四间、十五间、十六间、十七间、十八间、
十九间、二十间、二十间以上者各若干村，百分比。

平均每间邻数三邻、四邻、五邻、六邻、七邻者各若干村，百分比
（拿全村间数去除邻数）。

---

① 农村社会里面，虽然农民占首要地位，但是也未尝没有少数的工商人士。

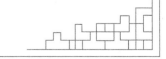

平均每闾户数，二十户、二十一户、二十二户、二十三户、二十四户、二十五户、二十六户、二十七户、二十八户、二十九户、三十户者各若干村，百分比。

（2）邻数——二十邻以下、二十、二十五、三十、三十五、四十、四十五、五十、五十五、六十、六十五、七十、七十五、八十、八十五、九十、九十五、百邻以上者各若干村，百分比。

平均每邻户数，三户、四户、五户、六户、七户、八户者各若干村，百分比。

（3）居住聚散与闾邻编制（此项不容易调查）。

村落（指一小聚落的人民）与闾同大者、与邻同大者、大于闾者、小于闾而大于邻者、小于邻者各若干村，百分比。

（五）村长

（1）年龄——平均年龄二十以下者、二十至二十九、三十至三十九、四十至四十九、五十以上者各若干人，百分比。

（2）籍贯——本村者、本区而非本村者、本县而非本区者各若干人，百分比。

（3）学历——旧式教育者、新式教育者各若干人，百分比。

旧式教育一年者、三年者、五年者、十年者、十年以上者各若干人，百分比。

新式教育小学卒业者、中等学校卒业、大学肄业或卒业者、特殊自治训练者各若干人，百分比。

（4）履历——曾耕地者、曾作工者、曾经商者、曾教书者、曾作官者、作地主者、作绅士者各若干人，百分比。

（5）选任——县委者、民选者、倍选圈定者各若干人，百分比。

（6）任期——一月以内、一月至三月、三月至六月、六月至九月、九月至一年、一年至二年、二年至三年、三年以上者各若干，百分比。

（7）待遇——无报酬者、五元以下者、五元至九元、十元至十四元、十五元至十九元、二十元以上者各若干人，百分比。

（六）村公所

（1）地点——在村心者、在村野者各若干，百分比；在中央者、偏东者、偏南者、偏西者、偏北者各若干人，百分比。

（2）房屋——利用庙宇者、利用学校者、利用私人房屋者各若干，百分比。

（3）成立年限——一年以内者、一年至二年、二年至三年、三年至四年、四年至五年、五年以上者各若干，百分比。

（4）助理人数——无助理者、一人者、二人者、三人者、四人者、五人以上者各若干人，百分比。

（七）经费

（1）数目——每月十元以下者、十元至十四元、十五元至十九元、二十元至二十四元、二十五元至二十九元、三十元以上者各若干，百分比。

（2）来源——自治税、捐款、罚款、公产收入平均各若干元，百分比。

自治税占百分之九十以上者、八十至九十、七十至八十、六十至七十、五十至六十、不及五十者各若干村，百分比。

自治税合并征收者、分别征收者各若干村，百分比。

自治税由村征收者、由区征收者、由县征收者各若干村，百分比。

（3）支配——教育、行政、保卫、公益、卫生、慈善、交通、公产等平均各若干元，百分比。

教育费占百分之九十以上者、八十至九十、七十至八十、六十至七十、五十至六十、不及五十者各若干村，百分比。

行政费占百分之十以下者、十至二十、二十至三十、三十至四十、四十至五十、五十以上者各若干村，百分比。

四、农家调查大纲

农家调查是指全家的各种情形，不是指家里面各个人的各种情形。全家情形调查，我们放在这个地方，个人情形调查，我们放在农民调查里面。下面的便是一个农家调查大纲。

（一）家庭大小

（1）平均大小。

（2）大小中数、大小众数。

（3）大小分配——一人者、二人、三人、四人、五人、六人、七人、八人、九人、十人、十一人、十二人、十三人、十四人、十五人、十六人、十七人、十八人、十九人、二十人以上者各若干家，百分比。

（4）大小标准变异及差误。

（二）家庭主权——家长

（1）家长在家庭之地位——祖、祖母、父、母、长兄、次兄、三兄……各若干家，百分比。

（2）家长年龄——二十以下、二十至三十、三十至四十、四十至五十、五十至六十、六十以上者各若干家，百分比。

（3）家长性别——男家长、女家长各若干家，百分比。

（三）家庭管理——家长实际的管理人

（1）管家在家庭之地位——祖、祖母、父、母、长兄、长嫂、次兄、次嫂……长子、长媳、次子、次媳……长姐、二姐……亲戚、聘请的男管家、聘请的女管家各若干家，百分比。

（2）管事年龄——二十以下、二十至三十、三十至四十、四十至五十、五十至六十、六十以上者各若干家，百分比。

（3）管事性别——男子、女子各若干家，百分比。

（4）管事年数——不及一年、一年、二年、三年、四年、五年至九年、十年至十四年、十五年至十九年、二十年以上者各若干家，百分比。

（5）管事与家长——同为一人、与家长同级、比家长高级、比家长低级者各若干家，百分比。

（四）家庭组织

（1）代数——一家内包含一代者、二代者、三代者、四代者、五代以上者各若干家，百分比（不论男女，皆算一代）。

（2）各代人数——本代、前一代、前二代、前三代、后一代、后二代、后三代、后四代各有若干人，占全体人数百分比。

本代——丈夫、妻子、兄弟、兄弟之妻子、姊妹各若干人，各占本代全体人数百分比。

前一代——父、母、叔伯、婶母、姑母各若干人，各占前一代全体人数百分比。

前二代——祖父、祖母、其他各若干人，百分比。

后一代——未婚子，未婚女，已婚子、媳、侄、侄女、侄媳，其他各若干人，百分比。

后二代——孙、孙女、孙媳、侄孙、侄孙女、其他各若干人，百分比。

后三代——曾孙、曾孙女、其他各若干人，占后三代全体人数百分比。

（3）支数——一家内包含一支者、二支者、三支者、四支者、五支者、六支者……各若干家，百分比。

（4）支派种类——仅有本支者、有同父各支者、有同祖各支者、有同曾祖各支者各若干家，百分比。

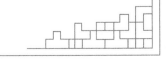

（五）家庭财产

（1）财产价值——全体平均、有财产者平均、负债者、毫无财产者、百元以下者、百元至二百元、二百至三百、三百至四百、四百至五百、五百至七百五十、七百五十至千、千至千五百、千五百至二千，二千至三千、三千至五千、五千至一万、一万至二万、二万至三万、三万至五万、五万至十万、十万以上各若干家，百分比。

（2）财产种类——仅有田产者、仅有房产者、仅有生意者、有田产房屋者、有田产生意者、有房产生意者、三种皆有者各若干家，百分比。

田产价值、地产价值、生意价值、其他财产价值各共若干，占全体价值百分数。

（六）家庭收支

（1）收入数量（每年）——平均数量，百元以下者、百元至二百、二百至三百、三百至五百、五百至七百五十、七百五十至千元、千元至千五百、千五百至二千、二千至三千、三千至五千、五千以上者各若干家，百分比。

（2）收入来源——农产收入、手工收入、佣工收入、生意收入、其他收入各共若干元，各占全体百分数。

（3）收入人数——全家仅一人有收入（帮助农作者，应得一部分报酬，亦算入有收入）、二人有收入、三人有收入、四人有收入、五人以上有收入，百分比。

（4）支出数量（每年全家）——平均数量百元以下者、百元至二百、二百至三百、三百至五百、五百至七百五十、七百五十至千元、千元至千五百，千五百至二千、二千至三千、三千至五千、五千以上者各若干家，百分比。

（5）支出分配——衣服、食物、房屋、家庭杂用、教育、生产、纳税、宗教、社会、卫生、娱乐、储蓄或保险各若干元，百分比。

（6）收支关系——收支相抵者、不足百元者、二百至三百、三百至五百、五百至七百五十、七百五十至千元、千元至千五百元、千五百元至二千、二千至三千、三千以上者；有余百元者、百元至二百、二百至三百、三百至五百、五百至七百五十、七百五十至千元、千元至千五百、千五百至二千、二千至三千、三千元以上者各若干家，百分比。

（七）家庭设备

（1）教育设备——有月报者、有杂志者、有书籍者各若干家，占全体家数百分率。

（2）音乐设备——有中国乐器者、有外国乐器者、有中国乐书者、有外国乐书者各若干家，百分比。

（3）交通设备——有轿者、有驴马者、有大车者、有手车者、有脚踏车者、有船者各若干家，百分比。

（4）光热设备——有玻璃灯者、有洋炉者各若干家，百分比。

（八）家庭佣役——有佣役者、无佣役者数目，百分比

（1）性别——男工、女工数目，百分比。

（2）性质——农工、家工数目，百分比。

（3）时期——长工、短工数目，百分比。

（4）待遇——男工平均、女工平均、农工平均、家工平均、长工平均、短工平均、工价（供给膳宿者，另加相当之膳宿费）。

五、农场调查大纲

农场是农业生产的一个单位，内容十分复杂，所以调查的时候，最感困难。本大纲是预备研究一个农场内部各种因子和组织，对于某一个因子的研究，当然不能十分详尽。要想作更详尽的研究，一定要把题目弄得更小，单去研究农业土

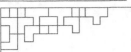

地，或深一步去研究农业土地的一部分——譬如租佃问题或是地税问题。本大纲只限一个农场里面显著的事项，下面便是大纲的本身。

（一）农场资本

（1）资本数量——平均数量百元以下者、百元至二百、二百至三百、三百至五百、五百至七百五十、七百五十至千元、千元至千五百、千五百至二千、二千至三千、三千至五千、五千至一万、一万元以上者各若干场，百分比。

（2）资本来源——祖遗、积蓄、借用各共若干元，百分比。

（二）农场土地

（1）耕地种类——田、地各若干亩，百分比。

（2）耕地等级——上等、中等、下等各若干亩，百分比。

（3）耕地大小——平均亩数五亩以下者、五至九、十至十四、十五至十九、二十至二十九、三十至四十九、五十至七十四、七十五至九十九、百亩至百四十九、百五十至百九十九、二百至二百九十九、三百至四百九十九、五百以上者各若干场，百分比。

（4）耕地主权——自有地、典有地、租有地各若干亩，百分比。

（5）耕地聚散——在一处者、在一方里以内者、在四方里以内者、在九方里以内者、在十六方里以内者、在二十五方里以内者、在二十五方里以外者各若干场，百分比。

（6）耕地距离家宅——在一处者、在半里以内者、一里以内者、二里以内者、三里以内者、四里以内者、五里以内者、五里以外者各若干场，百分比。

（7）耕地价值——平均每亩价值、田价平均、地价平均、上田平均、中田平均、下田平均。

（8）耕地租金——平均每亩租金、田租平均、地租平均、上田平均、中田平均、下田平均。

（三）农作物

（1）种类——各种作物亩数，百分比，先后次序，春秋季比较。

（2）产量——各种作物每亩产量。

（3）价值——各种作物每亩价值，比较。

（四）牲畜

（1）种类——每种数目，比较，先后次序。

（2）价值——每种总价值，比较。

（五）农具

（1）种类——每种数目，比较。

（2）价值——每种总价值，比较。

（六）农工

（1）种类——年工、季工、月工、日工各若干人，各若干工（皆以日计工）男工、女工各若干人，百分比；童工若干人，百分比。

（2）待遇——年工每年平均、季工月工每月平均、日工每日平均、男工平均、女工平均、童工平均。

（3）工作时间——每日八小时、九小时、十小时、十一小时、十二小时、十二小时以上各若干人；春季平均、夏季平均、秋季平均、冬季平均；耕地时平均、下种时平均、中耕时平均、收获时平均。

（七）农场盈利（除去地租、人工、资本利率及其他生产费用）

（1）数量——全体平均、有利农场平均、亏本者、保本者、赢利百元以下者、百元至二百、二百至三百、三百至五百、五百至七百五十、七百五十至千元、千元以上者各若干场，百分比。

（2）赢利与资本——赢利不及资本百分之一者，百分之一者、百分之二、百分之三、百分之四、百分之五、百分之六、百分之七、百分之八、百分之九、百分之十以上者各若干场，百分比。

六、农民调查大纲

农民是农村社会的根本，农民的多少、农民的情形，应该有一个详确的了解。在我们中国农村普通的人口调查，只注意到人口数量，男女和壮丁；虽然有的时候也调查年龄和教育，但是还嫌简陋。本大纲是注意在农民身上，注意研究农民的各种情形，比较普通的调查，虽然是要详细一点，但是比起真正的学理调查，还有许多不全的地方。下面便是一个农民的调查大纲。

（一）农民数量（拿一个农村作单位）

（1）全村人数。

（2）人口密度（拿全村面积去除全村人数）。

（3）生出人数，生产率。

（4）死亡人数，死亡率，婴孩死亡率。

（5）迁入人数，迁出人数。

（6）增减人数，增减率。

（7）旅外人数，占全体百分数。

（二）农民性别

（1）男子口数，百分比；留乡男子口数，百分比。

（2）女子口数，百分比；留乡女子口数，百分比。

（三）农民年龄

年龄分配——〇至四、五至九、十至十四、十五至十九、二十至二十四、二十五至二十九、三十至三十四、三十五至三十九、四十至四十四、四十五至四十九、五十至五十四、五十五至五十九、六十至六十四、六十五至六十九、七十至七十四、七十五至七十九、八十以上者男各若干人，百分比；女各若干人，百分比；共各若干人，百分比。

幼年（〇至十四岁）、壮年（十五至四十四）、老年（四十五以上）各若干人，百分比。

一岁以下婴孩若干人。学龄儿童（六至十二）若干人；十岁以上若干人（十岁以上不认字者，谓之文盲）；十六岁以上者若干人（十六岁以上方能结婚，谓之可婚年龄，十六岁以上方能工作，谓之工作年龄）；二十岁以上者若干人（二十岁以上方有公民权）。

（四）农民教育

（1）十岁以上识字者若干人，占十岁以上人口全体百分数；男子识字者若干人，占十岁以上男子全体百分数；女子识字者若干人，占十岁以上女子全体百分数。

（2）全体识字农民内，受新式教育者、受旧式教育者、未曾受过正式教育者各若干人，百分比。

（3）全体受新式教育农民内，小学程度者、中学程度者、大学程度者各若干人，百分比。

（4）全体受旧式教育农民内，一年教育者、二年者、三年者、四年者、五年者、六年者、七年者、八年者、九年者、十年以上教育者各若干人，百分比。

（5）现在旅外学生数目、年级、科目。

（五）农民宗教（十六岁以下人口不计及，因无信教自主）

（1）有宗教信仰者、无宗教信仰者各若干人，百分比。
（2）有宗教信仰者每种若干人，百分比。

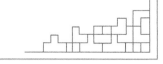

（六）农民职业（十六岁以下人口不计，因未达工作年龄）

（1）有职业者、无职业者各若干，百分比。

（2）有职业者各种职业若干，百分比。

（3）十六岁以下人口有职业者（童工）若干，年龄分配。

（七）农民籍贯

（1）本村——世居、十年以上、五年以上、三年以上家居或有产业者各若干，占农民总数百分比。

（2）本区（本村除外）共若干，占全体百分比。

（3）本县（本区除外）共若干，占全体百分比。

（4）本省（本县除外）共若干，占全体百分比。

（5）外省共若干，占全体百分比。

（八）农民婚姻（十六岁以下未达可婚年龄，不计入）

（1）已婚、未婚各若干，百分比；已婚、未婚男子各若干，百分比；已婚、未婚女子各若干，百分比。

（2）已婚农民对方存在者、对方不存在者各若干，百分比。

（3）已婚农民对方存在者初婚、再婚、三婚各若干，百分比。

（4）已婚农民男方不在者（寡），女方不在者（鳏）各若干，百分比。

（5）未婚农民已订婚者、未订婚者各若干，百分比；已订未婚男子各若干，百分比；已订未订女子各若干，百分比。

（6）本年内结婚人数、结婚率。

（7）平均结婚年龄，男平均结婚年龄、女平均结婚年龄。

（九）农民废疾

（1）精神病——疯狂及白痴各若干。

（2）身体残疾——各种残疾人数。

（十）农民迁徙

（1）迁入人数、迁出人数、增减人数。

（2）全家迁徙、个人迁徙各若干人。

（3）迁徙至或由本区、本县（本区除外）、本省（本县除外）、外省、外国各若干人，百分比。

（4）迁徙至或由乡村、城市各若干人，百分比。

（5）迁徙原因——经济、政治、教育、娱乐、其他各若干人，百分比。

本大纲虽然是专为农民计划，但是少数的工人和商人，也不能丢掉不算，所以也勉强算在里面。

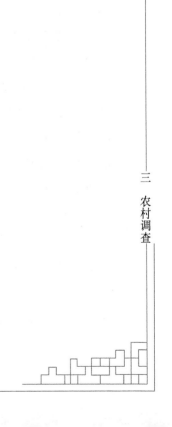

第四章　农村调查的表格

一、调查表格的功用

表格不惟是社会调查最重要的工具，并且是一切社会事业记录的工具，哪一个学校、哪一个机关、哪一家店铺，不用几种乃至几十百种表格。他仿佛是天文学者的望远镜，生物学者的显微镜，什么社会现象都可以用这个工具去考察、去分析，得到详细精微的结果。他不惟可利用以观察社会现象，像望远镜、显微镜一样，并且可用以记录社会现象，像摄影师的照相机一样。真正地讲起来，他没有观察的功用，只有记录的功用，因为观察的是人，记录的才是表格。不过肉眼凡胎的人，得了表格的帮助，可以把社会现象分得更精密一点，详细一点，所以表格虽然没有观察的能力，而可以帮助人们的观察。

上面所说的表格功用，只是一种普遍的说法、抽象的说法。要是我们用分析的方法，去研究表格的功用，我们至少可以找出下列的几点：第一是备忘，第二是客观，第三是标准，第四是缩短。人们的记性，虽然是比牛马来得高明，但是还是易于忘记、混杂。假使我们在一个小碟子里面，放下十几样小东西，大家细看一过，然后再默写出来，不知道要弄错多少。调查的时候，假使不带一个备忘录，要问的东西，反倒没有问，要记的东西，反倒没有记，不要问的，不要记的反倒问了、记了。因为社会的事物，实在太多、太乱，顾了这里，便顾不到那里，顾了那里，便顾不到这里，很不容易面面周到。拿我们易乱、易忘的脑子，去记录杂乱、烦（繁）多的社会现象，当时是不会有好结果。假使我们有那样一个调查表，把要问的东西，都印在上面，把要记的东西，都写在上面，我们一点不费心，全体的事实，已经好好了安排在那样了。表格仿佛是我们的一个外脑，比原来的内脑不知要强过多少倍数。

表格的第二个功用是去力求客观的记录，避免主观的成见。一个消息传到一个人的脑子里面，再传给第二个人，一定要脱漏许多，添加许多。第二个人再传到第三个人，又不知脱漏多少、添加多少。传来传去，原来的消息，会完全改变，或竟适得其反。谣言、误会都是那样造成的。因为人类的成见很深，见解不一，他听了以后，先经过他自己主观的解释，然后再传给第二人，第二人听了，又有他主观的解释，几次解释以后，真意便完全改变了。表格的问题，是非常简单，用不着解释，也不能参加解释，是的便是的，不是便不是，一个便是一个，两个便是两个，还有什么成见可以参加，什么主观可以解释？

表格的第三个功用，是供给标准工具，去搜集一定的事实。科学的所以有系统，能创造，就是因为有标准的工具去测量宇宙的现象。社会现象的测量，虽然还没有真正的标准工具发现出来，但是我们所用的表格，是一天近于标准一天，也许不久我们就会有标准的表格出来了。表格的第四个功用是去缩小一切的社会，使社会里面一切的内容和活动，可以容纳在这个小小的表格里面。人家去描写社会、记载社会，要用连篇累牍的文章，我们只消有这个缩写工具便够。他仿佛是一个最短的短手（短手的英文名叫作 Short-hand，普通翻作速记，不过真正的原意是短手），用最短的符号，在最短的时间里面，把社会全部或一部分的现象短写出来。工夫花得很少，记载却是很多，而且十分真确、十分详尽，比普通的短写、速记，还要效率十倍。表格的好处这么大，难道一般的人士，不管懂与不懂，通与不通，都要编制一两个表格，去帮助他们工作的效率。

二、调查表格的种类

表格的样式很多，差不多是一个人一个样子，很不容易分出类别。不过勉强归纳起来，根本上有五种不同的表格：第一是大纲式的表格；第二是问答式的表格；第三是空白式的表格；第四是符号式的表格；第五是图表式的表格。每一种表格，都有他的特性、优点、劣点，都有他相当的地位，我们不能说哪个绝对是好，哪个完全是坏，只能看时间的关系、地域的关系，去选择一个最适用的样式。

第一类的表格，大纲式的表格，是和大纲一样的。他里面包含我们所要知

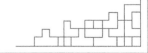

道的东西，十分详细、十分清楚，是我们调查时候绝好的一个指导，尤其在大体的调查，譬如一县农业的调查，这种有系统、有组织的表格最为合用。不过大纲里面所载的东西，只是我们所要的问答，不是社会事实最小的原素。譬如，我们要知道平均结婚年龄、男子结婚年龄、女子结婚年龄、男女结婚年龄比较、夫大于妻的人数、夫大于妻的比例、夫妻同年的人数、夫妻同年的比例、妻大于夫的人数、妻大于夫的比例、夫大于妻的平均年龄、夫大于妻的最大年龄、妻大于夫的平均年龄、妻大于夫的最大年龄、夫妻互大平均年龄比较、最大年龄比较……以及其他的条款，在大纲里面，一定占去不少的位置。不过在普通表格里面，只消何时结婚四字，答案只消两三个数目字，何等清楚，何等简要。原素是简单的，由原素所推算，所配成的事实是要复杂得多。调查表格的目的是求简短、求原素，而大纲连篇累牍，十分繁杂，不能帮助实际问答时候的记录。

第二类表格，问答式的表格。普通叫作问式（Question-ire），才是真正的表格。这种表格是由许多完全的问句组织成功的，语意非常完满，文字非常清楚，所以使用的人也非常得多。尤其是用通信调查的时候，非用这种表格不可。因为调查人和被调查人不相谋面，调查人不能当面解释调查条款的真意，被调查人也不能了解调查条款的真意，调查人又不能了解调查答案的真意，彼此揣度，三番两次以后，便把真意失去了不少。所以两三个字的调查纲目，人家容易误解弄错，绝对不能用在通信调查里面，必定要完全的问句，才能够充分传递要调查的真意。没有经验的调查员，不知道怎样去解释调查纲目，或甚至于误解调查纲目，也应该用这种语句圆满的表格，去补他的所不知，去替他解释一切。普通的实地调查，有经验的调查员亲身去解释一切，便用不着完全的语句，更用不着之乎也者、吗呀等字眼和问句的符号。因为有了他们以后，观看的时候，便没有那样清醒，并且一张表格里面，也放不下许多完满的问句。我们调查表格的一种功用是去缩短，要是处处都用完全的问句，不惟不能缩短，恐怕还要加长。

第三类表格可以叫作空白式。因为每个子目的后面，都预备着相当的空白地位去记载我们所得的答案。这种表格的子目，普通非常简短，只消二三字便够。

空白的地位，也是非常狭小，刚刚能挤下二三字的答案。这样的缩写办法，能够把几十百条子目，排列在一个小小的表格里面，你看是多么简便。因为简便的缘故，用他的人非常得多，可以说是目下最流行的一种表格。不过有利必有弊，简短的反面就是含混；简短是它的长，含混便是它的短。有经验的调查员，胸有成竹，不过借着子目的二三字去提醒他，去帮助他，当然可以应用这种表格，没有什么危险。没有经验的调查员，一定会有时误解，有时疏忽，闹出种种的笑话。尤其是通信调查，绝对不能用这种表格，因为每款都要附加解释，比较完全的问句更要麻烦了。

第四种表格，符号式的表格，是去补救空白式的缺点的。空白式的空白地位，人家可以随便誊写，发生许多不规则、不相干的答案。在符号式的表格里面，一个子目可能的答案，都印在子目的后面，调查员或是被调查人只消把其中的一个作一个符号，便算作他的答案。这是何等肯定的答案！何等简易的工作！不过一个子目的可能答案，他的数目有时多得吓人，有时关系紊乱，不容易排列、排置，甚至于有时竟有想不到的答案，譬如婚姻状况一目，假使研究婚姻状况的时候，我们只注意已婚和未婚两项，那就简单极了。我们只消在婚姻状况子目的后面，注上已婚或未婚四字，要是已婚的人便在婚姻状况的已婚项下作一符号，要是未婚的人便在未婚项下作一符号。不过假使我们的研究，要详细一点，要知道已婚的人是初婚、二婚或是三婚，已婚人的对方是存在或是不存在，不存在的男方（寡）有多少，不存在的女方（鳏）有多少，已婚的人是不是过了可婚的年龄或是没有过可婚的年龄（童婚），已婚的男子有几个妻子，已婚的女子是正室或是侧室，元配或是继配，未婚有多少已经订婚，有多少没有订婚……以及其他许许多多的婚姻状况，那答案的地位未免太多，并且不易排列。有的时候答案的可能性太多，万不能一一枚举，去另加符号。年龄的调查，答案是从几个月到八九十岁，当然不能枚举，只消留出一块空白，预备填两三个字便够。所以符号式的表格，只能用在答案简单的子目后面，答案众多而且不容易误答的，还是以空白式为宜。

最后的一种表格，是图表式的表格。上面的四种表格，都是拿来记录一个社会单位里面的共同事项，一个人、一个家庭、一个乡村或是一个学校。图表式的表格，不是去记录一个社会单位共同的事项，乃是去记录一个社会单位里面各种

195

三

农村调查

份子的相同事项。一个农人是一个最后的单位，没有其他的份子，当然不能使用这种表格。一个农家共有的土地、房屋、器具等等顶好用空白式表格去记录。农家里面个人的事项，如年龄、性别、教育、职业等，彼此相同或是相仿佛的，便可以放在一个图表式的表格里面。因为每个人的事项是相同的，放在一起可以省去许多的重复。譬如年龄一项，在普通一人一张的表格里面，要重复许多次。在图表式的表格里，只消提出一次，全体的答案，都可依序排列在这一个子目后面，用不着一人一次地去重复。因为问句只有一个，所以十分简单；因为答句都排在一列，所以十分整齐，既简单又整齐，还能不算是一种最好的表格呢！不过许多人的答案都排在一列，一种答案所占的地位一定不少，全表内也不过可容十几种答案。不像空白式的表格，一个答案只占一个很小的地位，一个表格里面可以容纳许多种的答案，并且相同单位太多、太少，都不便用图表式的表格。譬如，农村小学的学生，都是相同的单位，论理可以排在一个表格里面。不过一个小学的学生，至少有三四十个，我们要把三四十个学生的姓名、性别、年龄、籍贯、年级、家庭住址、家长姓名、家长职业、家庭经济状况，以及其他事项的答案，通同排在一个表格里面，恐怕是一件不可能的事情。要是单位太少，譬如农村学校的教员，只有一二人或二三人，每次所节省的地位非常有限。一个教员的学校，一点没有节省；两个教员的学校，只能省一次问句；三个教员的学校，也不过省二次。所以图表式的表格，最易于单位不多不少——由三五个至二三十个——的组织，而不适宜于单位太少或是太多的组织。合于这个条件的组织，恐怕只有农家，最少有三四人，最多也不过十几个人。所以家庭里面个人的调查，最好用图表式的表格。家庭共同的事项，以及其他的社会单位、社会组织，最好用空白式的表格。符号式的表格，可参用在空白式的表格里面，去避免含混的答案。通信调查的时候，我们必定要用问答式的表格；大略调查，我们可以利用大纲式的表格。一种表格有一种表格的特性，一种表格有一种表格的用途，我们选择的时候，我们编制的时候，不可不细为辨别。

三、调查表格的材料

一个表格必定印在一种相当的材料上面，质地相当、大小相当、颜色相同，才能够便利调查的进行。材料普通有卡片和纸片两种，各有各的优劣，不能硬说卡片较好，或是纸片较劣。卡片质地坚固，经久耐用，是他的唯一优点。表格填写的时候，已经抚摩了许多次；表格整理的时候，又要翻阅几十百次，非有卡片的坚韧，一定不能抵耐几十百次的使用。卡片不惟坚固，并且坚硬，可以横立起来放在卡片箱子里面。翻阅的时候，真是十分便利。不过卡片的价钱太贵了，比起同大小的纸片来，要贵上好几倍。虽然卡片可以印两面，但是每面的价钱还是很高，并且两面都印，翻阅的时候，也不十分方便。卡片还有一个缺点，就是印刷的时候，不能利用低廉的油印或石印，而必要有高贵的铅印。在大规模的调查，表格多至几千几万，当然非铅印不行；但是小规模的调查，卡片那样贵，铅印又是那样贵，未免太破费了。

纸片同卡片的性质，恰恰相反。卡片坚固而纸片韧弱，卡片昂贵而纸片低廉，卡片可以横立而纸片不能，纸片可以油印、石印而卡片必要铅印，卡片的优点便是纸片的弱点，纸片的优点便是卡片的弱点。在小规模调查的时候，还是以纸片为合宜，因为纸片价廉而可油印，节省经费不少。至于纸片的弱点，也未尝不可以设法挽救。卡片固然坚固，上等的纸片也未尝不坚固。纸片太薄、太软不便誊写，可以放在一块纸板上，或是许多放在一块，也没有什么不便誊写的地方。纸片不能横立起来供我们翻阅，我们可以把许多纸片装订成册，用数钞票的方法和速度去翻阅，恐怕比横立的卡片翻阅尤便。装订了以后，也许不容易移动，可以用活页式的纸片，或是仅用铁夹夹住。从作者个人的经验看起来，纸片没有什么不如卡片的地方，普通的调查可以不怀疑地采用他。

表格的大小，多少也有一点关系。太大了不便于下乡调查时携带，太小了也装不下许多问题和答案。因为便于收藏归类，我们最好利用标准的大小。标准的大小，我们调查表格可以应用的有三种；最小的是三英寸高五英寸宽，中号的是五英寸高八英寸宽，最大的是八英寸半高十一英寸宽。高宽的尺寸，都是以横立卡片为标准，所以宽度总是超过高度。卡片三种都有，纸片却只有中号和大号两种，而尤以大号为普通。最小的卡片，适用于最简单的调查，里面只有几个乃至十几个问题。中号卡片虽然没有小卡片那样方便，但是可以容纳较多的事项，并且也还容易携带和贮藏，所以用得非常普通。大号卡片虽然可以收罗很多的材料，但是太大了不便于携带，并且价值亦十分昂贵，用的非常少。大号纸片可以折起来放在口袋里面，携带自然十分便利，价值也还十分公道，所以事项较多，表格较大的时候，不妨采用大号纸片。普通的习惯，纸片多半是用大号的，卡片多半是用中号的，小号卡片和中号纸片有时还用得着，至于小号纸片便很少使用的。

表格的颜色，普通多半是白的，或是原来的草黄色。因为普通调查的时候，用不着颜色的分别，我们当然选用一个最便宜的颜色。在大规模的调查里面，表面种类很多，而且大小一致，很容易彼此混乱，不能不想一个法子去分别他们。颜色的不同，便是一个最好的方法。用得最多的表格，当然是用本色或是白色，其余的可以随便给他一个颜色或是一个有连带关系的颜色。调查农村的时候，农家调查，当然是用白色。农场调查可以用一种颜色，农村小学调查可以用一种颜色，农村店铺调查又可以用一种颜色。一种调查表格用一种颜色去标识；整理的时候，一望而知，丝毫不会弄错。有的时候表格是一样的，不过被调查的个人或是团体不同，我们也可以用颜色去分别。譬如，调查农家的时候，自耕农用一种颜色，佃农用一种颜色，雇农又是一种颜色。

四、调查表格的编印

表格编制的第一步，就是题目的选择。这个题目的语意要清楚、简短，而且能包括一切的问答。题目的地位，当然在全表上部的中央，一个居高临下的形势。题目以外，还有四样附带的东西，就是表格号数、调查日期、调查人和被调查人（或答复人），也要设法安插。表格号数为的是排列秩序，调查日期等为的是便于对证和复查，都是不可少的。我们可以按照他们的次序，把他们安在表格的四角上；号数在左上角，日期在右上角，答复人在左下角，调查人最后在右下角。这四角的地位非常显明，容易寻觅，并且寻常是空着，可以算是废物利用。有的调查表的上部或是下部可以加一种调查须知（Instructions），里面解释困难的名词、省写的记号和其他重要的指导。这一种附属品，对于有经验的专任调查员可以不必，对于没有经验的自愿调查员倒有不少的帮助。备考是另一种附属品，普通放在表格的后面，去补记我们始料不及的东西。

表格的内外，常常有许多线纹，以分别轻重关系。在最外的线叫作外线，在内部的各种线纹都叫内线。外线有时上下左右都有，所以叫作关边式（closed-side type）或全箱式（complete box type）；有时只有上下二线，没有左右二线，所以叫作开边式（open-side type）或半箱式（semi-box type）。在大纲式或问答式的表格里，甚至于内内外外一根线都不用，也是可以的。空白式和符号式的表格，顶好用一点线纹，去分别内外各部的关系；至于图表式的表格，则非有线纹不行。关边式和开边式的选择，可以纸面的大小为依归，纸面有余可以在左右两边留出一点余地，纸面不足可以不留余地，而利用纸面的边际作为表格的边线。内部的线纹，在空白式或是符号式的表格里面，都可以不用。图表式的表格里面，便应有各种粗细不同、横直不同的内线。重要的作粗线，不重要的作细线；事项作直线去分别，单位作横线去分别。

字体的大小完全是去显示纲、目的关系；纲用较大的字体，目用较小的字体，题目用最大的字体，附注用最小的字体。所以总括起来，一个表格里面，差不多有三四种字体。字体的行间在没有内线的表格里，距离要大一点；在已有内线的表格里，只要不同内线接触，便没有什么关系。子目的中间，只隔一两个字便够。不过在空白式的表格里，还要留出相当的空白，预备答案的誊写。

表格里面的条款自然是愈少愈妙，因为少了便容易得着相当的答复。不过至少要包含大纲里面所需要的各种原素，才能推求大纲里面所需要的各种事实。条款的排列，能照论理的规则依次排列固然是好，要是找不出自然的顺序，大约排列一下也可够用。条款的语句自然要简单、清楚、实在，不要含混、抽象、冗长。要是办得到的时候，问句最好能用是、否或是数目字去回答。大小、好坏等形容词，主观最深，最靠不住，应当极力避免。人家怀疑的问句、人家生气的问句、人家不愿意答复的问句，不要勉强去问，自讨没趣。至少要改换面目，叫人家不觉得讨厌，才能得到答复。有许多问句，他们的答案我们可以预先测知的，可以不必询问。我们所要调查的是事实，不是意见，所以意见也可以不问。当然，研究社会心理的时候，个人意见是应该采纳的。要是尚有余地的时候，我们不妨参加对句，去校对主要答句的正确；或是参加附句，去研究附带的问题。语句构造，在表格编制里面，真是一个困难的工作。第一次的编制，一定有许多不妥的地方，

三
农村调查

我们试用几处以后，便可把不妥的地方寻找出来，加以修改，然后作为正式的表格。

表格既以编定，便可正式付印，预备将来使用。印刷有油印、石印和铅印三种。油印比较便宜而且迅速，最合于小规模的调查。不过油印总不十分清楚，并且一次只能印一二百份。石印比较清楚，份数也可以略多，但是价钱较高，印刷也没有油印那样迅速。铅印不惟十分清楚，并且可以印至几千几万，不过价钱太贵，并论费时太久。然而在大规模的调查里面，一定要用铅印。普通纸片可以用油印或是石印，卡片必须用铅印；卡片可以印两面，纸片只能印一面，也是印刷的时候应当注意的。

五、农村调查表格

上面所说的是普通的原理，告诉我们表格的功用、表格的选择、表格的材料和表格的编印。农村调查到底要用多少表格、何种表格、何种材料、如何编印，都是我们现在要讨论的问题。局部的调查、片面的调查，当然只有一样表格。整个农村的调查，许多农村的调查，便应当有各种不同的表格。最笼统的一种表格，恐怕是农村调查表，里面把许多农村的重要情形，都搜集在一块，作一种大体的研究，这里附带的一个表，便是农村调查表的例子。

号数		普通农村调查表[①]		年　月　日
小地名	村名	庙宇种类		
命名用意		每种数目		
户数	口数	所供神佛		
大数名称		现在状况		
每族户数		四周村庄	名称	
村正副数目	如何产生		户数	
距区公所远近			方向	
店铺性质			距离	

① 本表在燕京大学时，同学张折桂曾用以调查定县一百个村庄。

每种店数		青苗会有无		每亩青钱	
赶集日期	时间	农民协会		会员数	
赶集性质		商民协会		会员数	
何处赶集	距离本村	党部阶级		党员数	
警察人数		兵营		驻兵数	
保卫团人数		医生数		产婆数	
是否加入联庄会		道路			
学校性质	数目	舟车			
教员数	学生数	邮局		电报	
功课性质		备注			
每种钟点					
福音堂	教友人数				
清真寺	回民人数				

答复人　　　　　　调查人

农村里面的各种生活，要是调查的时候，每样都要有一个特殊的调查表，农村教育调查表、农村自治调查表、农村宗教调查表、农村家族调查表、农村卫生调查表……我们这里不能一一举例，暂为援引一个农村自治调查表，用通信方法去调查的，同时表示一种问答式的表格。下面附录的一封信便是一个用通信方法的农村自治调查表。

乡（或镇）长先生：

你们是办理农村自治的，我们是研究农村自治的，我们大家的目的，都是去改良农村。听说贵村自治成绩很好，可惜不能亲来领教。下面有几个问题，请详细告诉我们，我们十分感激。你们有什么困难，请告诉我们，我们一定替你们帮忙。恭祝贵村自治进步

国立中央大学农学院农政科主任　谨启

三　农村调查

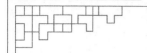

贵村有多少户数？　　　多少口数？　　　多少壮丁？

贵村有多少间数？　　　多少邻数？

贵村面积多大？　　　　东西南北距离多远？

贵村有多少税田？　　　每亩纳税共若干？　自治税若干？

村公所在什么地点？　　是否适中或偏于哪一方？

村公所房屋是不是学校？庙宇？　　　　　私人房屋？

村公所是什么时候成立的？助理多少？　　雇员多少？

先生贵姓大名？　　　　贵庚？　　　　　县委的或是推选的？

哪个学校毕业的？　　　从前作过什么事？

什么时候到任的？　　　有什么报酬？　　每月有多少？

每月经费共有多少？　　哪里来的？　　　怎样用的？

有没有公产？　　　　　有没有收入？　　有没有罚款？捐款？

　　在农村生活的根本，有两三个东西，值得我们详细的调查，一个是农家，一个是农场，一个是农民，所以我们把这三种调查表，也引证在这个地方，作为读者的参考。农家调查表用的是空白式的表格，农场调查表也是用空白式，不过里面加了一点符号式的语句。农民调查表用的是图表式表格，一家的农民，通同排在一个表格上面，省得一个一个地去重复。这三种调查表，都附在本章的最后；他们并不是完善的调查表，作为采用的标本的，乃是试做的调查表，供给读者的参考的。

号数		农家调查表			年　月　日
家长姓名	管家何人	各种生产费用			
		雇工	长工	短工	地租
住址		肥料	种子	农具	
世居或新迁	迁来年数	儿童教育费用		宗教费用	
田产亩数	总价值	社交应酬费用		纳税数目	
房屋亩数	总价值	卫生费用		娱乐费用	
有无生意	资本总额	书籍：新书本数		旧书本数	

其他财产		何种报纸	何种杂志
农产收入	手工收入	乐器	乐书
佣工收入	生意收入	灯器	暖器
其他收入		交通工具	
伙食费用	衣服费用	备注	
房屋费用	家庭杂用		

答复人　　　　　调查人

号数　　　　　农场调查表　　　　年　月　日

场主姓名　住址		农具	种类	件数	总价	种类	件数	总价
资本总值　纯利								
耕地面积：上田　中田　下田　地								
土地主权：自有亩数　租有亩数		家工人数　何人						
每亩价值：上田　中田　下田　地		长工人数　待遇						
每亩租金：上田　中田　下田　地		短工种类　待遇						
田地一处一方里内四方里九方里十六方里廿五方里		工作时间	春季耕地		夏季下种		秋季中耕	冬季收获
田地距家一处半里一里二里三里四里五里								

农作物或牲畜	种类	亩数头数	每亩产量	总价	种类	亩数头数	每亩产量	总价	备注：

答复人　　　　　调查人

号数　　　　　农民调查表　　　　年　月　日

姓名	家中位置	性别	年龄	籍贯	常在何处	新学程度	旧学年数	宗教	职业	月薪	婚姻状况	残疾
	家长											

住址　　　　　答复人　　　　　调查人

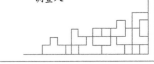

第五章　农村调查的材料

一、调查材料的收集

　　严格地讲起来，上面所讨论的各种调查工作，都是调查的预备，而不是调查的本身。惟有调查材料的收集，亲身到农村里去工作，才是真正的农村调查。一般人脑子里面所有农村调查的见解，也只是如此。不过我们要知道，没有题目、没有地点、没有人才、没有经费、没有大纲、没有表格，叫我们怎样去收集材料。材料收集好了以后，假使不加以校对和整理，调查又有什么意义？所以我们承认，收集材料是一种重要调查工作，但是也不能不顾及其他的各种工作。

　　收集材料的方法有两个；一个是拿眼去看——观察方法，一个是拿嘴去问——谈话方法。我们观察的是真实的东西，我们谈论的只是人们的报告，真确的程度，相差的很远。所以，能用观察方法的时候，我们宁可多费一点工夫去仔细考查，也不要从他人口里去打听。不过社会的现象多半是心理的现象，并且有空间性和时间性，目力所能观察的东西非常有限，我们不能不假助于谈话方法。谈话所得的结果，只是口头的报告，当然十二分的不可靠，不过假使我们能够用种种方法互相印证，也未尝不可得住八九成的真确。譬如，农民调查的性别，当然一目了然，用不着询问；但是年龄、教育、宗教以及其他许多项目，都是要询问的。我们看见一个人，大约可猜出是二十几岁、三十来岁、三十多岁，但是我们到底不知道他是二十几岁或三十几岁。教育也是这样，我们很容易看出这个人受过教育没有，受的是新式教育或是旧式教育，教育的程度大约怎么样？但是我们到底不能十分看准，这是观察方法的弱点。要是用谈话方法，尤其是有经验的调查人，很容易探出被调查人的真实情形。观察方法用处既然这样少，并且很容易实行，用不着特别的注意。惟有谈话方法，是调查里面的一个主要部分，像个例方法的谈话一般重要，所以本章的内容，完全是讨论谈话方法的各面，谈话的人物、谈话的地点、谈话的时候、谈话的方式、谈话的记录等。不过个例方法的谈话，还要比较容易一点。调查谈话所讨论的事项，虽然是比较简单，但是调查的单位太多，每一个单位只能消耗一二点钟的时间，不像个例谈话的可以今天、明天、后天；一次、两次、三次的重复。一二点钟的里面，要把一个调查单位充分了解，得到真实的答案，是何等困难的工作？

二、调查谈话的人物

主要的调查谈话人物只有两个；一个是调查员，一个是被调查人或是答复人。不过这两种主要人物的中间，还要第三种人物居间其中，才能使调查员和答复人发生关系，调查员才能询问答复人，答复人才愿意答复调查人。调查员在这三种人物里面，当然是站在一个重心的地位、发动的地位。调查员高明的——经验多而方法巧，自然会想法子去寻找介绍人，自然会想法子教答复人说出几分真话。他是一个真正的调查人物，只有他真正和答复人接触，和被调查的社会接触，其余的设计员、整理员，都是在那里纸上谈兵，倚赖调查员的实际材料。他顶好是一个男子，年龄在三十左右。女子调查员是非常有用的，尤其是家庭情形的调查，差不多非女子不行。不过农村调查不是女子所能胜任的，一个人在孤寂的农村里面过日子，在一班受过一点新式教育的女子，已是万分难堪，又要东奔西跑，到各处农家去询问，也许人家太忙，也许人家怀疑，也许被人家嘲笑，也许被恶狗赶跑，身体柔弱、神经灵敏的女性朋友，实在不容易立足。年龄太轻的——十几岁或二十来岁的调查员，在"乡党尚齿"的空气里面，不容易得到农民相当的信仰。年龄太大了，思想又嫌陈旧一点，应付的方法没有那样灵动，调查的心理没有那样热烈。不过与其失之太小，不如失之太大，还比较可靠一点。

他当然对于农村社会、农村经济、农村生活，要有相当的了解，尤其是农民的心理，要十分明了，才能够见景生情，随机应变。他自然要有忍耐的精神，不管怎么样困难，怎么样苦恼，总要一而再，再而三地去继续奋斗，一定要达到完美的成功才能停止进行。因为调查的工作，尤其是农村调查的工作，不是一件容易的事件。许多的青年抱着科学的态度，喊着基本工作的口号，高高兴兴到农村

205

三　农村调查

去调查，不到一个、半个月便心灰意懒，不愿意继续进行。旁的工作，做了一天有一天的成绩，唯有调查工作是一个整体，缺了一点便会全部失败，不能成为一个调查。所以无论哪一种调查，不开始办理得已，一旦开始办理，无论如何困难，一定要继续到底。假使一个人以他的工作为重，他的事业为重，他一定可以破除一切的障碍，达到成功的世界。他不惟要有忍耐的精神，而且还要有诚实的精神。有许多的调查员，知道调查事业是不可以半途停止，但是又感觉到进行非常困难，常常用一种取巧的方法，聘请旁人代问，或参加私人的揣想，去避免失败的危险。不知道这个样子的危险比半途失败的危险还大，这个样子的失败，比半途失败的失败还大，因为这种取巧的方法、虚伪的方法，是全体的失败、终身的失败、人格的失败。调查失败一次可以再作第二次，第三次；人格失败了以后，便终身失败，永远不能恢复。所以作调查员的人，假使万一不能继续进行，宁可老实说出进行的困难或失败的原因，不要强不知以为知，侮辱神圣的调查事业，神圣的科学方法。他的口才自然也是要好，又要清楚，又要流畅；一方面教人家充分了解，一方面能自己随机应付，才能算是一个上等的调查员。假使他的言语动人，能够使答复人自然吐露真情，尤其是不可多得。至于本地的情形，当然他能知道更妙，不过调查员都要知道本地的情形，是一件不可能的事实。找一个本地人或附近人去做调查，当然是可能的。不过调查是一门专门工作，调查员是一门专门职业，尤其是富有经验的调查员，我们更要充分利用。专门作实地调查，一年至少可以作三四个，十年以内可以作三四十个，难道三四十个农村调查都在他的本村和邻村？

要调查的农村有许多，一个人知道的农村却是非常有限，所以，知道本地情形是一件顶好的事情，不过也是一件不可能的事情。像上面所说的这种调查员，真正是不容易寻找。实用调查的时候，实地调查完全利用本地人士，恐怕是一个也找不出；学理调查可以聘请专才，当然是比较容易寻找一点。不过，实用调查也用不着那种上等的调查员。因为他们都是本地人，对于本地情形已经有充分的了解，本地人士有相当的友谊，当然容易进行，用不着充分的预备，优美的口才、忍耐的精神……只消有一位专家，给他们二三天的训练，教他们了解调查的重要、调查的性质、调查项目、调查单位、调查名词的解释，他们便可以向农民宣传，向农民询问，完成一村的调查。假使先叫他们试查几次，亲身经验许多的困难，再彼此互相讨论，更可以增长他们的调查经验。

答复人这个问题，虽然没有调查员那样重要，但是十分复杂，不容易分析。譬如，一个农家调查，还是问家长好呢？家长的妻子好呢？老年人好呢？儿童好呢？家长对于一家的事情，知道最多，了解最深，能给我们一个全盘的答复。不过家长往往太忙，并且常常不在家里，不容易找住。他是一个全家负责的人，对于重大的问题，往往不愿轻于泄露。不像其他的家人，不知道事情的轻重，容易吐露出来。家长的妻子对于家里面的事情常常比家长知道的详细，并且时常在家，可以随时询问。不过女人的胆子较小，有许多事情，没有经过她丈夫的许可，往往不敢发表，并且女人的猜疑心比男人要利害，她不知你调查的动机，她不相信你自己的解释，你又有什么法子询问呢！老年人喜欢谈话，合了他的"脾胃"，往往"翻箱倒柜"，无所不说。儿童心胸坦白，只要他知道的事情，没有不高兴告诉你的。不过老者和儿童往往不与闻家庭重大事件，他们所有的知识，只是家庭里面最显著的一部分，并且他们言论的自由，常常受家长的影响，不能任意发表。其他旁的调查，答复人也须十分斟酌。全村的调查，是问村长好？村长助手好？村民领袖好？村民自身好？调查一个机关，是问主席或会长好？书记或干事好？会员自身好？我们不能一定说哪一种人好，因为地域的不同、时间的不同、组织的不同、调查的不同，最适宜的答复人，常常不同。不过有几个原理，我们可以参考办理。我们需要的答复人，是对于某种情形知道最多的，最为进步，容易了解调查的用意，愿意答复真确的、事实的，并且工夫较闲，可以牺牲一两个钟头去同调查员闲谈的。在通常情形的下面，村长、会长、家长以及其他负责的人士，是我们适宜的答复人。假使他们不在，或是太忙，或是不肯说话，我们便应当随机应变，去询问其他的相当人士。

介绍人在实用调查里面，是绝对的不需用；在学理调查里面，却是绝对的需用。因为作实用调查的人们，多半是本地人，对于本地人士，都已经十分熟识，用不着什么介绍。学理调查多半是外面来的一位专家，对于本地人士，一点没有关系，所以一定要有人从中介绍。介绍的方法有两种：一种是团体介绍；一种是个别介绍。团体介绍的介绍人，一定要本村的村长或是著名的领袖代为招集本村

的人民，说明调查员的履历、目的和调查的功用及使用，使人人都了解调查，认识调查员。个别介绍又分二种：一种是朋友介绍；一种是转相介绍。朋友介绍，调查员必定经其他朋友的介绍，认识一位比较开通的村民作为朋友，或是费下一二个月的工夫，结识一位比较开通的村民作为朋友。在村里有了一位朋友，肯出力帮助，自然可以带到农民家里去细细调查。转转介绍就是请第一个答复人介绍其他的农民，其他的农民又介绍其他的农民，这样转转介绍，大约每家都可以得住相当的介绍。不过答复人的介绍没有朋友介绍那样可靠，因为答复人和调查员的关系太浅，答复了你已经给了面子，又要介绍你去麻烦旁的亲友，岂不是更加为难。至于自己介绍自己的方法，是十分困难，一定要用极动听的言语、极诚恳的态度，才能使农民相信你，答复你，不然，没有不失败的。初出马的生手，千万不可采用这种介绍的方法。

三、调查谈话的地点和时间

调查的时候，谈话的地点和时间，都有很重大的关系。不得其地，不得其时，往往不能得到相当的答复。调查的地点，当然不是调查员的住所，因为调查的事情是我们请求农民，不是农民请求我们，所以我们要到农民那里去，不要农民到我们这里来。农民所在的地方，也是很多，有时在他的家里，有时在他的地里，有时在市镇上买卖，有时在公共场所游息，有时在朋友家里玩耍。后面的三种地方，当然农民不愿吐露他的家底，他也没有充分的工夫和调查员周旋。不过，作为一种预备的调查或介绍的工作，却是极佳。因为在这些场所，农民的心胸比较要开阔一点，可以大家随便谈谈。有了这一次之缘和无心吐露的语句，便可以到他家去细细询问。地里也不是一个好问话的地方，因为农民在那里忙于工作，自然不愿意和你闲谈。要是单讨论工作的情形，或者触景生情，可以得到许多的事实。因为他正在那里工作，你也正看着他工作，他当然不便随便乱说，总得说去八九成的实话。工作休息的时候，是一个很好谈话的机会，不过每人都要等到工作休息的时候才去谈话，不知道要等多少工夫，一天里面也不过能碰上两三个这样的机会。最好的地方，当然是农民的家里，他比较的不忙，他不知道的可以询问他的妻子或旁的家人。不过一个家里的人，意见不一，丈夫要告诉你，也许妻子不许，妻子要告诉你，也许丈夫不许，丈夫、妻子都可告诉你，也许老人家不许。只要全家里面，有一个人反对，谈话的机会就会丧失。并且一个人在家庭里面，便重视家庭的利益，所以对于家庭的情形，不敢轻于告人。我们也很难说什么地方是很好谈话的地方，不过我们知道很好谈话的地方是比较闲暇、比较放心、比较容易得佳材料的地方。家庭的事情，自然是家里好；耕作的事情，地里未尝不好；公共的事情，恐怕还是公共机关要好一点。

　　谈话的时候和谈话的地点有许多连带的关系。在地里工作的时候，当然不是一个很好谈话的时候；在家里休息的时候，比较是要好谈话一点；玩得正高兴的时候，谁耐烦去答复你几岁、几个儿子、几亩地！农忙的时候，一天作了十几个点钟的工作，回到家里来，休息都来不及，谁又高兴来同你闲谈？所以顶好谈话的时候是农闲的时候。农民在家里没有多少事做，并且很觉得枯寂，有一个人来谈一回天，也是欢迎的。不过农闲的时候，多半是在冬季寒冷的时候，调查员比较要辛苦一点。过年、过节的时候，好像是闲暇一点，可以找他们去谈话，其实不然，年节的时候，只能说说吉利的套话，有许多的问句，是不便询问的，尤其是死亡、疾病的事情，问了以后恐怕要被赶出大门的。关于一天的时候，不可太早，也不可太晚，早晨多少有一点事情做，并且不能说不吉利的话，晚上睡得很早，并且也不方便。大约每天上午九十点钟可以出发，下午四五点钟便要回家，除了吃饭走路以外，每天至多只能询问五六家，便算成绩不错。

四、调查谈话的方式

　　谈话的口才，差不多有一点天赋，虽然也可以训练，但是不可以文字或言语传授的。我们现在所能讨论的只是大体的方式，至于真正的运用，一定要调查员即景生情，临机应变，才能够得到真实的答复。无论如何，谈话的开始，不可直接询问，一定要提出一二个合于答复人的题目，作为谈话的资料，去引起答复人的谈锋（谈话的兴致）。当地现在最流行的谈话资料，应当特别注意，随时采用，以合一时的潮流。不管他是本地小事，或是国家大事，只要当地人个个愿意谈，愿意听的，便可以引起答复人的兴致。答复人本行的问题，答复人一定有重大的兴趣，讨论起来也可以增加趣味。不过农业的种类那么多，农业的问题那么杂，

一个调查员要想样样知道，样样都能同农民扳谈，实在是一件不容易的事情，好在一个村子里面的农业问题，是大同小异的。调查员在没有开始调查谈话以前，应当对于本地农业情形、农业问题加以考查，暗地作一点相当的预备，临时便有话可说，并且能得农民的信仰。谈话的开端，最主要的目的便是引起农民的兴趣，获得农民的信仰。讨论他们生活的困难或是全村的问题，并且给他们以相当的指导，也很容易获得他们的信仰，引起农民的兴趣。有许多调查员，往往答应农民许多事情，答应替他们作这个，替他们作那个，骗着农民告诉我们，结果以一去了之。这种办法，一来丧失调查员的信用，二来也只能施用一次，以后有人再想作一点调查，便永远不能得到农民的信仰了。所以我们要留心，不要随便答应他们什么事情，答应了以后，便要去实行，万一不能实行的时候，也要亲身去或写信去告诉他们不能实行的理由并表示歉意。

得到相当同情或信仰以后，便可开始询问。询问的方式普通有两个：一个是直接询问；一个是间接询问。直接询问是老老实实告诉农民我们调查的目标、我们调查的用意，请他们也老老实实回答我们。所以直接询问法，只能用于比较开通、可以理解的农民，并且询问的语句，也不能过于难堪或重大，不然开通的人也是不告诉你的。要是我们觉得这个人有一点顽固，没有希望同他讲得清楚，或是有许多问句是人家不愿意答复的，我们便可以采用间接的方式。间接谈话是不采用问答形式，从普通的谈话里面，不知不觉地把真情探讨出来。所以直接谈话可以爽直，间接谈话必要圆通；直接谈话比较快而间接谈话比较慢；直接谈话答案肯定而间接谈话近于揣度，容易误解。在普通的时候，在可能的范围里面，我们必须先去试用直接谈话。必定在万不得已的时候，才运用困难的间接谈话。

直接谈话的手续十分简单，在得了农民的同情和信仰以后，便可正式说明我们的来意。我们为什么要调查，调查在学理上、在实用上又有什么好处？当然，解释的时候要用极诚恳的态度、极庄重的言语，使农民敬服。然后逐句解释，有什么用意，怎么样回答，请他们毫不思索地回答。每句的中间，如能参加旁的有趣的言语，或事实的例证，尤其可以使农民忘记他在那里吐露他的家底，人家在那里打听他的隐情。

间接谈话，便没有那样痛快了。得一个答案，一定左转弯，右转弯，东说西说地把农民引到这一点来，使他不能不说话，不能不说实话。当然，开始谈话的时候，我们不拘问题的先后，只看现在谈话的趋势，引到最近的一个问题上面去。不过到了最后二三个问题，我们一定费尽方法，才能把他们引上去。总而言之，我们不能勉强询问，教农民发现我们的用意，而停止谈话。一定要顺着谈话的自然趋势，去因势利导。我们谈话的时候，要万分留意农民话里的线索，稍为有一点线索，我们便要沿着前进，达到我们的目的。农民随便乱说，或有意增减的话，我们要留心觉察，参证他的神色，以及前后的语意，不要为他们所骗。我们自己有时可以故意乱说，教他自动地来改正，在改正的里面，便可得着真实的回答。这个样子去探讨，一二点钟里面，也不过可以得着十来个答案。所以用间接谈话的方法的时候，问句一定要十分简单，不可过于复杂。万一不能完全成功的时候，可以停止询问，而另外说一点客气的话，以留下次再来的地步。即便完全成功，也应该留出再来的地步，以备重查或校对错误之用。假使调查的时候，能有两个人同出，可说的话要多一点，能寻到的线索也要多一点，对于农民回答的了解和记忆，也是要真确许多。

五、调查材料的记录和校对

从谈话里面所得来的材料，一定要记录在我们的表格上，才不致紊乱，才不致遗忘。记录的时候，当然是以当面记录为准确。因为说话以后马上就作记录，不会有何等的差误。假使过了一两个钟头，再从我们的脑海里面回忆起来，难保没有遗忘，或参加己意。不过当面记录，只有直接谈话才可能，间接谈话是不可能的。间接谈话为的是避免农民猜疑，我们现在当面记录，岂不是明明使他们怀疑吗？不过问题太多了的时候，一件件地记在脑子里面，再回家或是到没人的地方去记录，是一件很困难而且很危险的事情。脑子里面满装着许多的答案，并且要维持一两点钟的久，消失的脑力实在不少。在这一两点钟的贮藏里面，难免不发生一点变化，遗忘了一点，误解了一点，甚至于把真相都抹煞了。所以不惟为询问起见，问题应当限制；就是为记忆起见，也应当限制。要是有两个人去询问，两个人的脑子可以对证，总不会两个人都一样的错。有的时候一个人正式谈话，其他一人可以随便翻出书本来看，有意无意地记下他们的谈话，其实只要记

农民的答案。要是用速记的符号，农民以为你是在那里没有事干，随便乱画，不知道你还是在那里作重要的记录呢！当然这个样子记录的材料，要经过一番手续，正式填到调查表的里面去，才能完全我们记录的工作。

我们虽然这样细心记录，还不免有脱漏、错误的地方。所以我们还要经过一番校对的手续，去精心考察一番，看有什么脱漏、错误的地方。因为询问和记录的时候，心神都是分散的，只顾一个问题，而不能顾及全体。校对的时候，我们可以放开眼光，去考察全部的问题。当然，大规模的调查，一组调查员的里面，常常有一个比较经验丰富的调查主任，去担任这种校对的工作。小规模的调查，只好由调查员自己在每天夜间校对一下。校对的时候，第一步当然要查出脱漏的地方，并且研究补充的方法。内部互相冲突的地方，也是要设法纠正。语句不清或记录不清的地方，也要斟酌改善，使表格里面材料，可以直接转录到统计图表里面去，作各种计算或分析的工作。不过无论如何，校对人不能增减原来的记录。一定要问清记录人，或是教调查员去重查以后，才能按照新材料去纠正。要是万一不可纠正的答案，宁可把他们涂去，作为不知的一类，比较照原来的错误或是任意增改的靠得住一点。校对了以后，我们便应当转录到一种广泛的统计表里面去，然后再用统计方法去整理他们。不过统计异常复杂，非有一本专书，不能详述，并且是一种独立的方法，也不便附录在调查书籍的后面，我们也就不多说了。

（世界书局，1932 年 11 月四版）

212

四　社会调查

李景汉[*]

序 …………………………………………………………………… 215
第一章　绪论 …………………………………………………… 216
第二章　社会调查的程序与困难 …………………………… 220
第三章　推进社会调查的途径 ……………………………… 225
第四章　全体调查法 ………………………………………… 228
第五章　选样调查法 ………………………………………… 236
第六章　个案调查法 ………………………………………… 245
第七章　其他调查法 ………………………………………… 253
第八章　调查表的编制与访问的技术 ……………………… 260

　　* 李景汉（1895—1986），著名社会学家、社会调查专家；主要从事社会实地的调查与研究；曾任中央财经学院、中国人民大学教授，中国社会学研究会顾问等职；主持了中国首次以县为单位的系统的实地调查，其编著的《定县社会概况调查》堪称中国社会调查的典范。

序

社会调查与统计，现已深为国人所注意。中央训练团党政高级训练班第一期的课目时间预定表内有社会调查一门，原定的时间是十小时，而经团长批改为三十小时，可见总裁是如何的重视这种工作。

本篇的内容是作者在高级训练班演讲时所用讲稿的一部分，为要适合县各级干部人员训练教材起见，在理论方面力求叙述浅显，在方法方面力求实际应用。又为避免印刷困难起见，未多列图示。担任此课者可参看统计专书，在讲授时补充此点。

复次，调查统计，贵在实习。若教师能够领导学员在受训地址的附近从事一些简单的调查，或以家庭为单位，或以村镇为单位，或以专题为调查的范围，都是最好的实地练习。这是作者所希望的。

民国三十三年（1944 年）元旦，李景汉识于复兴关中央训练团

附言：本书系由本会商请李景汉先生编撰，原名《社会调查与统计》，嗣以本会已另有行政统计之编印，因将有关统计部分删去，又以适应各地训练教材之需要，其余各章，亦略有删节，并致歉意（中央训练委员会，三十三年二月）。

第一章　绪　　论

第一节　社会调查的性质

各种科学都可分为两方面，即学理的研究与实际的应用。社会调查亦然，因其一方面可以发现或证实社会学的原理、原则，另一方面又能促进国家建设与社会改造。详言之，即应用的社会调查，系以有系统的方法，实地探索社会事实，说明社会现象的构成要素及其因果关系，并拟具具体方案，以为改进和建设的参考。同时更可以此调查所得的材料与结论，采取适当的宣传方法，唤起民众的注意，使其认识社会改造的必要，以共同促其实现。

调查与研究难于划分，调查的主要任务是在发现事实，研究的主要任务则在说明事实。总之，皆为对于现实社会获得清楚的认识。可是，社会现象异常复杂，若想认识清楚，至不容易，比较可靠的方法，还是从认识其各个构成分子入手。这便是说，我们要认识现实，必须先获得事实，获得的事实愈多，对于现实的认识亦愈广，获得的事实愈真确，对于现实的认识亦愈深刻。故我们首须寻求事实，以作认识现实的张本。

所谓"事实"是实际发生的事情，不是寓言或小说。社会上的各种活动和现象都是事实。如果要问究竟有多少人明了社会现象，或认识了社会事实，这问题便难于回答，同时亦告诉我们事实更不易获得。事实的难得，并不在事实的本身，而是在人类对于事实的认识。事实是确确实实的存在在那里，而我们则每每不易认识其全貌或真相，这一方面是因为我们借以认识事实的各种"器官"，在认识的过程中，多少不免发生错误；另一方面亦因为大部分事实都不能由我们直接接触或得到，而是间接从别人口中或笔下得来的缘故。这样的事实，自然容易失去其本来面目。社会调查的目的，便是要在可能范围内，得到极近似的事实，以求对于现实社会认识到最大的限度。

社会现象是政治、经济、宗教、艺术等等现象的总合，而此等现象又是彼此牵连，彼此影响，且随时都在变化之中。因此，我们要将这样一个复杂的社会全体同时把握住，是不可能的事，只能先把握其中的一部分或一阶段，以使我们的认识逐步趋于扩大。以电影为例，从全体的观点来看，它是动的，但从各个单片来看，它又是静的。合在一起，映演起来，固有意义，而其中的各个单片，亦有其独立的价值。我们对于社会的认识，亦是如此。好比要抓住一串相连的环子，最初只能先抓住其中的一环，然后再抓住其相近的一环，如是逐步推进，可将整串的环子全部抓住。由此可知，我们在进行调查时，一面固须从部分入手，同时仍须着眼于全体，这样才能避免只见树木不见森林的错误。

第二节　社会调查的功用

社会调查的功用甚多，简言之，约有以下五种。

（1）社会调查是建国的基本工作。一个民族要免于严酷的自然淘汰，就不能再混混沌沌地生存下去。时至今日，时代正在强迫我们必须迅速、准确地定出适合国情的计划和清楚的步骤，朝着建国的正确方向迈进。但以我国幅员的广大、人口的众多、社会情形的复杂、国际关系的密切、国人对于建国的主张，不易凭主观的判断来决定，惟有根据大量普遍的客观事实才能证明。只有事实，才是最好的证人和最有力的反驳者；亦只有根据事实所拟订的计划，才能适合于人民的要求。可是，事实是要靠有系统的调查和缜密的研究才可得到的，故实地调查是彻底了解国情的基本工作，亦是达到国家建设的最合理的途径。近年以来，我们终日喊着国家现代化、社会科学化的口号，但是对于现代化的基本条件却渐忽略。现代国家的组织要系统化、行政要科学化，办事要有条理，工作要讲效率。而我们一般的情形仍是散漫、松懈、不认真、不求准确。现代国家无不重视数字的精确，而我们无论关于人口或关于农工商矿等资源，以及人民生活等立国之基本要

四　社会调查

素，从未认真作过有系统的全国普查。关于数的重要，总裁已屡经指示，他说："我们中国一切组织不能完善，一切事业不能成功的最大原因，可以说就是太没有'数'的观念，太不注重'数'的精确。你看一般人讲话，五天不讲五天，六天不讲六天，他要讲'大约五六天'；两个不讲两个，三个不讲三个，他要讲'两三个，三四个'。可以说，中国人普遍的有这种马马虎虎、随随便便、苟且含糊之亡国的习气……我们国家多少大事，都是最初马虎一点，弄到后来百事皆非。如此没有'数'的观念，一切苟且散漫、凌乱不堪的糊涂国家，试问怎样可以生存于现在这个科学昌明、一切事物都精益求精的时代。我们一定要自己切实反省，彻底自新才好，尤其我们军、民、政、教、团、警各界干部特别要随时随地力求一切事物的精确，然后可以完成现代政治与现代国家所必要的一切组织。"（总理遗教第二讲——"政治建设之要义"）

又说："管理之方法，应从调查统计入手，必须确知区内土地、户口、人力、物产、事业种种方面之确数与实况，加以全盘的整理与运用，而后真能做到'人尽其才，地尽其力，物尽其用，货畅其流'的地步。为政之道，可说不外乎此。"

可见，我们若真要变成现代化与科学化的国家，万不能缺少精确的统计数字与种种事实的清楚记录。我们必须积极地推行社会调查工作，奠定科学化的基础，充实现代化的条件。

（2）社会调查可协助改造固有的文化。严格言之，社会调查研究是以整个人类文化为其对象。这里所说的文化是人类所形成的生活方式，是一个民族在其生活各方面活动的结果，也就是他们应付环境的总成绩，它直接或间接地满足人类的需要。文化是一个组织严密的体系，是一个有机整体。深切的社会调查要能在一般数量的搜集外，更进一步在质的方面从事研究文化的功能。我们现在一方面要建立一个富强的国家，一方面还要调整民族文化，建设一个合理的社会。当此新旧交替的转变时期，关心民族前途的人，应该把中国固有的精神、道德观念、风俗习惯、社会制度等作一番有系统的调查，以求认清中国文化的本来面目。一方面由历史入手，一方面更要深入民间，在现实社会里面，埋头探索研究。这样把民族固有的优点、美德和长处，寻找出来，设法保存，并促其发展；同时也把各种劣点、恶习和短处，设法阻其滋蔓，或根本加以删除。总之，我们必须对中国的文化，各种存在的事物，重新估价，但一切判断与结论，均须以能共见、能覆按的事实为根据。我们不能盲目地复古，也不能囫囵吞枣地抄袭。我们要保存我们的长处，同时吸收任何文化的长处，这样来产生中国未来的新文化，建立起合理的新制度。

（3）社会调查可预防社会病态的发生。我国对于各种社会病态，如贫穷、灾祸、犯罪等，多着重事后的救济，而疏于事前的预防。社会调查的功用之一，是使人注意预防胜于救济，并知道如何预防。我们对于一种社会现象调查清楚以往变动的过程和现在的情形，即可约略测知其未来可能发生的程度；亦可设法控制将来现象之发生，消患于无形，防祸于未然。

（4）社会调查可起教育民众的作用。在社会调查完毕之后，若能将调查所得的材料写成通俗的文字，绘成动人的图画，或制成简单的统计图表，以适当的展览方法向民众宣传，使民众明了其本地的人口、物产、土地、政治、司法、教育、卫生、税捐、人民负担、生活程度，以及和其他地方的比较等等，必可增加其常识，提高其公共精神，并可使当地民众对于本乡发生新的兴趣和情感。本地的优点和光荣事迹，可以助长其爱乡的心情，本地的缺点和不良现象，亦可启发其改进的观念。故社会调查含有教育作用，可使人民转变其消极的态度，而关心公共的事业。

（5）社会调查可培养优秀的干部人才。实地调查工作最能养成冷静的头脑，使人多用理智，少用感情，注重事实的分析，不尚空洞的议论，对于无论如何动人的主张或学说，都要观察其与社会实情合与不合。这样养成习惯之后，对于真伪是非自然有鉴别、判断的能力。能看清事实，才能信仰真理，也就能说实话，重实践，立定脚跟，实事求是。这种人才在现在中国最为需要，只有如此，才能脚踏实地，深入民间从事下层工作；亦只有如此，才能接近民众，训练民众，将民众领导起来。

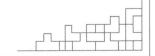

第二章　社会调查的程序与困难

第一节　社会调查的程序

关于普通的社会调查，其进行程序，大致如下。

（1）确定调查目的。在举行任何社会调查时，都得将调查的目的预为确定。究竟是要明了一般的社会状况呢？还是特别注重哪几方面呢？必须先弄明白，然后才能拟具调查的计划。

（2）确定调查范围。调查目的确定之后，即可据以决定调查的范围，其中包括调查区域的大小和所需时间的长短等。既经分别决定，即应依照进行，中途不可轻易变更。

（3）确定调查经费。根据调查的区域、时间和所要达到的精密程度，再来确定调查经费。这里所要注意的，是不可因为出资者的利害关系，而致影响了调查结果的准确性。

（4）编制调查大纲。在实际着手调查以前，尚须邀请有经验的调查者，先在该地作一番初步的考察，注意其自然环境、气候、物产、生活状况、职业种类、文化程度、人口流动，以及地方领袖与长官的态度等，再搜集县志及其他有关的记载，以资参证；然后编制调查大纲，将主要及次要调查项目分别列明。

（5）组织调查团体。调查团体的组织，因情形而异，并无一定的方式。最好由学术团体与地方机关合作，共同组织一调查委员会，其中所需的技术指导人员可由学术团体担任，其他主要人员则由地方长官和士绅担任，这样在进行调查时可望得到各方面的赞助，而不致发生滞碍。

（6）训练调查人员。在选择一般调查员时，应特别注意其能力与态度。理想的调查员应具备以下数项条件，即对事忠实、头脑清楚、观察力强、精细准确、坚忍耐劳、通达人情、说话清白、态度诚恳等。如用考选的方法，可分笔试和口试两种，考取之后，再加训练，训练时期的长短，视调查需要而定。

（7）准备调查用具。调查所需的工具，如调查表、记录簿、统计纸、计算机、照相机、量尺、文具及其他日用物品等，都得事先准备妥当，以免临时张皇。

（8）宣传调查意义。宣传的方法，可分口头、文字与图画等数种，图画宣传最易吸引一般人的注意力，尤其对于不惯听讲和阅读的农民，效用最大。至宣传的程序，则可先向当地的政学界宣传，再向士绅宣传，然后再集合人民，对他们说明调查的意义。除了宣传之外，最好再举办一二种与民众有实际利益的事情，如介绍优良种子和家畜或低利贷款等，如此收效更宏。

（9）练习填写表格。在我国社会，对于填表一事，不能看得太容易。各调查员都得从事实地练习，试填各种表格数张，经指导人员加以纠正，直至真正没有错误为止。

（10）正式举行调查。一切准备就绪，即可着手调查。这时，最好约同当地的乡长、保甲长或其他办事人员一同前往，尤其在做家庭访问时，更要采用这个方法。若能雇用熟习地方情形的人，亦很便利，最理想的是请本地的小学教员暂充调查员。

（11）补充调查材料。调查员所搜集的材料和填写的表格，应先由其自己稍加整理，再交于指导人员。指导人员阅览后，将错误遗漏或不清楚之处一一注明，仍发还原调查员加以补充，如是再经过校对无误后，始可收存备用。

（12）抽查调查材料。对于已填的调查表格，若欲复核其准确程度，可择其中十分之一或二十分之一分别抽查，将抽查所得的结果与第一次互相校对。二者相符，即无问题，否则定有错误，并可借以证明究系被调查人说话不实，抑系调查员填写不确。

（13）整理调查材料。整理分叙述和统计两部分。大致说来，在社会现象中，属于质的方面，多用文字叙述，属于量的方面，则用统计计算和绘图。

（14）分析调查材料。初步整理完毕，即可进而分析研究，发现各种社会问题，并试拟解决办法，提供当局参考。

（15）展览调查结果。对于调查的成绩和所发现的问题，尚可制成简单的统计图表和绘成生动的图画，或以浅显的文字编成小册，或以戏剧的方式加以表演，总之务以显示本地的社会情况为主。如是准备妥当，便可择期展览，使地方人民明了，以尽教育的功用。

（16）编制调查报告。最后为编制调查报告。这里所要注意的是，应斟酌情形决定是否将被调查区域的名称如实发表，因其中一部分的事实，如明白说出其发生于何地，或不免引起该地人士的反感。其有关个人名誉者，事前更应特别慎重，以免发生纠纷。

第二节　社会调查的困难

就以上的叙述看来，若是按照调查程序进行，似乎即可顺利取得所需要的材料了，但实际上并不如此简单。在我国社会里，要想取得准确的事实尤其不易，甚至往往不可能。兹将其困难各点，择述如下。

（1）调查人员的缺乏。在举行任何较大规模的调查时，首先感到的一种困难，即合格的调查人员异常缺乏。指导人员不易寻觅，大多数的调查员和计算员必须临时训练。再则，一般工作人员大抵缺乏准确认真的习惯，当进行调查时，负责人尚须严格督导，以免偾事。

（2）参考材料的难得。在调查某地的社会情形时，每每感到参考材料缺乏，几乎一切都得从头做起，甚至最基本的数字如人口、土地等亦付缺如。即使得到一些材料，亦多不尽可靠，仍需复查。至于其他地方的调查可资参证者也是很少。

（3）数量单位的混乱。各种数量单位应有划一的标准，这在社会调查方面异常重要。我国虽已规定标准，实际各地仍未统一。譬如，在度的方面，有各种不同的尺和亩；在量的方面，有各种不同的斗；在衡的方面，又有各种不同的秤，错综混乱，不一而足。调查者欲将其一一折成市制，往往须费很多的工夫。

（4）机关团体的漠视。无论公私机关或团体，对于调查一事，大都表示淡漠，不肯合作，甚至拒绝调查，或不肯供给事实。其办事人员多重视私人的关系，而不注重正式的接洽，且往往要求将表格留下，由其自行填写，而不愿调查者实地调查。

（5）疑惧搪塞的态度。一般人民对于调查总是怀着疑惧的心理，唯恐其于己不利，因此便有种种支应的方法和技术，即使表面上表示欢迎，内心则处处防备。这样，在其答复各项问题时，自不免搪塞敷衍，语言不实，调查者有时且受其蒙蔽而不自知。此外还有其他种种原因不说实话，例如调查生活费时，贫民多半说得比实际情形苦些，希望被救济；反之，好面子的又往往将情形说得好些。这都是调查时应该注意的。

（6）语言笼统的习惯。被调查人存心说谎，自不必说；即使不存心说谎，而事实仍不易得到，这是因为一般人说话的习惯常常笼统模糊、含混不清的缘故。语言笼统，可有几种情形：①对方以为已经回答了，实则与未答无异。例如，调查者问："你们这一带地方为什么不种棉花？"对方往往回答："是的，我们这地方不种棉花。"这样，简直等于没答。②所答非所问。例如问某种水果一日卖多少个，回答则为一日卖多少斤。③询问全体，回答一部。例如问一家的费用全年共需多少元？假定回答的是三百五十元，在经过更详细的询问以后，往往可以发现对方所说的数目仅指衣食等项，而未将杂费包括在内。又如问食的一项全年需费若干？所回答的又往往仅指米面等费，而未将其他食品费用包括在内。④喜用整数。例如问其年龄若干？回答常为六十岁、四十岁，实则为六十二岁、四十三岁。关于里数、亩数，尤其笼统模糊，且各地的标准亦相差甚远。此外如一村里的家数，亦常常回答几十家、几百家，调查者非详加追问，不能得到确数。因此之故，在我国举行社会调查，很不容易，能得到极近似的事实，已可满意了。

此外，有些困难是关系调查者技术上的问题，不可不注意克服。①发问引起误会。调查者的问话每易使受调查者发生误会，因此对于发问必须特别留意，否则引起对方反感。假如调查贫苦农民生活费时，问他每日食肉多少，因对方除年节外几乎终年不见肉食，则以为是开玩笑。此外，关于妇人的疾病、出生子女，以及私人的收入等问题均易惹人厌烦。故须以婉转的方式询问，不便率直提出。②文字华而不实。中国文字多注重词句的华丽，描写的动人，而忽略内容的准确性；又常迁就成语而不切事实。许多做社会调查报告者亦不免有此习惯，因此往

往将原来得到的事实又打了不少折扣。例如在数量方面用大概、差不多、一百左右等说法。表示多时，用不计其数、不可胜数；表示少时，用寥寥无几、凤毛麟角。叙述一地方人民苦况则讲民不聊生、贫无立锥；描写生活好，则谓丰衣足食、家给人足。其他类此（似）的例子甚多。科学的事实报告，文字贵在谨严精确，不可稍涉含混。盖社会调查报告的原则，第一注重事实的准确，第二力求文字的清楚，至于生动的描写固然也需要，但不可妨害内容的准确。获得精确的事实或切近的事实，才是社会调查主要的目的。

第三章　推进社会调查的途径

第一节　县单位调查的重要

社会调查既是建国的基本工作，我们便应广泛推动，使其早日发挥效能。以我国的情形而论，其推动方法，似可由公私两方面同时入手。所谓公的方面，系由政府负责，使社会调查成为行政工作的一部分；私的方面则是由私人团体或学术机关个别举行各种调查研究。以前者来说，现在的调查统计机构，在中央和省两级，已经分别设置，如国民政府主计处统计局、各院部会之统计处室、各省政府的统计处室等是，虽然尚未举办社会调查，但总算有了相当的机构。惟在县的一级，尚少有此种机构。故今日的重要问题，是在使县级的统计机构从速建立起来。只有如此，才能得到普遍全国的有系统的材料，以为拟订国家建设计划的确实根据；各省也才能得到普遍全省的材料，以为地方建设的根据。以往有许多调查表格，由中央颁发到省，由省颁发到县，其中一部分又由县而乡镇而保，县的一级已无人负调查统计的专责，县以下的行政机构更不必说。因此，对于上项调查表格，有的根本不报，有的敷衍塞责，任意填写。于是又由县呈报到省，由省呈报到中央，其来源已不可靠，即使中央有完备的调查统计机构，亦无能为力了。根据这种材料来做国家建设的计划，实欠妥善。故建立县单位的统计机构，诚为今后推进社会调查的主要途径。

我国各县均有县志，颇值注意，可惜其中关于民众实际生活的记载不多，将来县单位调查推动之后，即可采用调查所得的材料，编入各县县志。这样，保存其旧的名称，而充实新的内容。假如全国各县份都能各出一部新县志，而其纲目又整齐划一，则其为用无论在行政上或在学术研究上是无限量的。作者前曾为云南呈贡县撰拟一新县志目录，兹照录于后，以供参考（呈贡县志目录 略）。

第二节　县单位调查的推行

县单位调查的重要，已如上述，要建立健全的县单位调查制度尚须注意如下数点。

（1）设置各级调查统计机构。县调查统计机构，须与县各级组织相配合，即县政府应设调查统计室，负指导、计划及汇编之责，为高级调查单位；乡镇公所及保办公处各指定干事负调查之责，而由保甲长协助之。这样，各级单位，上下联贯，各种材料自可有系统地自下而上汇集到县政府的调查统计室。

（2）建立县级各部分的联系。县调查统计室并不能包办所有的调查工作。县政府的各部分，对于和自己有关的材料，仍须自行搜集，仅在搜集之后，交由调查统计室整理编纂而已。例如，关于本县教育方面的材料，应由教育科负责搜集；关于卫生方面的材料，应由卫生院供给等等。这样分工合作，各方面的材料才能集中在调查统计室整理保存。

（3）训练调查人员。县调查工作若要办理完善，必须将县各级调查人员认真加以训练，使切实明了调查的原则和方法，至少须能看懂和填写调查表格。

（4）视察调查工作。省调查统计机关须随时派员前往各县视察调查工作，并相机加以抽查，以收督导促进之效。

（5）规定调查程序。我国以前许多新事业，往往一开始便百端俱举，以致样样都办不好。社会调查工作开始举办时，亦易犯此毛病，故在将来实际推动时，应规定程序，分期完成，要办一样，便切实办好，不可贪多。以我国大多数县份的情形而论，县单位的社会调查可以在三年内大致完成。第一年调查范围限于急要而简易的项目，力避繁重不易调查的事项。第二年可增加比较复杂的事项。第三年希望达到详细的程度，条件较好的县份，可以详细调查，较差的县份，亦无妨稍稍粗略。但调查的项目要各县一致。各年度调查事项应由中央及省调查机关与专家研究决定，每年调查完毕，可即编写全年社会调查报告一次，每十年出县志一次，如此循序渐进，以完成全国的社会调查制度。

此外，县调查制度在开始建立的时候，一切条件均欠完备，须要避免再犯以往的繁、难和靡费三种毛病，所以要注意以下三个原则。

（1）调查项目简单。调查表所包括的项目应力求简单，不可把欧美现代国家所调查过的项目统统列入，否则一定都办不好。因为我国的调查机构尚不健全，调查人员的训练和民众的知识程度都还不够，欲一举而追上他国，是不可能的事。故无论举办人口普查也好，农业普查也好，总要选择少数最急要的项目，把次要的项目留待将来加入。我们所要注意的是优先调查，与其项目多而调查不精确，不如项目少而力求办到精确可靠。这样才不致（至）于又落到"装饰门面"而不切实用的地步。

（2）调查方法易行。不但调查项目应力求简单，调查方法也要简单易行，务使在一般的社会情形之下都能办得通。事实上，各县调查工作须由各县当地人事担任，以就地取材为原则。其程度之不齐自在意中，故调查方法必须简单容易，否则比较落后的区域即不能达成任务。

（3）调查费用节省。现在各级政府的财政都很困难，应以最经济的方法完成各项调查工作，不可因举办调查，而使地方财政发生困难，人民加重负担。

全国普遍举办县单位调查，可以供应各方面在行政上的需要，也可以供给研究国情的普通基本材料。至于进一步较为精密的社会研究及种种问题的详细调查，如各地礼俗习惯、语言、组织、文化的分析，个案访问等，可多由学术机关举办。过去社会研究团体多各自为谋，致有工作重复的弊病，以后应力求加强联系，分工合作。复次，对于国家所需要的调查，学术团体应与政府切实合作，尽量协助政府，尤其是县政府，以健全其调查机构。假如，各大学社会学系之师生可协助附近县、市政府，从事训练调查统计人员，如加实地调查工作及整理分析材料；在假期内并可分配学生到较远的县区从事此项开荒之工作。这样，不但社会调查的下层机构可以逐渐健全起来，及早发挥其效能，而且学生亦可得到实地练习的机会。如果社会调查能够这样由公私两方面互相联系地推动进展，则社会事实的材料，在质、量两方面，其可靠与丰富的程度必将与日俱增，也就真能供给行政上与学术上的需要了。

227

四　社会调查

第四章　全体调查法

第一节　户口普查的准备

　　全体调查，是在一定区域，对于一种社会现象的全体分子，——加以调查之谓，例如户口调查必须每一家、每一个人全都调查到，不能有一点遗漏。今日所谓国情普查，就是全体调查的一类。但所谓全体不一定即指全国，一省可以有一省的户口普查，一县或一乡也可以有一县、一乡的户口总调查。大规模的全体调查，需要大量的人力与财力，故多由政府举办。我国由于种种原因，尚未举办过有系统的全国普查。然国情普查关系立国基本事实的精确统计，迟早是要举办的，此际在未举办之前，正可从事准备工作，对于将来实施的具体办法，固然要缜密计划，就是普查的方法技术，以及一切细节也须要仔细研究。否则以我国土地之广，人口之众，稍有疏忽，即不知要多耗费多少时间、多少人力与财力。我国将来举行普查，当以户口为首要。兹即以户口普查为例，说明全体调查方法应行注意之点。

　　我国在战前，值得参考的户口调查方法有江阴、句容、江宁、定县、邹平、兰溪等县单位之实验调查。最近足资吾人借镜者，有民国三十一年四川省的选县户口普查，与云南省一市三县的示范户口普查，将来举办全国户口普查时，当以后者两处的普查方法为主要参考。兹即以此两处为例，列为户口普查应行准备的事项八则如下。

　　（1）普查组织。四川省选县户口普查委员会，依照户口普查条例的规定，于普查县份、县政府所在地，设置户口普查处。处设普查长一人，由县长兼任，副普查长二人，由民政科长和统计主任分别兼任；设干事、助理干事各若干人，调派县政府有关科室人员兼任，并斟酌交通、面积及人口分布状况，将全县划为若干督导区，每一督导区以管辖三至五个普查区为原则。督导区设督导员一人，由各区区长、县指导员或其他适当人员兼任，办理普查人员的训练、普查工作的督导和抽查考核等事宜。各乡镇为普查区，每区设主任一人，由乡镇长兼任，副主任三至五人，由副乡镇长和普查处选派的人员兼任。普查区主任主持全区的一切事务，副主任辅助主任处理各项事务，并分别督导考核所属各普查分区的工作及点收审核各分区的普查表册。各保为普查分区，每分区设主任及普查员各一人，主任由保长兼任，主持全分区的一切事物，普查员由副保长、小学教员或其他适当人员兼任，负实际挨户查记之责。在选派普查员时，每一普查区应选派预备普查员一人至三人参加受训；以备普查员因故不能执行职务时，由预备普查员接充，普查处工作人员，除雇员工役及调用军警外，均不支薪，但得酌给膳食补助费。

云南省的示范户口普查，则将所选每一县市按地理环境及人口分布，分为若干调查和登记区，以便调查人口、编整户籍及实施人事登记。合若干调查区为一监察区，若干监察区为一巡查区。每县或市设主任一人，由县长或市长兼任，负行政之责；另设一调查队，由队长兼任副主任。每巡查区设巡查员一人。每监察区设监察员一人、管理员一人，由乡镇长兼任。每调查区设调查员一人，由小学教员兼任；管理员一人，由保长兼任。

（2）普查日期。户口普查不能在一日内完毕，故须选定一天为标准日，使一切的调查事项，都以该日为准。凡在标准日以前出生的婴儿，以及在标准日或标准日以后逝世的人们，都在被调查之列。标准日的选择，随各国的环境而不同，所应注意的，是该日必须为人口移动最少的一日。云南示范户口普查所定的标准日为旧历正月十五日零时，即午夜；四川选县户口普查则定为清明节日零时。欧美各国有以十二月三十一日为标准日的，亦有人认为正月初一日最为适宜。

（3）普查标准。户口普查的主要标准有三：一为常住人口，即平素在普查区域内居住的人口，亦即以普查区域为其习惯上和生活上的住所的人口，其中包括调查时在场的人口和暂时他往的人口两种。二为在场人口，原在调查时居住于本区域内的人口，包括常住和客居两种。三为原籍人口，即以普查区域为其法律上权利义务的确定地点，亦即依户籍法作本籍登记的地方的人口，包括在场和他往

四 社会调查

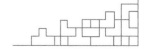

两种。这次云南的示范普查，即以常住人口为标准，故注重其通常住所，即平常睡觉的地方。四川的选县普查则对于以上三种人口均调查记载，至统计时再为分开。

（4）普查表格。四川选县普查的表格，系十行空格，每表填写一家（见附表一）。云南示范普查的表格，则系二十五行空格，每表可填写数家，每格填写一人，直至填满为止；各户之间，在上方衔接处作一记号，以示区别。

（5）普查项目。调查表内所包括的问题，必须妥为安排，不可过多或过少。过多则费时、费钱，且不易调查完备；过少则有关政治、经济及社会建设所须依据的基本事实不免挂漏。云南示范普查计包括十一项，即各人姓名、各人与户长的关系、通常住所、籍贯、性别、年龄、婚姻、教育、信仰、职业、废疾。四川选县普查与云南大致相同，仅少信仰和废疾两项，其项目为：称谓（即与户长的关系）；姓名；已满几岁；未婚、有配偶、丧偶、离婚；是否识字；在何学校毕业或肄业，或入私塾几年；在何人家或厂号机关常时做事；做何事；做事有无收入；本籍，在本县居住满几年几月；是否在本户常时住宿，不在本户常时住宿的家属往何地居住；农历二月二十日夜间（即普查夜）是否在本户过夜。美国普查项目有三十余种，并包括房屋、种族、语言、兵役等问题。

（6）名词定义。对于调查时所用的种种名词，必须有极准确、清楚的定义，使所有工作人员均作同一的解释。例如，四川选县普查关于户的定义是：户是在同一处所和同一主持人之下，由共同生活或共同营业或共同办事的若干个人集合而成的。无论何户，对于同一处所和同一主持人两个条件，必须兼备，缺一不可。户的种类有三：一为普通户，即指普通住家的而言；二为营业户，指商号、工厂、银行和其他办理营利事业的组织而言；三为公共户，指机关、学校、军营、监狱、寺庙、会馆和其他办理公共事务的组织而言。关于处所的定义是：一所房屋、住宅、院落或他种场所，有共同的门户或出入口，而其内部各部分均可自由步行通过者。若此所房屋或院落，由墙壁、棚栏或其他固定界限所隔绝，而被分为若干部分，每一部分又须走各自的门户或出入口时，则每一部分即各成为一个处所。水上行驶的船舶是流动的处所，应以每一船舶为一处所。关于主持人的定义则是一户的户长，亦即户内实际直接管理全户事物的人。普通户的主持人，是该户的家长，或实际主持家务的亲属；营业户的主持人，是该户的店主、厂长或经理；公共户的主持人，是该户的主管长官或首领；厂号机关职工寄宿舍的主持人，则是直接管理该宿舍事务的人员。

又如，关于职业的定义，四川选县普查所规定的是：所谓职业系专指从事一种生产之作业，直接或间接借以取得金钱或实物报酬者而言。凡从事一种工作，并未借以取得报酬，或虽有报酬而非以工作或生产作业取得者，皆非职业。受救济或刑罚时之工作与报酬，不视为职业。最近从事职业，于普查时暂时停业，而随时可以从事职业者，从其最近之职业。从未从事任何职业，在普查时即将从事而尚未从事职业者，仍为无业。老弱残疾废已无工作能力者，虽曾从事职业，但仍视为无业。一人从事两种以上职业者，以其所费工作时间较多者为其职业。家属帮助户长作业而增加户长或家庭收入者，以其帮助户长之作业为其职业，但如专门料理家务，而非从事增加户长或家庭收入之作业者，视为无业。在校之学生无业。不从事任何有生产之作业，仅恃财产利息或他人资助为活者，无业。恃不正当行业为生，如娼、妓、赌、徒等，无业。其他名词，如籍贯、年龄、教育程度、识字、信仰、残废、婚姻等，亦均须有清晰的说明。

（7）人员训练。四川选县普查于人员的训练，分为省讲习会与县讲习会两种，前者参加受训的人员为省普查委员会的全体工作人员，各选定县份的民政科长、统计主任、区长、县指导员等；后者则为县政府民政科统计室及户籍室科员各正副乡镇长、区指导员、乡镇户籍干事助理干事、各正副保长等，并选调中心国民学校、国民学校教员及其他适当人员参加受训。省讲习会的讲习纲要计分一般讲习、习题测验、编查实习、统计实习、实际问题讨论等。县讲习会则分普查要旨、编户查口须知、审核及抽查方法、工作纲要及步骤、习题测验、编查实习、统计实习、实际问题讨论等。面积辽阔、户口众多之县，县讲习会应酌量分区举行，每区派省督导员一人主持其事，并继续对该区的普查工作负督导及考核之责。云南示范普查的人员训练，系分调查员训练及监察员训练两种，前者的课程为户籍人事登记、登记填表实习、调查员须知、调查填表实习、调查实习、户籍登记声请书填字实习、地方自治、户籍法、户籍人事登记管理，以及测验与登记须知讨论等；后者则为地方自治、户籍法、调查须知、填表实习、户籍人事登记及监察员须知等。训练期限，前者为一星期，后者四天。

（8）宣传工作。四川选县普查所用的宣传方法，可分文字与口头两种。在口头方面，系令各普查分区主任及普查员于讲习完毕之后，立即回保，召开保民大会，每户至少一人出席，并邀请地方士绅参加，讲述户口普查的意义及其重要性，以袪除民众的疑虑。文字方面则系于普查标准日决定以后，随即规定开始编户及查口的日期及编查的期间，由省政府令饬各县遵照办理。各县奉命后，即于普查标准日前二十日布告人民民体通知。云南示范普查的宣传，每大致相同，在口头宣传方面并有宣传队之组织，以乡镇长、保长为指导人，以小学教员、调查员和监察员为讲演员，讲演地点或为乡镇公所，或为学校、平场、茶馆等。文字方面则有市县政府的布告、通俗小册、宣传画等。

第二节　户口普查的实施

准备工作完毕，即可进而实施户口普查，仍以四川、云南两省为例，分别说明其步骤如下。

一、编户

四川选县普查的编户工作，是在标准日（三十一年旧历二月二十日清明节）前七天的早晨开始办理，由普查分区主任引导普查人员，携带户册、户签、户口普查表、厂号机关填写普查表说明等四种表件，先将本分区内陆地上固定处所的户口一一编号，计入户册，于五日之内，编排竣事，俟查口工作开始时，再同时补编船舶上的和新迁来的户口。

二、查口

四川选县普查的查口工作，系于标准日的第二天早晨开始举行，限于七日内办竣，惟对流动不定的船舶，则应于标准日的深夜查完；较大旅馆能自填户口普查表者，均在标准日午后发给自填，随即在当夜十二时后前往复查核收。实施查口时，系由普查分区主任会同普查员，携带编户册，将各户内应该查记的人口，依照户口普查表所列事项，逐一查问，分别填入各栏。每查完一户，即在该户门首所贴的普查户签下面加贴查讫证一张，并在编户册上作一查讫符号，如是挨户查记，直至查完为止。云南方面则规定每一普查员每天至少应调查七十五人，约为十五户，亦即须填满调查表三张。

三、复查

云南示范普查的复查程序，系先由普查员将填好的表格交与监察员，若监察员发现调查表内所载的答案有矛盾或不完全之处，即在复查说明单上说明理由，发还原普查员重新调查。四川选县普查的复查程序，系由普查区主任或副主任于每晚收到普查表后，详为核对，如认无误，即在表上签名，于翌晚发还原普查员，当面点清，妥为保管。如发现表上有错误时，即将错误事项填入户口普查表发还改正事由单中，于翌晚连同应行改正的普查表，一并发还原普查员，原普查员应于一日内复查改正，送请查核。关于编户册的复查手续，亦与此大致相同。

四、抽查

四川选县普查的抽查办法，系由县督导员就所辖督导区内，对于每一普查区抽查三个分区，每一分区抽查五户。县督导员自查口工作开始的翌日起，即可前往各普查区举行抽查，不必等待全部查口工作完毕，再行办理，并限于七日内抽查完毕。抽查时，如发现普查表上各栏的记载有与事实不符者，即在抽查记录单内分别注明，并将原表所载依照事实予以改正，且注明抽查字样，以资识别。县督导员将所辖督导区抽查完竣后，如发现某普查区或分区错误过多时，尚可商请省督导员的同意，对于该区或分区举行全部复查。云南的抽查办法，是在每一区的总户数中抽查二十分之一，其方法系由监察员以原填的调查表对证抽查时的答案，如有不符，即在答案旁边作一记号，将抽查结果分别统计，填入抽查记录表内，以备将来分析。实际分析的结果，重复与遗漏的错误占 2%，项目的错误占2.9%，即此可以看出工作准确、可靠的程度。

233

四　社会调查

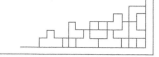

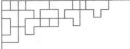

五、整理

关于户口普查材料的整理，在统计方面，普通有以下四种方法。

（1）划记法——即由一人将调查表内的项目一一读出，由另一人按其所读的在统计表各栏内分别记下，然后再依照所记的制成统计数字。因其手续简单，故我国以往多采用之。但此法易生错误，在读者可以读错，记者又可以听错、记错或算错，每多经一次手，即增加一次发生错误的机会。经清华大学国情普查研究所测验的结果，认为其可靠性甚低，不宜应用于大量户口材料的整理。

（2）机器法——即以机器计算为主，以人工为副（辅），其优点在于准确迅速，缺点则为经费太大。我国人工低廉，普查项目较简，尚无采用此法的必要。

（3）边洞法——是介乎机器与人工之间的一种方法，英国在从事大量商业统计时多采用之，对于分类特别迅速，是其优点。

（4）条纸法——此系印度用于统计户口普查资料的方法。清华国情普查研究所在整理云南示范普查材料时即采用此法，认为最适用于中国户口材料的整理。其方法系以每一张纸条代表一个单位（个人或家庭），在纸条上按项写明本单位所应归属的类别，整理时即从所有的纸条中计算某类数目的多寡，由此产生个人或家庭的统计数字。例如在个人方面有婚姻一项，婚姻中又分未婚、有配偶、鳏寡、离婚等四类，每人的婚姻状况都可归入这四类中之一类。凡是代表未婚人口的纸条，上面都标以相同的简单记号，其余有配偶、鳏寡和离婚等亦然。编制婚姻统计时，即可将所有的纸条都按上项类别分为四组（间或须设不明一类），再数每组各有纸条若干，纸条既代表个人，则数得的结果即说明某类婚姻状况共有若干人。此法的优点是：写错了可以校对，分类错了可以检查，数错了可以再数一次。纸条是具体的，将纸条集合起来分类，实际即和将个人集合起来分类相同，遇有错误，不难更正。不似划记法，根据声音，一有错误，即无从查考。

六、其他

根据云南示范普查的经验，对于户口调查可资参考之处甚多，兹择要简述如下：①户口调查完毕，应即接办人事登记，由乡镇长主持其事，由户籍干事负办理之责，并由各保甲长协助之。②年龄一项，在普查表上仅列岁数，不列出生月日，校正虚岁时，以属相或甲子为准，为便于计算起见，最好以旧历正月初一为普查标准日。③假如某省欲办户口普查、户籍及人事登记，并拟于一个半月内调查完毕，其普查分区的面积，可参考云南的成例，即：在市区内为半方公里，人口三百二十人；平原区为一方公里，人口二百七十人；丘陵区为一方公里又四分之一，人口二百四十五人；山区为一方公里半，人口二百一十人。监察区的面积在市区为七方公里半，人口四千八百人，包括十五个普查分区，计用普查员六人；平原区为二十方公里，人口五千六百人，二十个普查分区，普查员八人；丘陵区为二十五方公里半，人口五千六百人，普查分区二十三个，普查员十人；山区为三十七方公里半，人口五千九百人，普查分区二十八个，普查员十三人。④每一普查员在市区每日可调查七十人，平原区六十五人，丘陵区六十五人，山区四十五人。监察员与普查员应有充分见面的机会，在市区每日均应见面，在山区亦应每隔三日见面一次。⑤在编户方面所需时间，每编一百户，在市区需要一百四十四分钟，在平原区需要一百二十九分，在丘陵区一百三十一分，在山区二百二十一分。在填写调查表方面，平均每调查一户所需时间，在市区十七分钟，在平原区十九分，在丘陵区二十三分，山区二十七分。平均每填写一人需要 3.6 至 5.4分钟。⑥以我国目下的情形而论，能于一个半月内完成全省的人口普查，不算迟缓。其时间分配为：户口普查约需十二日，其余的时间为复查、抽查、声请书及登记簿的抄录，以及不可避免地耽误与时间的损失。调查分区的面积，以调查员一人可于必要时担任两分区或以上的工作为宜。宁可延长些时间而选用胜任的调查员，使多担任几分区的调查，不取急于缩短时间而致发生错误，因为农业人口的流动性不高。⑦关于调查统计宜集中办理，例如举办一省调查时，应由省统计机关主持调查与统计；举办全国调查时，应由中央统计机关统计。⑧关于调查费用，云南示范调查所调查的人口总数为五十万七千二百一十六人，共用七十六万余元，每人为一元半；折合为战前费用共计一万零一百余元，每人仅需二分国币。日本的户口调查费用，折合国币，平均为每人三分，印度为一角四分，美国为八角四分。故在中国所需费用并不太大，若举办全省或全国的户口普查，在经费方面，并不如想象之困难。

235

四 社会调查

第五章　选样调查法

第一节　选样调查的类别

我们要想知道某种社会现象，如果能够将全体的每个分子都一一加以调查，固然最好。但在事实上往往受着人力、财力的限制，不能办到，而且也许不需要这样费力，一样可以明了一般的情形，就是采用选样调查法。

选样调查的意义，是从全体中抽取一部分加以调查研究，借以推知其全体。这个方法日常生活中是常常用的。例如，我们看到几个四川省人都喜欢吃辣椒，就推断大多数的四川人一定也喜欢吃辣椒，其结果是对的。农夫要想知道某种作物是不是已经成熟，他不需要将每个作物都一一察看到，他只需察看其中的一小部分就可以决定什么时候应该收割。我们想要知道某处某种货物的价格，只问几家店铺就够了，也不需要家家都问到。这在自然科学方面，尤其显然，一杯水可以代表所有的水，一块金子可以代表全部的金子，道理是一样的。

部分可以代表全体的原因，是因为全体内的各个分子或多或少都有相同之点，亦即所谓同一性。但是世界上各种事物的同一性的程度并不相同。若同一性的程度很高，则各分子间的区别，几乎可以完全不管，就是很小的一部分，甚至于一个单位，也可以代表全体，不过在我们所要调查的社会现象中，同一性往往不很高，甚至各分子间的差异相当大。当我们遇到一种社会现象，而觉得不易选出有完全代表性的样本时，最好先将其构成分子分为若干类，然后再从每类之中挑选样本，这样每类样本虽都不能单独的代表全体，但它却可以代表某一方面，集合起来也可以代表全体的各方面了。因此，关于分类的技术非常重要，必须认清主要的同点和异点，才能决定如何选出代表性最高的样本。假如人与人之间差异很多，我们从大人群中抽取一部分人做调查时，不能顾到所有不同之点，只能顾到几个方面，如性别、年龄、职业或其他显著的异点。

选样调查法大致可分为两种，机械的选样与非机械的选样。前者又可分为任运选样、间隔选样与比例选样；后者可分为常识选样与特殊选样。兹分别略述如下。

（1）任运选样法。任运选样法，又可分为无限制的任运法与有范围的任运法。无限制的任运法，在决定了调查数量之后，于调查进行时，随便碰到了全体中哪一个分子就调查哪一个，直到调查满了预定的数量为止。主要的原则是必须任其自然的撞遇，而没有主观的考虑或有意的选择。例如，要调查某一区域内识字者和文盲的百分数。假定该区域内共有一万家，我们决定只调查一千家，就在区内各处碰到哪一家便调查哪一家的人口，将其识字与不识字的人数分别记录，直到调查满了一千家为止。如果统计的结果，识字者共占百分之四十，文盲占百分之六十，我们推测在全区一万家人口中，其识字者与文盲的比例数大致如此，没有很大的差异。

有范围的任运法是将能控制的材料全体编号，再从这些号数中抽取一部分，作为调查研究的对象，其主要原则是每个分子都绝对有同等被选的机会。例如，我们要想知道某大学全体学生体重的分配和平均数，假定该校学生共有三千人，我们决定调查其中的五分之一，即六百人。这时可先将全体学生的学号写在大小相同的纸块上，团成小球，放在大瓶内摇和均匀，然后随便取出六百个纸球，按号秤此六百人的重量，所得的平均数，即可代表全体三千学生的平均体重。这是纯粹根据机会的选样法，社会上具有流动性的现象，适于采用此法调查。

（2）间隔选样法。间隔选样法是根据空间的距离，作有秩序的间隔选择，即每隔若干地位，选择一个，这样顺序的选下去，除不得已外，不得变更间隔的标准。例如，要调查某县麦田田块的大小及其平均数，即可自县城起，向东西南北四个方向前进，每隔十块即丈量一块，记载其亩数。换言之，即自第一块起，继续丈量第十一块、第二十一块、第三十一块，一直量到县境为止。然后将所有块

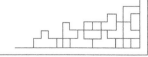

数统计之，即得田块亩数的分配情形及其平均数。这少数田块的统计数字，亦可代表全县麦田田块大小的统计数字。又如调查某一县的土壤性质，亦可适用同样的方法，即每隔若干里挖取一定数量的土壤，作为分析研究的材料，无须将全县所有的土壤——加以分析，而且也很难办到。当然，间隔的距离越短，则所选样本的代表性越大；反之，间隔的距离越远，其代表性也越小。凡一切有系统的排列的事物，都可采用此法调查。

（3）比例选样法。这是比较最科学最合理的选样法，其功用是在使一件事物的各种要素和特点，都能在所选的样本中表现出来，并在可能范围内，可以按照比例分配，匀称地代表出来。为表示其意义和方法，我们可举一简单的例子来说明选样的步骤。假定某大学有学生二千五百人，我们要调查他们某一方面或数方面的情形，如身高、体重、健康或经济状况等。又假定认为只调查其中的十分之一，即已足用，我们将如何按照比例选出这十分之一的人数呢？按程序，第一步先要考虑全体学生有何种不同的区分，最显著的是性别和年级的不同，因此我们在这两点上须各有合理的分配。让我们先就各年级的人数作比例的选出，如表 4-5-1 表示每年级学生的数目及其在全体学生中所占的百分比。

表 4-5-1　2500 学生按年级分配

级别	学生人数（人）	学生人数所占百分比（%）
第一年级	875	35
第二年级	750	30
第三年级	500	20
第四年级	375	15
总计	2500	100

各年级所选人数的多寡，即以各该级学生人数所占的百分比为标准。第二步再看各年级男女学生的比率数。根据学校的记录，男生是一千五百人，女生是一千人，换言之，即男生占百分之六十，女生占百分之四十。但在各年级中男女生之百分比并不相同，兹将各年级男女人数列表如下（表 4-5-2）。

表 4-5-2　2500 学生按年级及性别分配

级别	男生		女生		男生对女生的比率
	人数	占全体%	人数	占全体%	
第一年级	475	19	400	16	54:46
第二年级	450	18	300	12	60:40
第三年级	325	13	175	7	65:35
第四年级	250	10	125	5	67:33
总计	1500	60	1000	40	60:40

　　得出了男生对女生的比率之后，第三步即可根据各种条件，将十分之一的人数选出（表 4-5-3）。

表 4-5-3　2500 学生按年级及性别选出十分之一

级别	各级学生当选总数	当选男生		当选女生	
		人数	占本级当选总数%	人数	占本级当选总数%
第一年级	87	47	54	40	46
第二年级	75	45	60	30	40
第三年级	50	33	66	17	34
第四年级	38	25	66	13	34
总计	250	150	—	100	—

　　（4）常识选样法。以上三种统称为机械选样法，在我们对于事物的内容不甚清楚时，才适用此类方法。倘若我们对于事物的内容已相当清楚，则往往可以按照我们的经验、眼光和判断力来选样。例如，我们因受种种条件的限制，只能挑选一县作为调查的对象，使能大致代表全国各县的一般情况。若采用任运法，显然不妥。因若碰到一个特别富庶的县或是一个特别穷僻的县都和普通的县大不相同。在此种情形之下，最好由熟习全国地方情形的人，凭着

239

四　社会调查

他们的常识，来选定一个最有代表性的县，比较妥当。又如要调查一个地方的家庭生活费用，若只能调查很少数的家庭，亦以凭借常识，挑选最普通的家庭，亦即所谓典型的家庭为宜。因为若采用任运法或间隔法，难免碰到极特殊的家庭，而失其代表性。当然，若所选家数很多，还应该用任运法、间隔法或比例法。

（5）特殊选样法。有时为进行特殊的研究，尚可在全体中选择适合我们目标的部分，而不必顾及一般情形。例如，欲研究信仰某种宗教的人，就可专找少数的忠实信徒，作为调查的对象。要知道某种新种子的种植成绩，就可专选试种此种种子的农家加以调查研究。这样才合乎研究的目标，才能得到可靠的结果。

第二节　选样调查的原则

选样调查，在应用上有几项原则值得谈一谈，以供参考，分述于下。

一、选样的数量

选样数量的大小关系代表程度的高低，不可不有适当的限度。样本的数量愈大，包含的要素愈多。例如，调查二十家农户，也许没有一家有钟表的；但若调查五十家，也许就会发现有钟表的家庭。选样数量最小的限度要能包括重要的要素；最大的限度是要看我们有没有处理的能力，要以我们的人力、财力为限。还有，选样法是根据统计学大量的不变性而成立的。事物的全体内包含许多复杂的现象，而我们所选样本总不免与全体的内容有所出入而发生错误。但种种错误在全体中有互相抵销的趋势，就是说样本内某分子被估价偏高时，则为其他被估价偏低的分子所抵销。这样全体的大量仍是可靠而未改变。例如，调查若干家庭生活费，有的家庭在衣的方面也许估计的比实际情形多些，但有的家庭估计少些，天然的有此相反的差错而彼此相销。因此在调查时应该注意，必须使选样的数量有足够相抵销的功用。

二、选样法的运用

关于选样调查，有常犯的几种错误，应该避免。

（1）由最方便的部分选样——在实际调查时常常从最容易碰到的部分中选择自己所要调查的对象，这是由于偷懒，其结果必至偏于一部分的情形，而不能均匀地代表全体的各部分。

（2）多选愿意被调查的人——例如慈善机关调查家庭生活费时，极贫的家庭多自动来请求调查，如以这些家庭为选样，即不能代表一般的生活情形。

（3）遗漏了全体内重要的部分。

（4）未将极端特殊的分子除去——我们调查的目的，如果是在社会某一现象的一般情形，或是典型的状态时，则在选样时应注意到一点，即是不是在全体内有比较极端的特殊分子足以影响事实的本相。换言之，我们的选样是否要受它的影响，而失去了代表性。如果是有过分的影响，则对于此种特殊分子，应当另外处理。例如，我们要调查某村每家土地亩数、平均亩数及其他概况。假定村内共有一百家，经过约略询问之后，发现其中一家大地主有田四百余亩，而其他各家则均在十亩、二十亩左右。如果要调查二十家为选样，则无论用任运法或间隔法，均以除去此大地主为宜。因为若将他一家也包括在内，则二十家的平均亩数一定很高，不能代表大多数农家的实际情形，其他相关的数字也均将受此违反常态的影响。因此这种特殊家庭最好另作特殊研究，在统计时应分别计算，有时包括在内，有时将他除外，这样才可以避免误引的毛病。选样数量越小，越应注意有无特殊分子。所以我们在运用选样法时，应该按照我们的常识与经验，加以斟酌变通，不可拘守死板的法则，这样才能避免严重的错误。

三、不同方法的互证

无论何种方法，均须灵活的运用，有时尚可用不同的方法达到同一目的。亦即用此一方法所得的结果，再用另一方法以验证之。例如，我们要调查某县全年内各种农作物的产量，在原则上可用数种不同的方法进行，简述如下。

（1）逐级报告法——即在各种作物收获之后，由保内的负责调查者，将本保

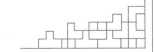

的作物收获总量呈报到乡镇，再由乡镇的负责人将各保的报告汇集起来呈报到县，县即可得到全县的总收获量。这方法是一种全体调查法，其要点在于须有严密的组织和受过训练的负责调查人员。

（2）农情报告法——这是由调查局部而推算全部的统计方法。实业部中央农业试验所即用此法估计，并预测各省作物的产量。一种作物的产量是由二种数字决定的：一是这种作物所占面积的大小；二是每单位面积如一亩，平均产量的多少。我们若知道一种作物的面积，再知道每亩的平均产量，即可推算产量总数。面积和每亩产量是由调查局部的情形决定的。

关于作物面积的局部调查法是这样：一种作物在同一区域内占多大面积，各年略有不同，必须每年调查才能决定。调查方法有二种，一是每年派人出去察看，沿着一定的路线，数计各种作物的田地，将各年数计的结果，互相比较，就可以知道何种作物多，何种作物少。在数的时候，可以电杆为标准，可以地块为标准，最近还有用"计长器"装在汽车上数的。三种方法可以同时并用。二是依靠当地农情报告员的报告。农情报告员是各县自愿报告农事情形的农民及其他对于农事有兴趣的公民，对于本地的农业情形，每种作物今年种植的多少，可以估计出一个可靠的比例来。根据以上两种材料，再参照气候、商情及其他条件，即可断定某地今年种植的某种作物，比往年增加了多少或减少了多少。

关于作物产量的局部调查法是这样：一种作物在同一地方各年收成的丰歉大不相同。在气候变化相同的区域内，一处丰收，别处大致丰收。许多小地方的丰歉，可以大略代表一个大区域内普遍的收成，局部调查的根据即在于此。在实际调查时，也是派人到各地观察和由农情报告员报告二者并用，但派人观察，用费较大，观察次数不能多，所得材料也较少。因此大半还是靠农情报告员的报告。在作物生长时期，农情报告员须每月报告一次，且须按照一定的格式填写。经过审查后，如认为可用，即可用统计方法计算出来，作为推算的根据。

关于出产数量推算法是这样：推算一种作物在今年的产量，各国都是根据今年局部调查的结果和以前某年普通调查的数量推算出来的。譬如有一县，据去年普通调查，共有稻田五十万亩，共产稻谷二百万石，每亩平均产量是四石。又假定根据县内一般人的经验，去年是十足的收成，据今年局部调查的结果，稻田较去年减少百分之十，每亩的收获亦较去年减少百分之十，即仅有九分收成。依此报告，则今年的稻田应为四十五万亩，每亩的产量是三石六斗，今年的总产量是四十五万亩乘 3.6 石等于一百六十二万石。在作物未收获以前，预测可望收到的数量时，也是用这种方法。用这种方法时，必须先知道或估计县内耕地面积、作物面积和十足年每亩的产量是多少。

（3）农家选样法——假定已经知道全县耕地总面积可用农家选样法调查。作物产量选样可于每二十家中选一家，每乡选定若干家。全县假定共选两千农家，即在大春、小春各种作物收获时，分别调查每家作物亩数和产量。得到二千家各种作物的亩数及各种作物的产量，就可以统计出各种作物面积在总面积中所占的百分比和每种作物每亩的平均产量；然后再由全县耕地总面积内算出各种作物的亩数，而以每亩平均产量乘之，即得各种作物的生产总量。这种选样法不仅可以调查作物产量，其他许多数字皆可如此推算。

（4）地块选样法——此法可以最简单的程序进行。假定县域在全境的中心，可以分派八个调查员，每两人为一组，每组担任一个方向，携带调查表分头进行，比方第一组甲乙二人自东门出发，沿六路前进，甲注意路左边的作物种类，乙注意路右边的作物种类，各自记录，如果甲所遇见的第一块地种的是玉蜀黍，即在调查表上玉蜀黍栏内划一道，如第二块地为高粱，即在高粱栏内划一道，如此继续划去，直至达到县境为止。返城时，最好绕道另一方向，如县东北，走回来，随行随划如前。各组工作完毕后，点清各种作物所划道数及所有作物划道总数，可得每种作物所占的百分比。以此百分比分别乘全县作物总计亩数，即得各种作物亩数。然后再在各种作物收货时，调查其每亩平均产量，即可求得各种作物的总产量。这是以地块为单位的选样法，是任运法和间隔法的混合使用。

（5）家计调查法——即用选样法调查少数家庭生计，以推算全县作物产量。先按照家庭生计调查法，调查每家在去年所消费的各种粮食数量，再求得每家平均消费数量，以县内总家数乘之，得出全体粮食消费量。此外并调查家庭外人口的各种粮食消费量，二者之合（和），即为粮食消费总量。然后再调查各种粮食运出、运入总数量，分别加减，即得县内各种作物的产量。此法在原则上是合理的，

但实际应用时很难圆满地做到。

　　除了上述五种方法外，还有其他方法，亦可得到同样结果。至于究应采用何种方法，须斟酌情形而定。若能同时采用两种或两种以上的方法，使互相验证，更可以看出准确的程度。

第六章　个案调查法

第一节　个案调查的方法

　　全体调查好像望远镜，使我们对于某种社会现象一览无余，得到鸟瞰的认识。个案调查有如显微镜，使我们观察研究整体内的细胞。大体说来，个案调查是以个人或家庭为调查的单位，最初先由社会救济事业机关所采用，其目的在调查贫穷者、罪犯及一切变态的个人，如精神病者、有问题的儿童等，借以明了他们的社会环境，发现他们成为变态的因素，并进一步纠正其因素，改善其环境，满足其人生的需要，使其有适当的社会关系，复成为正常的社会分子。因为他们认为一切不正常的个人，多半是社会的产物，是社会环境所形成的，不一定由他们自己来负责。因此，不应该只用惩罚来对付犯罪的人，而应该以其他方法来改善人类不正常的行为，这种方法对于社会改进有很大的功用。后来，社会调查者也采用个案调查方法，并推广其范围，应用于常态的个人及家庭。因为所谓常态与变态，不过是程度的不同，其间的界限很难划分。因此，我们要以各类不同的个人为研究对象，以明了其所由形成的社会因素。

　　个案调查是偏重质的方面的研究，不注重数量之众多，而注重精密深刻。凡关于一个人各方面有联系的复杂事实，都在尽量搜集之列，使无遗漏。个案调查的材料从来是不公开发表的，须要保守秘密，这样被调查人才能说实话，才肯报告其私事，表示其真正态度，而无所隐饰。如果关于社会各方面的人，都有个案的材料，我们对于人类间种种复杂的关系，就能得到深刻的了解与认识，就可以明了社会上种种不调协与冲突的症结所在。根据种种客观的事实来改造社会，才是科学的、合理的，才真能减少社会的不良分子，使社会协调、进步。且个体研究是把一个个体作整个的研究，不是把他拆散成许多部分而分别独立的研究，因为一个个体的每一部分，无论是物质的、社会的或精神的，都与其他部分有分不开的关系。不但个体本身是整个的，它也不能从它是社会一分子，是群的一部分，而分开来解决的。个人的问题也是社会的问题，从许多个案的研究，才真能彻底认识社会的真相与全相。

个案调查法最初是由慈善机关、社会福利团体及法庭、监狱等方面所采用，现在则已普及于其他方面。各机关的个案调查虽各有其特殊之点，然其基本项目则大致相同。兹择要述之如下。

（1）体质。身体的发育状况和健康程度对于一个人的行为大有关系。因此，需要知道被调查人现在的健康情形，如有无疾病、有无残缺、有无反常状态、体力如何、睡眠习惯如何、性的习惯如何等；及其过去的情形，如关于身体成长的经过、生理方面的变化、儿童期内的营养状况、母亲在生产前后的健康与环境，以及何时开始生牙、说话、走路等。

（2）心理。过去心理方面变动的经过，属于何种质型，有无神经病的表现，由智力测验所得的智慧年龄；对于国家，家庭、婚姻、金钱等方面的；对于人生的态度，及乐观或悲观，不满意的是什么，希望的是什么，认为亟待解决的问题是什么。

（3）外表。相貌、身材、衣服、装饰、整洁等所予人第一次之印象如何——愉快或厌恶。

（4）言语。操何种语言、说话的姿态与声调、所用的词句系俗抑系文雅、说话有条理抑系杂乱无章、寡言语还是好多说、夸张还是谦卑。

（5）职业。现在和以往的职业如何，以及工作性质、环境、报酬和任职时期等。

（6）信仰。信仰何种宗教，信仰程度的表现；政治的信仰。

（7）娱乐。喜作何种游戏，室内或室外，如何消闲；玩弄何种乐器。

（8）嗜好。对于烟、酒、赌博和其他嗜好的程度。

（9）特质。特长、特短和其他特殊的表现。

（10）家庭。家庭环境，家庭历史，家内人口及各人的性情、品行、习惯、嗜好、职业、教育程度；家庭经济状况；来往人物；家庭内的精神生活，各分子间的感情；本人与各人的关系与感情所受家庭各种影响。

（11）邻舍。以往和现在的邻舍，同院或同楼居住的人物，所受邻舍各种影响。

（12）朋友。常在一起的伴侣，常相往来的朋友，尤其是异性的朋友，所受各人的影响。

（13）社团。所参加的团体、会社，公开的或秘密的，其性质与活动，所受影响。

（14）其他。其他有关系的人物。

以上从第一至第九项，是关于自身方面，自第十项以下是关于社会环境方面。至于材料的来源，在欧美是从下列各方面得来，可做参考。

（1）家庭。访问其父母、兄弟、姊妹、配偶、子女等家内的人。

（2）亲族。向其亲族访问，但应注意防备其亲族对于被调查人的偏见和武断的评论。

（3）医院。访问被调查人有关系的医院或医生，去调查医院中的记录。

（4）学校。由此可知其受教育情形与性格。

（5）邻舍。询问新旧邻舍对于被调查人的意见。

（6）房东。向新旧房东或客店的主人询问关于被调查人的生活习惯。

（7）雇主。向新旧雇主询问其工作情形。

（8）教堂。从教堂牧师方面可知其信仰程度与品行。

（9）朋友。从朋友方面可知其思想与态度。

（10）其他。如从人事登记机关，可知其出生日期、婚姻状况和迁徙情形；从银行和保险公司，可知其钱蓄情形；从法院可知其犯罪情形；从其日记书信中可知其生活态度等。

在进行搜集材料时，最应注意的是须取得真凭实据。关于证据一层，普通都分成三种：一为亲见亲闻的证据，最为可靠；二为他人口述的证据，须视口述者观察力、记忆力、有无偏见、和平日信用如何，以定其可靠的程度；三为偶然的证据，虽不一定可靠，但有时可供给重要的线索。我们在听到任何报告时，也要依此标准探究其可靠的根据，要分析其中若干成分为得自传闻，若干成分为由直

接观察得来，若干成分为由推测得来，甚至若干成分只能代表一种愿望。

第二节　个案调查的实例

个案调查法，在我国已为慈善机关和医院所采用，最近中央卫生实验院在重庆沙磁实验区所做的调查，足资参考。其所用的表格设计有社会概况调查表、环境卫生概况表、家庭人口调查表、家庭概况调查表、家庭访视卡片、社会服务记录、访视记录、个案记录、地段访视类别逐日报告及其他关于个人事实的表格等。兹将"自我心理检讨表"列下，以为个案调查的实例。

姓名_____性别_____籍贯_____省_____市_____县

年龄_____岁　　　阴历_____年_____月_____日生

　　　　　　　　阳历_____年_____月_____日生

最近通讯处_____　填写日期_____

注意：①仔细地考虑下面每个问题，回忆得愈详尽愈好，把所能想起的都写出来；②这是医事心理科学上的了解，我们注意的是我们实际生活情形，不必有是和非的顾虑，愈坦白自由，也便愈好；③各人心理上的私事，我们在业务道德上当严守秘密，不必顾虑。

（一）社会环境方面

（1）你出生是在什么地方？那里的政治情形怎样？

（2）你家乡的农工商业及其他社会经济状况怎样？近年来有些什么变迁？

（3）你家乡的教育和文化情形怎样？有什么特殊的风俗制度、名胜、古迹、民间传说和迷信？普通的宗教信仰是什么？

（4）你家乡遭遇过严重的天灾和兵祸么？你在那时的经验是怎样的？

（5）在这次抗战中，你家乡的情形怎样？

（6）在回忆中，家乡给你些什么使你忘不了的印象？

（二）家庭环境方面

（1）你家是在农、工、商业区域，政治或文化区域？邻人们的经济和教育情形怎样？

（2）你家迁过几次？迁到些什么地方？对你有什么影响？

（3）你家的经济状况怎样？谁负责家庭经济？有些什么变迁？

（4）你家的文化情形怎样？比较保守还是革新？家中常传说些什么教训、故事或迷信？家庭的宗教信仰是什么？

（5）你家在当地的社会地位怎样？经过些什么变迁？

（6）常和你家里来往的是些什么亲戚朋友？他们的职业和教育情形怎样？对你有些什么影响？

（7）你家里的组织怎样？你家里同住的有些什么人？各人的姓名、年龄、教育、职业、经历、存殁。

（8）详细逐一描写家内各人身体的健康，过去的疾病，特别是有无精神失常、心智不健全、吸毒或其他反社会行为？如有死亡，是在何时？什么疾病？对你家庭和对你个人的影响如何？他们的性情、兴趣、嗜好怎样？相处的感情如何？如有冲突，多为了什么问题？

（9）你父母的婚姻生活是否是满意的？你母亲在家里的地位如何？你父亲在他事业上的成就如何？他们对你态度怎样？对于你们兄弟姊妹的待遇有无偏爱？对你有些什么希望？

（10）在家中谁最关心你的生活？谁负责教管你？教管多用些什么方式？对你的批评怎样？在求学、就业、为人处事和恋爱结婚等问题上，他们提示些什么意见？和你自己的意见有些什么最不相同的地方？

（11）你和兄弟姊妹们相处的感情怎样？你对于他们的生活有些什么感想？

（12）在你的幻想里或梦中，你曾发现你家里的人，特别是你的父母么？把你记得起的那些梦，详细地写出来。

（13）在你年幼时，你家里的人，特别是你的父母，有些什么态度、说话或举动，是使你忘不了的？

（14）你自己觉得你在家庭中的地位怎样？在你的家庭生活中，有些什么经验是使你忘不了的？对于你整个的家庭生活，你有些什么感想和意见？

（三）个人发展方面

（1）据你所听到的，当你的母亲怀孕着你的时候，她身体的健康怎样？情绪上是否受过重大刺激？家庭间是否发生过重大事件？经济状况有无变迁？那时父母间的感情怎样？

（2）对于你的出生，你家里的人，特别是你父母和兄弟姊妹们的态度怎样？

（3）你出生的详情如何？如是否足月，平产或难产，身体曾否受损伤等。

（4）你在家里的名字是什么？有没有特殊的意义？

（5）你出生后一年内，身体和心智的发展有无异常的现象？有过什么重要的疾病？经过详情怎样？睡眠和喂乳有无困难？

（6）在什么时候，你开始出牙、学话、学步、断奶？有无特殊的困难？

（7）仔细地想一想，你是否有过下述的情形？大概发生在什么年龄？经过多久的时间？偶然的发生还是时常发生？在什么情形之下发生的？厌食、遗溺、头痛、便秘、失眠、晕倒、胃痛、恶心、呼吸困难、心跳加快、记忆力不佳、注意力不集中、仇恨他人、觉得什么事都没有兴趣、觉得什么人都瞧不顺眼、悲观消极、兴奋不安、容易发脾气、爱和人家争吵、常觉害怕、逃家、逃学、想拿人家东西、说谎、吮指头、咬指甲、做噩梦、不容易交朋友、不爱说话、见了生人便脸红、爱一个人坐着幻想、觉得人家瞧不起你或欺负你、管不了自己的语言或行动、想自杀或杀人、说梦话或遗精。

（8）你生过几次疾病？在什么年龄？经过情形怎样？

（9）你的第一个记忆是些什么事？那时你几岁？

（10）你的宗教信仰、政治信仰是什么？对于宗教、政治有些什么意见？

（11）你记得受过几次较严重的刺激？为什么事？

（12）有些什么最使你害怕的、高兴的、愤怒的、讨厌的、仇恨的、焦急的、嫉妒的、害羞的、内心冲突的经验？在怎样情形之下，最容易引起你发生上述的情绪？请逐一详细地描写。

（13）详细写出你自己的个性、习惯、希望、兴趣或嗜好、人生观，对于自己能力的估量和对他人的态度？常有些什么幻想和梦？

（14）你几岁开始受教育？进过些什么学校？学业成绩怎样？最喜欢的和最不喜欢的是些什么科目？

（15）在学校生活经验中，哪些是使你最忘不了的？在求学期间有些什么困难？同学和教师对你的态度怎样？对你有些什么批评？同学给你取过些什么外号？你对他们的态度怎样？将来求学的计划怎样？

（16）对于你将来的职业，你家庭方面有些什么希望？你自己计划怎样？要是已经就业了，对于你的职业生活有些什么意见和感想？和同事相处的感情怎样？

（17）你最早知道两性的事情是在什么年龄？怎样知道的？在记忆中，你童年有些什么性行为？你家庭中对两性问题的态度怎样？你对于异性的态度怎样？你对于恋爱或婚姻的态度怎样？有什么困难和感想？有过手淫或同性爱等经验么？详细情形是怎样的？婚后的性生活情形怎样？

（18）如其你是女性，你第一次的月经是在什么时候来的？那时的心理和生理情形怎样？现在的月经情形怎样？每次怀孕和生产的情形怎样？

（19）现在可以详细写出你心理上的问题，注意这些问题是在什么时候并在何种情形之下发生的？

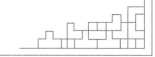

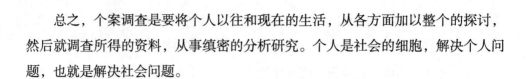

　　总之，个案调查是要将个人以往和现在的生活，从各方面加以整个的探讨，然后就调查所得的资料，从事缜密的分析研究。个人是社会的细胞，解决个人问题，也就是解决社会问题。

第七章　其他调查法

第一节　综合调查法

综合调查或概况调查，其范围可为一村、一乡、一区或一县。假定以村为单位，调查项目可规定如下。

（1）村图。将村界、道路、河流、机关、团体、古迹、各种建筑等在图中分别标出。

（2）历史。本村的沿革和古迹的由来与现状等。

（3）位置。本村距县城的方向和里数、四周最近的村镇和里数等。

（4）面积。本村周围的里数，所占的亩数，村内陆地、水面、熟地、荒地面积，各种公有、官有田地面积等。

（5）地势。山地、丘陵、平地等所占的面积及其高度，河流的长度、宽度、深度，灌溉的面积和池沼的面积等。

（6）气候。上年最高、最低和各月的平均温度，各月的雨量、风向，上年降雹降露的时期，一年各季昼夜的相对长度等。

（7）户口。全村的户数、人数、男女数，上年内结婚与离婚人数，出生与死亡人数，各业人数，失业人数，迁入人数，各种族人数，每方里人口密度等。

（8）土地。土地情形较为复杂，可注意以下数项：

①地权——村民所有土地总亩数，有土地和无土地的户数，有房屋和无房屋的户数，地主、富农、自耕农、半自耕农、佃农和雇农户数，近年来各种土地户数增减的趋势及其原因。

②田场——各户田场亩数，其中自有、租种、典种各若干，按田场大小分组，

每组家数若干，近年来田场集中或分散的趋势及其原因。

③田块——各户所有地的块数和每块亩数、各户房院块数和每块亩数、近年来田块增减的趋势及其原因。

④租佃制度——村内各种地租缴纳方法、每种方法下的户数和亩数、各种缴租方法变动的趋势及其原因。

⑤土地价格——村内和村外各种地价的种类及其亩数、近年来各种地价的涨落及其原因。

（9）组织。近年来本村政治组织的变动及其原因、新县制实施后保甲组织的现状及其问题、现任人员的产生方法、村内各种公开和秘密团体及其影响、村内人民有无派别及不合作情形。

（10）农业。可注意以下数项：

①农产——各种农作物所占的亩数，上年各种农产品的数量与价值，各种副产品的数量与价值，每亩最高、最低及平均产量与价值。

②灌溉——各种灌溉和排水方法所占的土地亩数。

③肥料——各种肥料的来源、价值和数量，近年来所用肥料种类的变迁。

④农具——所用农具的种类及其来源、构造、质料、用途、价格、耐用年数等。

⑤牲畜——村内牲畜种类、数目、饲养及管理方法等。

⑥种子——所用各种种子的来源、各种农作物的选种及下种方法、科学方法选种的普及程度、近年来有无新种子的采用及其成绩。

⑦耕耘——在下种前各种耕地开始准备的时期与方法、各种农作物中耕除草的次数与方法。

⑧收获——各种农作物的收获时期、收获及打获方法。

⑨贮藏——各种农作物的贮藏方法及其损失。

⑩轮种——各种轮种方法及其原因、同时同地种植两种或两种以上作物的方法及其原因。

⑪病虫害——各种病虫害发生的时期、受害面积、受害作物收获成数。

⑫其他灾害——各种灾害如水、旱、风、雹等发生的时期、经过，受害作物

面积，受害作物收获成数，逃亡及死亡人数，救济情形等。

⑬雇佣制度——各种农工雇佣制度，如工资、待遇等。

⑭农场经营——各种农场经营及其盈亏情形。

（11）畜牧。各种牲畜头数，饲养及管理方法，病症及预防方法，各种畜产如毛、乳、皮革等的数量及其价值。

（12）林业。林木面积与蓄材量、林木的采伐量与价值、近年来林木产量的增减及其原因、林木灾害及损失数量。

（13）渔业。渔场面积与深度、鱼（渔）产数量与价值、鱼（渔）产运销、渔民户数与人数、捕鱼方法、近年来鱼（渔）产的增减及其原因。

（14）工业。可分为以下二项：

①家庭手工业——手工业的种类及其从事家数、男女人数、使用原料的数量及其来源，工作时间，产量，销售地点，近年来手工业的变迁趋势及其原因。

②工厂工业——村内如有工厂，应调查其资本、组织、开办年数、使用原料数量及其来源、职员和工人数、工资制度、出货数量和价值等。

（15）商业。各种商店数目、资本、开办年数。本村如有市集，其创立年月和原因，历年变迁和原因、组织、四季交易情形和数量，各种利弊等。

（16）捐税。本村所负担的省税、县税及其他捐税，征收方法及利弊等。

（17）财政。各种公产数量及其收入、各种公款支出及其用途、近年来本村财政的变迁及其原因。

（18）借贷。借贷家数、款额、时期、利息、手续、种类、来源、用途等，近年来各种借贷方法的变迁及其原因。

（19）交通。各种水陆交通工具及其方法、费用高低，村民对于附近火车站、汽车站、邮局、电报局等的利用情形。

（20）治安。维持治安的方法、组织和设备，近年来本村遭遇盗匪的次数及损失情形。

（21）教育。学校种类、设备、经费、男女教员和学生人数，村民识字者和文盲的比率，流行书籍。

（22）生活程度。可将本村的住户分为贫家（入不敷出，衣食不足者）、普通人家（出入相抵，差足温饱者）、小康之家（饱食暖衣，并稍有盈余者）、富家等四种，各占其所占的百分比率。此外，当可调查普通五口之家全年平均消费数额及消费种类、乞丐人数及救济情形等。

（23）卫生。各种病症及死亡人数、种痘及注射疫苗人数、街道饮水厕所等清洁情形、防蝇及灭蝇方法、村民使用牙刷人数及更衣洗澡次数。患病时系就何种医生（西医、中医、巫医）诊治、购药费用和地点、接生情形及费用。

（24）信仰。寺庙、祭神、各种宗教，堪舆、卜筮、星相及其他道门等。

（25）风俗。包括下列数项：

①婚姻——普通订婚、结婚手续、仪式和费用，离婚手续和原因，有无纳妾、童养媳及抢亲、典妻等行为。

②丧事——普通办丧事的手续、仪式及费用。

③赌博——各种赌博普遍的程度、近年来赌博方法的变迁及其原因、因赌博所发生的问题。

④烟酒——吸食纸烟、旱烟及饮酒等人数，染有鸦片及其他毒品之男女人类，近年来烟酒的变迁及其原因。

⑤庆祝——生子、寿日、节日及其他喜日等的庆祝仪式和礼品。

⑥歌谣——各种流行的歌谣及其来源。

（26）娱乐。娱乐种类及有关娱乐的会社、组织、设备、费用、参加人数等，家庭内消闲方法及儿童的游戏方法等。

概况调查范围甚广，材料的搜集，非匆猝之间所能办理完备。调查者最好能在村中住一相当时期，随时观察，随时记录，若能多参加村民各种活动，更能得到深刻认识。

第二节　专题调查法

专题调查是就一个特殊的题目，举行调查研究之谓。可调查的专题很多，如社会组织、家庭制度、生活程度、土地关系、农业经济、文化冲突、人口、礼俗、信仰等皆是。兹以县单位各种组织调查为例，说明专题调查的性质。

县单位各种组织调查

一、说明

县组织为整个国家组织的基础，又是地方自治单位，其健全与否关系国家前途至钜。而且县是研究社会现象的一个便利单位，区域既不过大，亦不过小，许多社会活动是以县区为范围。故关于组织的调查，以县为单位，比较适当。谈到组织，一般人只注意到政治的组织，而忽略了其他的组织，尤其是民众自动之组织，殊不知这些公开的和秘密的民间团体，是左右社会治乱的潜势力，在调查时不可不予以同样的注意。现在即以此为准，将调查时应当注意之点逐一说明如下。

（1）各种组织的一般状况——调查者第一步应先调查清楚县内有哪些重要组织，按照其规模的大小或性质的差异，分为若干不同的单位，然后再依照选样法详细调查每种中的若干分之一，借以推知其全体的情形。在调查每一种组织时，应注意它的各方面，如起源、沿革、目的、章程、职员、领袖、实际活动，一时的组织还是永久的组织等。

（2）各种组织的团结力——各种组织存在的条件（物质的或精神的）是什么？其结合的主要因素是什么？各种因素（如利害关系、社会地位、公共利益等）在团体的团结力上所占的重要性如何？会员在各种组织内所表现的团结力与活动力如何？猜忌、欺骗、缺乏同情心等因素在团结上所生影响？是否空虚散漫。

（3）各种组织的纵横关系——在纵的方面，注意各种组织的变迁、演进及形成现在状况，推测其将来演变的趋势。在横的方面，注意各种组织现在的范围、与其他组织的关系——互助方面或冲突方面、在社会上所占的地位与势力，以及人民对于各组织的态度和意见等。

257

四　社会调查

（4）各种组织的实际活动——调查时所应特别注意的不在于各种组织的表面规章和条文，而在各种组织的实际活动。各团体的分子在行为上的表现与地方上所受的影响，各种影响——良好的或不良好的——何者是由于组织本身健全与否的关系，何者是由于领导得人与否的关系，均应格外注意。

（5）各种组织的领导人物——除组织本身外，并应调查其领导人的学历、经验、能力、品行、家族、年龄、经济状况和得到现在地位的经过等等。特别注意造成领导人物的条件是些什么。

二、调查纲目

（一）政治组织

（1）县政府组织：民国以来县政府组织的变迁及其原因，各次改革施行后的效果，现在组织的特点，现任县长及主要佐治人员的出身、能力及品行。

（2）区公所组织：大致如上。

（3）乡镇公所组织：大致如上。

（4）保甲组织：除上列项目外，并应对其所表现的功能，如维持地方治安、推进建设事业、征兵征工、催纳赋税等，分别加以调查。

（5）其他组织：县内属于中央和省方面的政治组织及其与本县的关系。

（二）经济组织

（1）职业团体：商会及同业公会等成立的经过，历年变迁及其原因，现在组织，会员人数、资格、权利、义务、入会手续、职员资历。农会，工会组织，市集组织。

（2）合作组织：信用、消费、生产、运销等合作社所表现的功能及其影响，所发生问题。

（3）钱会组织：各种钱会的功能及其利弊。

（三）社会组织

（1）地缘组织：如村或街的组织、同乡会、会馆。

（2）教育组织：各种学校、教育会、学术团体。

（3）信仰组织：回教、天主教、耶稣教、佛教、道教、慈善团体。

（4）秘密组织：旧的如三合会、哥老会、青帮、红帮等，新的如具有政治性而不公开之帮派等。

（5）自卫组织：保安队、国民兵队、自卫团等。

（6）卫生组织：卫生院、诊疗所等。

（7）血缘组织：在大家族制度下，族长的权力、族内各分子的地位及其相互关系、近年来大家族的演变趋势等。

三、报告体裁

编制报告应简明扼要、条理清晰，注重说明各种组织的实际活动，在人民生活上所表现的功能，所满足的要求，在整个县区内所占的地位。并试测各种组织在建国与现代化的过程中，将发生何种作用及何种变化。报告要避免空泛笼统，要重质不重量，重实际而不重形式，重活的材料而不重死的具文。这样的调查研究才有意义。

259

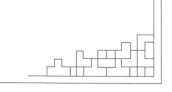

第八章　调查表的编制与访问的技术

第一节　调查表的编制

调查表格是社会调查者所必需的工具，正如观察太阳光线时所用的三棱镜一样，我们平常看到太阳光线，分不清楚它的内容，及至用三棱镜一照，便可显出七种不同的颜色来。同理，我们观察社会现象，亦往往觉得错综复杂，不易辨识，必须采用适当的表格，把混合的社会现象一类一类地分开来。调查表的功用很多，简言之，约有以下三种：①确定研究范围。社会现象极为复杂，势不能同时全部顾及，调查表格可以确定我们调查的领域，使在一定范围之内，集中精力，作有系统的研究。②便于参考比较。使不同的调查者，按照同一的标准和项目，在不同的空间或时间进行调查，可以得到整齐划一的材料，以便互相比较。③避免错误结论。调查者若没有表格的帮助，很容易忽略一般的情形，而偏重特殊的现象或奇异的状态，这样所得的材料必不完备，所得的结论亦易生错误。适当的调查表格可使我们得到某种社会现象的全貌，从而获得正确的结论。

调查表的格式约可分为表格式、大纲式及问题式三种，兹于本章之末，附列表式二种以示其例。表一为表格式调查表，是民国三十一年四川选县户口普查所用的表格。表二为大纲式调查表，采自内政部民国二十九年制发之内政统计调查表。至于问题式调查表系全用问话为标题，其格式与大纲式调查表略同，不另举例。

调查表格如何才能编制适当，注意下列各点。

（1）形式。关于调查表的大小，在西洋是以卡片柜为标准的，其目的在便于存放，但亦须便于携带。普通表格均不折叠，并只印一面。所用纸张，要坚固而平滑，以便用自来水笔填写。颜色通常均为白色，亦可采用数种不同的颜色，以代表不同的事物。表的首部包括调查者，被调查者的姓名、住址、调查日期等项；表身包括调查的问题；表尾包括附注及说明；表内各部分应以轻重不同的线条来区分；大小项目，以大小不同的字体来表示。为便于发问和统计，可将有关的问题放在一起，有时且将重要的问题列前，次要者及对方所不欢迎的问题列后，问题须各标号数，以便于统计。避免项目拥挤，须使所留空白足够填写答案之用。

（2）项目。表中所列项目，应只包括必要的，且能得到具体答案的问题。凡有引起反感可能而又不很需要的问题，应慎重列入。凡是不能用统计方法整理或用客观标准测量的问题，均以不列入为宜。

（3）修辞。表内所用名词，均须有清楚的定义，使人人都作同一的解释。所用单位，尤应确定划一的标准，以免分歧。每张表格最好附以说明。

（4）发问。问题不宜抽象、笼统，应力求具体、清楚或能使用数字答复。例如，问屋内是否拥挤，不如问屋内住有多少人？问工厂内空气好不好，不如问有无尘土飞扬？有无烟气？有无臭味？对于对方容易隐瞒的问题，应改变问法，以减少说谎的机会。例如，问你喝酒么？不如问你喝哪一种酒？每天喝多少？问你结过婚没有，不如问你的夫人和你在一处么？问你有没有田地，不如问你有多少亩田地？余可类推。

（5）填写。关于填表的方法，可分两种：一是由调查人员填写，一是寄送到被调查者手里，由其自行填写。除不得已情形外，以少用后一方法为妥。因用通信法虽较便利、经济，但填写的结果，往往不很满意。若必须采用通信法，则表内问题以少列为原则，免致被调查者因怕麻烦而不填复。答案尽量采用数字，或"是"与"否"的方式，使对方便于填写。问题词句要力求简单明了，一看就懂。要以智力较低的人为对象，而不以普通智力为准。其次序可将比较重要的问题列在前面，因普通在开始填写时比较慎重，往后逐渐潦草。有时可将有兴趣的问题列前，以引起对方的兴趣。在可能范围内应包括一些前后互证的问题，以便观察其有无矛盾。通信调查时，表格之外，须附一信或调查缘起，说明调查原因，并设法引起对方兴趣，使乐于填写，并须附回信封套，粘足邮票。

（6）整理。整理调查表的目的，在使其中所有记载均达到正确、一贯、划一

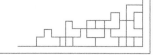

和完备的程度。所谓正确，即关于表内一切的答案，整理者不能随意更改，必须发现错误的证据，始能改正。所谓一贯，即各类有关的事项，尤其数字，必须前后符合，遇到不符合时，必须发现错误的所在，而更正之。所谓划一，即还有若干不同的名词，而实际上是代表一种事物，应采用一个名词为标准，使归一致。所谓完备，即遇有遗漏之处，必须设法补充。

第二节　访问的技术

访问是获得事实的必要途径，亦是全部调查程序中的一个重要步骤。借着访问的机会，还可以直接观察对方的住所或工作环境及其生活习惯和言行态度。

假若可以其他的方法取得材料，而无须采用访问方式，当然最好，因为访问终究是易使对方感到麻烦，甚至讨厌的事。然而访问的重要有如上述，有时非采用不可。不过在访问之先，须加以充分的考虑：要访问何人？他是否合于我们研究的目标？能否供给我们材料？以及他的家世和性格如何？是否容易接近及如何接近等？访问的日期和时间，要就对方的方便，能于事前约定更好，地点也要注意，以能和对方单独谈话的所在为最宜，在进行个案调查时，尤须如此。所要询问的问题，事前应决定范围，择要列表，以免临时忘记，在访问时可否公然拿出来，应视情形而定。最好将问题记在心里，随机应变的发出，不致引起对方的怀疑。当然，遇有表内未列而却有关的问题，也不可放过，以免失去搜集材料的机会。

在访问时，须注意对方的性格，而采取不同的谈话方式以对付之。例如，对于富有幽默感的人，也要以幽默的语气和他谈话，还要极力表示欣赏他谈话的风度。遇到固执己见的人，不可反驳他，以免引起反感。在谈话进行中，必须善于引导，不使离题太远，而致浪费时间。谈话时是否可以笔记，也要看临时情形和谈话性质而定，若觉得笔记足以妨碍对方的谈话，即以不记为上。总之，访问的成功，决定于三点：第一是会问，即在适当的时机，发出适当的问题；第二是会谈，即在和对方谈话时，能够造成很自然、很有趣而又很热烈的空气；第三是会听，即能在对方散漫无序的谈话中，抓住和问题有关的材料。虽然在心里有许多问题，但不可发问过急，要先造成谈话的良好空气，逐渐地引到题上来。访问时自己的态度要自然和易，要使对方感觉到他给了你不少的知识，你是非常欣赏、感激。最忌讳使谈话变成呆板的一问一答，有似审案。切忌和对方辩论，更不可显出轻视对方的态度。会听别人讲话，也是一种艺术，要使对方觉得你在注意听他讲话，他才高兴继续和你谈。打呵欠是最误事的表现。要练习能够注意地听，聚精会神地听，因为你不知道何时对方说出你最需要知道的事，一不留神，就会忽略过去。能够抓住对方谈话的要点，也是一种难得的本领。不过要注意，尽量使谈话时间经济，要时刻警觉，这是有目的的访问，不是来谈闲天。

访问过后，第一要紧的事，是在最早可能的时间内，将访问的经过及所得的材料详细记下，勿使遗漏。不可靠记忆，时间愈久，记忆力愈不可靠，所记的事项亦愈不清楚。只要先记录下来就好，以后再从容整理。有的访问者把谈话时的所见所闻和感想分开三项来记录，比较有条理，可备参考。

263

表一　户口普查表

普查区主任 普查分区主任	在本户常时住宿者 女男 人人 共 人	10	9	8	7	6	5	4	3	2	1 户长	称谓	户别 公共户（） 营业户（） 普通户（） 是否寺庙（） 是否外侨（） 名称 详细地址	四川省 县 乡镇 普查区 第 普查分区 第 户
												姓名		
												性别		
												已满几岁		
												未婚 有配偶 丧偶或离婚		
												是否识字		
												在何学校毕业或肆业或入私塾几年		
												在何人家或厂号机关常时做事		
												做何事		

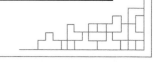

四

社会调查

普查员 月 日	普查夜在本户过夜者 女男 人人共 人										做事有无收入	在何城市集内	整原编编第第
											本籍		保保第第
											在本县居住满几年几月		
											是否在本户常时住宿		甲甲第第 户户
											普通户内不在本户常时住宿之家属他往何地居住	如系船舶常时停泊何县、何码头	
											农历二月二十日夜是否在本户过夜		

表二　_____省保安团队概况（大纲式调查表）

1. 本省设置保安处及整理保安团队之经过_____

2. 本省保安团队之指挥管理之系统（由省至区县）及其实际情形___

_____

3. 本省（全省）历年用于保安团队之经费数额（按年分列）及其来

源_____

4. 关于本省省保安处组织概况查填下表（资料时点：民国二十八年

二月底）

内部组织及人员			说明直属团队之编制	直属团队		全年经费总额（元）	设备			
组织概况	官佐数	士兵数		官佐总数	士兵总数		炮数	机枪数	步枪数	手枪数

（中国国民党中央执行委员会训练委员会编印，1944年6月）

五 怎样做调查研究工作

白 韬[*]

序言 …………………………………………………………… 267
一、革命的法宝 …………………………………………… 269
二、决定目的 ……………………………………………… 271
三、调研中的点面结合 …………………………………… 272
四、几种调查方式 ………………………………………… 274
五、找对象 ………………………………………………… 278
六、七何三多及其他 ……………………………………… 279
七、两点难处 ……………………………………………… 281
八、辨别真伪 ……………………………………………… 282
九、克服乱糟糟 …………………………………………… 283
一〇、怎样分析和综合问题 ……………………………… 284
一一、提高一步 …………………………………………… 285
一二、抓中心环节 ………………………………………… 286
一三、下结论 ……………………………………………… 290
一四、拿办法 ……………………………………………… 290
一五、来自客观回至客观 ………………………………… 291

* 作者信息不详。

序　言

　　所谓调查研究，就是人类认识世界如何进行改造世界的一门科学，调查之重要，已经尽人皆知，毛主席也郑重说过："没有调查就没有发言权"，教导我们要好好进行调查工作。他自己就在江西进行过农村调查，在湖南对农民运动也进行过实地调查，写出了有名的《湖南农民运动考察报告》，这是奠定共产党对农民革命问题认识的重要文献。马克思不仅在英伦的图书馆里博览群籍，研究社会科学，而且亲身参加革命，多方调查研究工人的生活情形及资产阶级剥削压迫工人的残酷情形，我们翻开他那辉煌的名著《资本论》，发现那些具体的细致的生动材料，没有不令人惊奇的。这些就是他的理论根据，产生科学的社会科学的理论根据。列宁也同样注意调查研究实际情况，十分关心地听取工人同志的报告和他们的通讯。

　　调查研究，实在是我们研究社会、改造社会的一把重要"武器"。解放区的干部近来都十分注意这个问题，他们要进行革命工作，就不得不进行调查研究，特别是四二年开展整风，反主观主义及教条主义以后，调研工作也普遍应用起来，泛滥到各个部门，大家对这把"武器"已开始由生疏到熟练了，对这门科学也积累了不少经验。

　　可是一直到现在，还没有人把这门科学有系统地、完整地建立起来，也没有见到专门的著作，致使一部分新参加工作的青年，不会进行调研，对客观社会不得其门而入，一大部分工作八九年的干部，对这把"武器"也还生疏。

　　一九四七年我们在莒南调研过一次，积累了一些经验，曾写了一篇"调研后记"。同年山大教育系也在那里调研，后来他们要我做一次怎样调查研究的报告，我本是门外汉，仅就自身经历作了一次报告，他们要求印出，特发表于此，意在抛砖引玉。我建议大家来正式树立这一门科学，我认为这是研究哲学的一个好办法，因为这里不仅牵涉到哲学上的认识论，而且涉及整个哲学领域。过去，我们

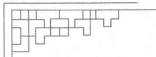
学唯物辩证法不会用，想不出很好的办法来学习，现在才恍然大悟，知道这就是学习哲学的捷径，这就是在学习哲学。我又认为，这还是初学社会科学者的最好办法，这个办法是从实际出发来研究和学习社会科学，因此这把"武器"又是我们研究学问的重要工具，这比十七世纪培根提倡研究自然科学的观察与试验的方法，同样重要，而且比他更科学与完备。这个"武器"相当于显微镜和望远镜，在深入客观世界，就应该掌握它。因此，我建议在大学和一切干部学校里，应把这门科学列为必修科。

著　者　一九四七·六

一、革命的法宝

革命工作是一件精细的科学工作，单凭热情、勇敢和理想不能解决问题，单凭书本知识也不能解决问题。我们要对客观的社会进行改革，就需要很科学地研究它，摸着它的内容，发现了它的规律。这没有什么别的法宝，只有调查研究。

诸位都是作过工作的，工作上不断的有问题来，解决这些问题的人可以有两种不同的态度和办法：一种人是自以为是，问题不论大小都是凭自己的狭隘经验或自己的想象来处理，如果执行不通，他就向人瞪眼，怪下面不努力，抱怨群众落后；另一种人与此相反，他仔细了解发生问题的客观原因、群众的反映，以及这个问题和各方面的关系等，根据了解和研究的结果，然后提出适当的办法来解决了问题。前一种人是主观的、不科学的；后一种人是合乎科学的。所以处理问题，两种不同的态度和办法，就得出两种不同的结果。后一种人用的办法就是调查研究。因此，调查研究的目的，就是在了解问题、解决问题，不是为调查而调查，也不是只调查不研究，结果搜到一大堆材料，仍不知问题在哪里，更不明白如何去解决问题。

我们从大的方面来讲，我们的方针、政策，以及各种具体实施，也是根据调研后所知道的具体情况提出来的，并非天才的革命家凭空从脑子里想出来的。例如说，普及人民大众反帝反封建的教育，是我们目前主要的文教方针和政策，这是因为根据了解中国目前人民受帝国主义和封建势力剥削、压迫到无法生存，而人民并未能完全自觉起来反抗，这一客观事实存在的缘故，不了解情况就不能定出正确的方针和政策，也就不免举棋不定，彷徨歧途。至于具体实施，那就格外要了解具体情况。我们就拿教师来说吧：一个教师，他要把他的学生教好，他应该怎样做才是最合乎科学呢？我的回答是从调查研究入手，他必须了解学生的出身、历史、家庭、过去的生活、健康情形、亲友关系、身心发展、兴趣嗜好，以及受教后的反应、效果等等。如果我们对施教的对象不了解，就等于闭着眼睛向前面瞎撞。例如，我们初到烟台、威海办中学，不了解学生，硬搬乡村的一套，招致失败，就是很好的说明。可是有些教师既不知己也不知彼的瞎撞下去，安之若素，真是莫大的错误。

不论工作者，或领导者，他要把他的工作很有效地做下去，达到预期的目的，都需要不断地进行调查研究，借以改正自己的错误，纠正大小偏向，把工作纳入正轨才能顺利地开展下去。你们都经历过上级决定了方针、政策，开会布置了中心任务之后，并不等于万事大吉，可以关起门来睡觉。他必须贯彻这个方针、政策或任务。因此他就需要掌握每一个运动。他既在掌握这个运动，就必须调查研究，才能了解情况，才能知道政策、方针是否正确，才能发现运动中有无偏差，才能了解每一个运动的过程及其规律。根据这些新的情况，改正自己的政策方针，纠正自己的偏向，克服运动中的困难，我们就可以完成革命任务，推进革命事业。据说，抗日初期，我们在华北有一个工作计划落到敌人手里，敌人见了笑笑说，八路真幼稚，这个计划大大行不通的。后来，敌人竟看到我们成功了，惊讶不止。其实，我们并无什么神奇魔力，不过用了上面所常说的调研办法，不断改进而已。

由此，我们可以知道，调查研究实在是我们每一位工作者所不可缺少的法宝，我们靠他来工作，靠他来进行革命，也靠他来认识客观世界，发现事物发展的规律，掘发天地间的真理。震动世界的达尔文的进化论，是经过他多年辛辛苦苦在各地调研后所得出的总结。革命的伟人，马恩列斯没有一个不重视调研。毛泽东同志曾再三指示我们，要了解中国革命问题，就需要实事求是，好好调查研究中国社会，熟悉周围情况，研究中国历史。他更指出，"没有调查就没有发言权"。

我们之中有不少人曾研究过自然科学，大家都知道，要学习物理、化学就要进实验室，要研究动植物就要观察。所有这些都需要一些工具，如仪器、药品、显微镜、望远镜之类。

那么，什么又是我们研究革命工作和社会科学的工具呢？我们找到了，那就是"调查研究"这个工具，说详细一点，就是用马克思所留给我们的唯物辩证法去搜集材料，加以分析、判断和综合。这个工具就仿佛实验室里的显微镜和望远镜，我们运用他能够窥见人类社会的奥秘，发现事物的本质，知道社会发展的远景。

因此，调查研究又是我们学习社会科学，研究中国问题，学习运用哲学的方法。我们要彻底肃清主观主义，教条主义，马马虎虎、笼笼统统的思想方法，这是一剂"特效药"。

二、决定目的

究竟如何下手调查研究呢？首先是决定目的。有些同志抱着下乡散心换空气的态度固然不对；有些同志的确是诚心诚意到下面去了解情况的，但由于事前没有目的，没有决定要了解什么问题，解决什么问题，达到什么要求，所以一下手遇到错综复杂的事情，就茫无头绪，不知了解什么好，或者什么都了解，什么都不精，只知道一个大概，不能解决什么问题。有一位同志对我说，我们常下去了解，工作倒深入，就是不能解决问题。这种情形是很普遍的。

假使我们事前决定好了目的，就可以考虑要了解什么问题，就到那个地点去，在那里可以找到好坏典型，或是可以代表一般的类型。其次是目的和要求定了之后，时间长短也可以有个打算。同时，可以做下列的准备工作。

第一是组织力量。一个人在短期内要了解各方面的问题是不可能的，能组织一批人去最好。为了调研某一专门问题，有时需要组织专家或有经验的人去，因为有些属于专门的问题，非一般人所能了解透彻。但我们有时无法组织调研组下去，我们的视导员同志就常是寡人一名到处跑的，在这种情形之下，我们就要善于运用下面的教师、干部，甚至儿童也是很好的助手，很灵活地把他们组织到你的调研组来，给以一定的任务和适当的指导，他们往往可以得到可靠的材料，把问题弄清楚。为了调查某一专门问题，向熟悉这一问题的人去请教，也是必要的。

第二是准备，调研纲目或提纲，如果嫌这些太烦琐，可以拟定几个条目或预定所要了解的问题，以及所需要搜集的材料有哪几方面。我们有时召集干部开会，要他们汇报工作时，常常发提纲或提出要求，也是这个意思。但有时开会或座谈，也并无什么提纲，可是主持人的心里，一定要有个谱，否则大家乱哄哄地谈，天南地北，就谈不出什么名堂来，你所要求的目的也就达不到。

第三，假使是几个人一起下去的，事前最好分工。我们这次在莒南调研，一共六人就分六个专题，自始至终，大家分工而又合作地去进行调查研究。

第四，预先了解这时期的中心任务和运动的一般状况，当地的工作历史及主要人物等，作为开始调研时重要的参考。这样，你就有了向何处下手的方向。

三、调研中的点面结合

现在，我们要谈到搜集材料的问题上来，这是调研中的主要问题之一。平常我们进行调研不外乎点和面的调查，所谓典型调查常是指的点，所谓一般调查常是指的面，这也是个别人、个别地区、个别事情的调查和一般地区、一般情况的调查，两者是有区别的。究竟是从面到点，还是从点到面去调查呢？这要看工作的需要和调研的目的决定，但我们要知道，事物是有联系性的，二者必须结合才能解决问题。

为了把这个问题认清楚，我们来研究一下什么叫点的调查呢？有关一件事、一个人的调查是点的调查。例如，调查一个典型地主、调查地主剥削农民的拨工问题等。以县区来讲，一个村庄或一个特别组织如合作社、兄弟会也是一种点的调查。

所谓面的调查，有关于政治、经济、文化、军事、民运等各方面的全面情况，固然叫作面的调查。从地区来讲，有关于全区、全县的一般情况也叫作面的调查。虽然是一件事情或一个中心运动或工作，但调查的面积广至整个区或县，深入到前因后果的历史发展，也可以叫作面的调查。这是区别于一点的典型调查的。

这两种调查，从哪里下手呢？一般从面下手，这是由于先了解大体之后，有以下的许多好处。

第一，任何问题都是有联系性的，全面情况了解一个大概之后，就可以明了事物的相互关系，他们之间，存在着什么矛盾，你便可以知道需要调查什么材料，向哪里去搜集材料。我们在金沟官庄调查文教，不厌其多地听县区的负责同志报告，又要求村的各方面干部做各方面的报告，在这许许多多的报告中，我们发觉文教与群众运动和群众的经济翻身是分不开的，和积极分子的培养及他们的推动作用是分不开的。这就指示我们，应向这一方面去钻研和搜集。

第二，如果说的是一件事情、一个运动，把全县、全区的情况了解之后，你便可以看出问题的关键在哪里，什么是运动中的阻碍，必须予以解决。而在调研时，就可以捉住重点，深入搜集材料，不致陷于茫茫然、毫无头绪，或平均使用力量，结果，得不出什么。我们的群众和干部就往往会在他们的报告和谈话中直截了当地把问题的核心提出来，请教你。因为这些问题困扰着他们急需解决，也正是我们调研的重心。我们在莒南和县干区干谈青年自学运动和识字班，都提到前途问题，我们和识字班的闺女谈也提起此一问题，这就是问题的核心或重点之所在了。

第三，从全面了解中，可以把特殊的事物衬托出来，使我们看得更清晰、可靠。

第四，通常进行一般调查；经济和群众运动是主要的。我们在全面了解方面对经济问题和群众运动调查明白了，其余的问题就容易明白，这是主要环节。例如，我们在金沟官庄村调研文化发展过程及其规律时，如不把该村土地改革运动、人民翻身情形调查明白，就犹如在大海里摸鱼，不易摸到。

可是，点的调查研究也是必要的，为什么必要呢？因为面太广阔、太复杂，不易深入，点比较单纯，如果我们调研一个点，就容易深入，容易观察，容易了解，容易控制。这就像自然科学家不能把地球上所有的动植物整个拿到实验室里来，只能找类型或代表来做深入的研究。

我们找一个点或典型去调研，实在就仿佛从庞大复杂的社会里割取一点，进行解剖工作，这种情形在生物学研究上是常用的，他们常从大棵植物上削取一小片，放在显微镜下来窥察其内部细胞组织及其机能。人类如果不运用这些工具和方法，把事物从大自然或大社会上分割下来，加以精细研究，就不能打开神秘之门，窥见其内部的奥妙。

点的调研还有一个好处，因为它比较单纯，容易了解历史发展过程，找出规律，对初学调研的人说来，点的调研，也是比较容易分析、判断和综合起来，得出结论，发现问题的本质的。我们平常也是以典型调查最多，一个区、一个村的调查即够了，做全县、全省调查没有这大力，也没有必要。

我在前面已经说明白点和面的调研都很重要，各有它的作用。但两者必须结合起来，才能起一定的作用，解决我们的问题，否则就容易犯错误。结合的重要如下。

第一，调查典型是为了帮助了解一般，因而对一般情况发掘得更深刻，了解

五　怎样做调查研究工作

得更透彻，以便提出适当办法，解决一般问题。离开这一点，典型调查就失掉根据和作用。

第二，如果我们只调研典型，忘掉一般，不把一般情况估计在内，就容易犯错误，容易割裂起来看问题，不是从全面去看问题。因而，下的结论，提出的办法，常是片面的，不能适合一般情况。

我们举个例吧，有一次群众斗争地主，事前只做了一般调查、一般了解，没有和具体的典型调查、典型了解结合起来，因此只能说出一般大道理，不能有力地击中要害，不能明确地掌握斗争。因为既然是讲理，就要有凭有据，"有鼻子有眼"的真实，才是说理的根据。而顽强的斗争对象也只有在具体事实下，他才向群众低头，假使你只说他不好，作恶，"没有鼻没有眼"、没有名没有姓的具体材料，是不能制服对方的。同时，没有这些典型的具体事例，如大店地主的"出鹰殡"①之类的残酷例子，就不能把地主剥削压迫农民的残暴实质形象化，就不能感动群众和激动群众，提高他们的觉悟，也影响斗争的决心。

因此，一般调查必须和典型调查结合。而典型调查，尤为重要，为了不使调查流于空泛，现在都在提倡作典型调查和研究，也即此理。

现在我们可以来谈搜集材料的几种具体办法了。

四、几种调查方式

其一，调查会——我们平常召集干部会议，要大家报告情况，也是一种调研，所以它是应用最广和最普遍的方式，也是了解下面情况检查工作和政策的一种良好办法，上级机关常用到它。但它也有缺点，即是干部反映常从他自己一定的角度出发，不能倾听群众的意见，也就不免有偏见。

事实上，我们在领导上常开会布置工作，讨论问题，主张走群众路线，实行"从群众中来，到群众中去"，这也是一种变形的调研会。因为事情要给群众讨论，很民主地经过群众提意见之后，我们就由此可以了解群众的心情、要求、思想、政治体会等等，而把它集中起来，贯彻下去。有些同志空喊从实际出发，他不了

---

① 山东大店在未解放前，大地主中和堂所畜的鹰，因为抓了农民魏老头的鸡，被打死了，地主即将魏老头吊打，押入公衙，关了几天，经人说情，魏老头才被释放，卖地为死鹰买了棺材，魏老头被披麻戴孝，送鹰入殓。

解这就是从实际出发，有的放矢。他们常以领导者自居，一开会就是报告，不经过民主讨论，好好征求大家的意见，了解下面的情况。有时也开会讨论，但只知拿自己的意见去说服人家，不经过很好的小组漫谈酝酿，自己包办或少数积极分子包办，形式上通过了，但对大家的思想情况未能了解，思想意见不一致，工作也会有分歧。

不过我在这里所说的调查会是指下去后，邀请社会上各色各样的人来参加，以朋友和同志的态度，很虚心地向他们请教，一面谈，一面问，一面记，只要你善于用启发、问答，并掌握中心，可以在短时间内调查出很多的材料。有时候，只要你一说明开会的意义，大家就会踊跃发言。这种方式的优点是能够搜集全面的材料，但缺点是不够具体。这是进行一般性和初步调查的较好方式，但人数不要多，七八个人最好，开会前要有准备。我们一次在金沟官庄开调查会，邀了二三十位积极分子，事前也无准备。结果，大家七言八语谈得很空泛。

其二，个别谈话访问。这种方式运用最多，找人谈话时或事先通知他要谈什么问题，好让他准备，如果不告诉对方，则自己要有准备。

至于谈话的对象，你要了解什么问题，就决定找什么对象，设法接近他，打通关系，一般人都是先找积极分子，因为他们比较大胆、开通、晓得的事情多，容易谈得来，再由他们发展到一般群众。

对群众谈话的方法，也是很值得研究的，我们应该了解群众的心理，处处关心他们，处处为他们着想，处处是他们的知心朋友。如果不注意这些，一上来就像煞有介事地去调查询问、笔录，他就会在精神上受到拘束，实行思想戒严，你就了解不到真情，根据大家的经验，下面的方法是比较好的。

从找问题谈起，你可以和群众聊天，问问他们村上什么事情办得最好？什么最不好？让群众发牢骚、提意见。你便可以由此打开门路，知道这个庄上有些什么毛病，群众亟须要求解决的是哪些问题。

从群众的疾苦说起，和他诉说过去或现在生活上的痛苦，用十分同情的心情去倾听他诉说，说到你要了解之处，就加重问几句或激他几句，他就格外谈得起劲。切忌一上来就问你家有几人、几亩地、几个劳动力……这样他就要疏远你，设法逃避谈下去。

从表扬优点好处说起，我们一进门就抱住他家的小孩不住地说，这娃儿真聪明、漂亮，他父母听到赞扬，非常欢喜，就和你攀谈起来。一回生，二回熟，熟了就什么都可谈，你也可以直接把问题提出来。我们初次找干部谈话时，也是以慰问的语气"同志们辛苦了"来开场，很体贴他们的辛苦和困难。在谈话中发现他们有一点功、一点好处都予以表扬，往往就谈得入机，倾心诉说。有一位干部谈他抗日期间率领民兵击毙日寇一名，眉飞色舞，滔滔不绝。在那次谈话里，了解了很多问题，他便把我当知心朋友，说某人同我交情很好。

从为他打算为他解决困难说起，如果你发现他缺少牛力，就说：你们不好合伙养牛么？如果发现婆媳不睦，就劝劝婆婆。我们有一次在新解放区，住在一家院里，那老百姓都气呼呼的不和我们搭腔。我们看见他小孩害眼流脓，就说：这孩子的眼多可怜呀，立刻用开水替他洗，敷上一点消发米丁，三五天就张开眼了。那家喜的要命，立刻到地窖里拿最好的地瓜给我们吃，一定不要钱，他向我们诉苦，告诉我们许多村上的大小事情。

从小处漫谈，让他自由谈，你要一本正经地注意听，不要不耐烦，时时因想到你的问题就打断他的说话。我们有一次和一位积极分子拉了一晚呱，只发现一句话，"这样学到何时为止！"得到了解决问题的关键。和群众谈话，最忌用审问式，调查者用跟踪追击的办法一路问下去，群众就用敷衍方法来对付你。也忌一面谈，一面笔记。当场不记，一谈完就记，以免忘掉。如果对象开明，口问手录，当然更好。

有的同志说，一上来和群众谈不上话，有时去群众家，群众见面就说："同志你来干么？"就没有勇气了。这也许是群众做活很忙，你不帮他做，反而去耽误了他的时间，当然要讨厌；如果你一面帮助做活，一面漫谈，他就欢迎了。如果你发现他很忙，又帮不下手，就走开吧。女人家在做饭，男子汉在旁问长问短，也易引起人家厌恶。至于说不上话，只要注意前面所说的各点，就有话谈了。

其三，参加会议。在会议中可以发现不少问题，了解很多事情，但须以参加者的态度和资格去加入，会上要讲话或提提意见他们才不见外。有一次村里开会，我们坐在屋角听，大家常偷看我们，发言反不踊跃了。另一次我们参加村文委会，热烈发言，提意见，大家很融洽，我们在这次会议上了解了村委会的任务、作用，以及最适当的构成分子。

其四，参加各种活动，在运动中不断调研。这是最好的办法，有些同志不根据群众情况和客观情势，也不了解这个方法的重要，机械地执行阶段论和调研论是不对的。那么，这一方法的优点有哪些呢？

（1）这是从具体的活动中去看问题，比单从口头了解听人家说要更具体、更实在、更可靠些，这是事物本身来反映情况，比经过人说得更亲切了。

（2）这是从运动中去看问题，不是从静止中去看问题。因此，可以把事情看得更深入，更接近本质一些，而且事物只有在运动中才被全部发现和了解的可能，我们有些同志不了解此点，他们在做之前，总是力求调查彻底，无一遗漏。例如，在斗争前总希望把全部材料详细调查出来再斗争，达不到就硬调查，埋怨群众落后，结果脱离群众。如果领导干部，布置工作后就亲自去参加群众的实际运动，在群众各个运动中不断搜集具体材料和反映，才能发现具体问题，了解工作本身的情况和意见等。当初虽是面的、片段的、零碎的、不系统的，但把这些材料积累起来，就能深入地全面了解。所以，一切事物的运动过程又是我们了解的过程。如果忽略了这一点，我们便不能了解客观世界。

（3）这是从外部走入事物的内部去调查。我们平常所调研常是以第三者的资格去调查别人，调查这事和那事的。如果我们参加到运动里边去，不但与群众工作干部在一起，而自身也变成这个运动的一部分了。比如，我们参加群众反封建斗争，这个运动自始至终都有我们的活动在里面，这些活动就构成事物的一部分或事态发展的一部分。我们是参加者，运动中的一血一脉都与我们相关，我们感觉之痛切如自己的肤肉，因此最容易发现问题的本质。

其五，和群众一起生活。不但在一起工作，而且在一起吃住。我们有一位女同志要了解解放后的农村妇女有些什么要求和想法，她就和识字班的人睡在一起，并在她家吃饭。她只住了三五天，由于睡在一起拉呱，混熟了，不但了解了她们的生活，而且谈出了许多心灵深处从来不与外人谈的话来。她们谈到婚姻、家庭和妇女的前途问题等，因为感情上和她们起了共鸣作用，因而认识问题和处理材料的态度也不同了。

其六，用眼冷静地看，用耳冷静地听和比较，我们平常所说的参观，就是这

277

五　怎样做调查研究工作

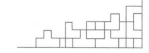

种办法。但是同志们看了就完了，看不出什么。有时天天看，看不到，戴起眼镜来找也找不到。这固然是这种办法有缺陷，或根本我们不注意周围事物，但也和我们的经验与水平有关，可是并非唯一的理由，这大半由于我们看得不得法，或不用脑去想的结果。如果你看了、听了，或一边看、一边听，就用脑子想想，把我在这里所见到的和在那里比较比较看，把这村的村报所以办得好和那村办的不好，比较一下看。这样，你便可以发现其不同点或问题来。

其七，看现成的材料。有现成的材料，凡印刷品、会议记录、墙报稿等，都可以拿来阅读和摘录。前人已经做过总结的，应找来看，或请他报告。

上列七种方式，只用一二种还不能解决问题，有时全部都要应用上的。

五、找对象

要了解全面材料，找村上的主要负责干部，如村指导员等；要了解村上发展的历史，找工作历史较久的干部。

要了解部门情形，如文教、财粮或妇运等，可找该部门负责干部。

要了解一件事，一个好坏典型，可找积极分子或当事人。例如，我们在金沟官庄要了解学习积极分子和不积极分子，采取个别谈话，和对他一人专门调查。我们有时为了解一个问题，发动几个人四处去打听真实情况，老头、老妈、小孩、干部，一直到他本人。就以调查一个人的学习动机、目的和情绪而论，接触到多方面，如已否结婚、家境如何、是否受过不识字的苦、是否因识字而得益、是否受过奖励或别的刺激、受哪个人影响等等，要多方面找适当人问。

要多找群众问。干部和积极分子反映问题多从他的角度出发，常有偏见，不能把全部情况如实反映出来，他们在有意无意之间，会扩大和缩小事实，我们要从广大群众间去搜集材料和意见，不仅干部的，而且有群众的；不仅积极分子的，而且有中间分子和落后分子的，这样集中起来的材料，才是全面的。我们根据这样所搜集起来的材料得出的总结，才是科学的、合乎实际情况的。有些同志不了解这一点，他们喜欢听干部或积极分子所反映的材料，不相信中间和落后一些群众，认为他们都是错误的或者不可靠的，因此对他们采取不理、不问的态度，在这种态度之下，我们就不能发掘更多的问题，接触到更多的方面。

我们集中起来所做的结论，就不能代表全面，而且有脱离实际的危险。

这就是在调查上走群众路线，从各个角度去搜集材料，群众从各个不同的角度出发反映问题，我们就从各个不同的角度去研究分析问题，这样就能全盘把真实情况反映出来，但也不是逢人便问，仍须有个选择。

有时，为了把事情弄明白，还须找双方矛盾的对象去问，他们各执一词，各有偏见，然而你恰恰能从这些矛盾之间，找到真实材料。

人是常被自己的成见或感情所蒙蔽，而不能把自己有关的事情，很客观地反映出来，我们就得问旁人，所谓旁观者清。例如，我们在莒南时，有时也找民兵问识字班情形，找识字班问青年男子学习情形，他们对旁人的事情，可以毫无顾忌地说出来。

在找调查对象时，还有最重要的一点必须注意：就是应多倾听雇贫农的反映，应把群众中他们的意见为主。因此就须多和他们接近，多找他们谈话，多从他们那里搜集材料，必须把他们的反映、意见和提供的材料，当作宝贵的材料，作为分析综合问题时的主要依据。这就是调查研究时阶级路线的问题，是丝毫也不容模糊的。否则，我们的一切努力就会有犯错误的危险。因为，同样一件事，从不同阶级的对象嘴里反映出来，就有不同的观点和说法，我们必须站稳立场来善于识别各阶层群众所提供给我们的材料。

六、七何三多及其他

调查中首先要注意的第一个问题是具体。中国人有个恶习惯，即笼统。说话中常常用也许或者似乎、恐怕、可能、很大、很小等空泛不着边际的词句，这是不科学的，调查者如果用这种态度去搜集来的材料，就不真实，不能把事物作客观的科学分析。名教育家陶行知氏曾用八个顾问来培养学生用科学的方法去研究学问，即怎样（How）、什么（What）、何时（When）、何人（Who）、何故（Why）、何处（Where）、这是英国诗人吉柏林提出来的，陶氏又加上二个，即趋向何处（Whiltes[①]）、究竟多少（How much）。这些原则，我们调研者均可用，我又增加两

---

① 编者注：此处英文可能有误。

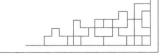

个，叫作"七何三多术"。七何即一何事、二何人、三何地、四何时、五何故、六何如（指事的发展过程及反映）、七如何（指结果）。三多即一多少（究竟有多少）、二多大（究竟多长多高，多宽多阔）、三多久（指时间）。

与此有关的第二个应注意之点即注重数字，做好统计。有许多事情用话或文字说不清楚，但用数字来说，一说或一看即了然了。因为数字最能客观而又明确地反映问题。我们把各种数字做成统计，可以很客观地令人知道其量之大小、高低、长短，如果数字依时编排，可知其变化及发展过程；如果加以比较，可以知道其相互间的关系；如果把数字的总数加以分析研究，则可以发现事物的内容及其变化。有些同志对数字不重视或不感兴趣，上级向他们要统计时，也只是应付态度，精确与否，他们从不计较。这就大大有损于统计的价值。我们做了很多工作，但平时不统计，也就交不出账来。

第三个应注意的是要调查事物全部发展过程，把它的历史全部了解清楚。我们不能只调查一部分，丢掉另一部分，那就变成残缺不全的材料了。

第四个应注意之点，就是要调查事物全面的情况，把和各方面的关系都调查清楚。否则，只了解一面，不了解其他面，就是片面，片面的材料也是残缺不全的。

找线索为第五个应注意之点。我们调查时常有这个经验，即调查了很多材料，费了很多时间，但对问题仍是黑漆一团，不知原因何在，或者找不到需要的材料，这就要从干部和群众的啦呱中，仔细去听，你可以让他漫谈。如发现某人学习好，某人打草鞋发家，便可以根据这个线索去访问那个人，仔细和他啦，如果他啦到别的问题上去了，你就把这个材料交给负那一部分责任的人继续深入追究，他们在不经意中，常说出真情来。学习模范，如纪丕福偶然说，学习到何时止？我们便发现自学运动中情绪不稳不高，一定有一个原因，就按线索追究。

第六要多找矛盾，多找问题。别人谈话，你要仔细听，但不要轻易相信，要挑剔矛盾，进行追问。要在已经搜集到的材料中找问题，这样便可以接连一个一个问题追下去，发现更丰富的材料。调查者最忌遇不到问题，群众的解答也往往平凡无问题，这样你找不出矛盾，便不能认识事物的本质，也就不能解决问题。

此外要充分利用矛盾者来问，这样进入他们的内部去了解。矛盾者的一面或另一面所告诉你的乃是从内部揭发出来的东西，便可以得着从别人或群众口内所得不到的材料。

第七调查要抓住主流这个方向。例如小学结合三大任务这一问题，结合是主流，不结合是细流是洪流中的小逆流，如果我们不抓住主流去调查研究，而去搞细流，那在调查中就迷失了方向，一定解决不了问题。

同时，新生的东西，虽然方在萌芽时期和旧的东西比起来还微不足道，但它是代表新生的力量，是有前途的，我们也应予以密切注意，助其发展、推广，以代替陈腐的旧事物，这就是调查者到群众中去发现创造与发明，发现新生之机并予以发扬和培植。

一面调查一面研究；这是第八个应注意之点。有些同志在调查研究上执行机械的二段论，认为第一个阶段是调查，专门搜集材料，到第二个阶段才根据材料去进行分析研究，他不了解就是要进行深入调查，也非随时把搜集到的材料加以深刻研究不可，不然就不能一层一层从外到内，从现在到过去，从这事到那事去搜集有关的材料。因为随时研究材料可以发现搜集材料的新方向，从而去改正或补足已有材料之不足。

在调查中，有一件事是科学的敌人，那便是先入为主或叫作成见。持这种态度的人，他在主观上就懒于深入调查和不能作客观的分析。

七、两点难处

据我们的经验，在目前做调查工作，感觉两点困难较大。第一是时间问题，第二是数字问题，这是由于中国人的传统习惯不科学，不注意这些。尤其在这历史的剧烈转变中，工作复杂，变化多，时间一久便忘了。

我们在金沟官庄调查时，要村干部和群众叙说他村上工作发展的历史，一个也说不出来，工作历史最久的庞福，也说不完全，年代也都模糊了。上半年做的事，到了下半年就仿佛依稀。他们说的也多空洞无物、浮光掠影。如果你再问得抽象，如发展过程如何，学习情绪如何，那他就更摸不着头脑，答得也就笼统。但事物的发展史在了解问题的本质上是重要的一环，不得不调查。我们用的办法是和村上的重要的干部排年谱，问他那一年你村上有什么大事，你们做过什么大事，如此一年年具体地问下去，再去问别人，慢慢补充。校正年代错误和事情颠

倒的办法，是找一件对干部和群众印象最大、最深的事来做坐标，然后排出在这前后发生过的大事。例如，金沟官庄的人对一九四一年敌人在附近的黑家村安据点，一九四四年被围撤退，印象最深，这就是一个排年谱的坐标。最后，把它写出来，在干部会和群众中念，要大家改。我们用这办法，得到了该村开了四条沟使九顷洼地多打粮食的宝贵材料。

要找出正确的数字来也很困难，你要问多少，我们的干部和群众都会告诉你很多很多或很少很少。否则就是二三十，几十，几百或差不离。例如，我们问该村庄过去讨饭的有几家？有人说二三十，有人说三四十，有粗略地算一下说二十多家，我们便和他把讨饭人的名字一个一个说出来，又一个一个具体研究讨过几年饭，以后又是怎样发家的。花了整一天时间，才把他弄清楚。

我们对中贫农所占数字调查，也煞费苦心，干部报告的多不正确，他们都是估计的，我们把闾长召集起来先啦啦，订出划分阶级的标准，然后以闾为单位，一家一家去算人口和田亩以及生活状况。最后得出总数，请干部们再审查一次，看看有无错误。

要求得到正确的时间和数字，问既问不出，我们只好用算账的办法和他一件件具体地算。上列办法就属此种。

八、辨别真伪

材料都搜集来了，如何去考察他的真实性呢？我们用的办法如下。

（1）用矛盾法。从各种不同的、对立的材料中，你便可以看出谁是谁非，你便可以拣出一个正确的来。如果你还是找不出，那就根据不同的矛盾一一去追问，一定可以查出一个水落石出。问题如果只有一个说法，并无矛盾的话，我们便不晓得从何处追究起来了。

（2）用比较法。把这个人和那个人、这个庄和那个庄、这个事与那个事、过去和现在、说话和事实、文件和事实来比。俗语说："不怕不识货，只怕货比货"，找出他的特点，便可以识别真假。我们识别伪钞，不也用的这个办法么。如果他说得很好，但一拿事实与之相比，则真伪立见，如果文件上说的是这样，而我们所见到的、听到的不是这样，则不是有真假，便是没有执行上级指示或另有其他原因。

（3）用研究法。一面搜集材料，一面研究，发现可疑之处立刻追问，便可以把真实情况识别出来。

（4）用历史法。从事物发展的过程中去推敲这事是否正确。例如，我们在莒南调查识字班，四年识字班已相当巩固，为什么有一个时期消沉呢？后来追究出原因，才知道这是正确的。又例如，我们对纪丕福这个学习积极分子在全庄所起作用大小真实性如何，也是从全庄学习运动的发展过程中看出来，才确定的。

（5）用全面法。从全面来看部分材料是否正确。全面确定部分，因为部分过分的、突出的事不常见，除非是特殊原因。

（6）用群众来判断。如果多数人的意见与一二个人的意见不同，如果多数群众的反映与个人的反映不同，就可以由此研究出真伪来，多数人的意见常是可靠的。

（7）从群众行动中和实际中去证实。例如，干部对我们说，俺村迷信已经破除了，但隔两天人家出丧，大烧其纸钱和其他迷信举动。

九、克服乱糟糟

材料一多，如果理不出一个头绪来，变成一堆乱材料，那就很糟，就会被淹没在材料里，不知东西南北。所以一定要分类整理，做分析和总结的准备。分类的办法。

依性质分类，文教的放在一起，司法保安的放在一起，财经的放在一起，农会的放在一起，妇会的又放在一起，像普通资料室那样分类保存的办法，容易查。

依专题分，例如有关于结合中心任务的放在一起，有关于村报的放在一起，有关于教师思想情绪及其他的放在一起，有关于儿教的放在一起，如此分成类别，分别开来，一查就出，用时非常方便。

如是调研一个问题，怎样分类法呢？例如，小学结合中心任务这个问题的分类法：①把一般人对这个问题的舆论或反映，从负责干部到群众汇集起来在一起；②把关于这问题的一般情况，不论好坏，也不论时间前后、地方远近编起来放

在一起；③把好坏具体典型放在一起，把许多生动的事实大大小小都放在一起；④把过去上级对这个问题的指示，以及大家对这个问题所提出来的意见和办法集在一起；⑤把统计数字或一切有关的数目字放在一起。

如果你做好了我在前面所说的整编工作，当你做第二步更重要的分析综合工作时，便可以得手应心，左右逢源，不至于东翻西翻，花费时间。

一〇、怎样分析和综合问题

现在我们要谈到另一个重要问题。把材料很正确地搜集来了，但并不等于已经解决问题。我们中有些同志也经常下去调查，回来也满载而归，应有尽有，记了满本子，你问他："你下去看见了些什么？"他说："俺发现了不少问题，了解了许多事情。"你要他写个报告，他就满纸甲乙丙丁，一二三四。你要他说出哪个问题最严重，问题的核心在哪儿，具体的情况如何？根据这些情况，应该怎样解决问题？他就说："这个啊，我的报告上全说到了，还不是那些老问题！"

这种情形的确是很普遍的，前几天就有人对我说，我们常下去做，也确实了解了不少情况，就是不能解决问题。说时，皱着脸，有些苦闷。我所见到的许多学校和县里的工作报告，也都是些条文和现象的罗列。把许多事情都一样样分类记上去了。学校的学期报告从开办学校讲起、各教师情况团结改造、学生成分组织，思想教育的优缺点、教学方法的优缺点等等，像一本厚厚的分类账簿，几年来老是那么一套，你要在上面找出点东西来，真像沙里淘金。

另有一种人的工作报告更莫名其妙，你问他校里的学生生活怎样？他说我们的原则是民主集中制。你问他你校的课程和教材怎样？他的报告是从实际出发和我们正在从实际出发，或倾向从实际出发已占多数。既无具体材料和发展过程，也无典型例子，空洞无物，莫此为甚。我对这样的同志说，你还是歇歇吧，上级的指示不比你说的原则更多、更清楚么？

还有一种人拿着自己的成竹在胸的成见，自己主观上认为这事是如此，拿它做根据去搜集材料，硬拿这个框子去框人家，去组织材料，来为自己的主见张目，这些人不以为怪，反沾沾自得地说，我早说如此呀。

我还见到一种人，每到一个地方，神气活现，好像是什么神灵现世，一眼可以看到底，他抓住一点事，一个片面的现象，就立刻下断语，发议论，批评人家这也不对，那也不好。真像钦差大臣，自以为是。可是，这种人下去非但不能解决问题，反容易引起下面反感。

当然，有些人常以"你不了解实际情况"这句话来堵住人家的嘴，拒绝人家提意见。装着红得发紫的马克思面孔来吓唬人家，又当别论了。

其实这也很难怪，因为我们在学校里，从来没有学习这一课，我们的上级也没有指导我们怎样做调查、怎样做总结。现在我们就来研究研究吧。

一、提高一步

我在前面说过，材料搜集来了，并不等于问题已经解决，我们只开始作了第一步工作。不错，我们的确是了解了不少情况，但还只是开始接触了客观世界，我们所得到的只是一连串的印象，在认识问题上只能认识现象，不能理解问题，只能认识到表面的、片段的、不完整的、局部的问题，不能全面地从问题的本质上去把握住问题，因而就不能解决问题。这在认识客观的世界过程上，还处在低级的感觉阶段，最重要的是把这些丰富的不是零碎的不全的、合于实际的不是错感的感觉材料，整理和加工制造一番达到理性认识。这就要运用思维，去分析、判断、综合材料，由此达到了解事物内部的矛盾、相互关系及其运动规律，提高到认识事物的理性阶段上来，才能全面的，从本质上去认识问题。

由此，我们可以知道，理性认识必须通过感性认识的低级阶段，必须根据丰富的可靠材料加以分析研究才能获得。满足于一知半解的见闻经验，既不能获得理性知识，坐在屋内发号施令，不下去调查，也不能获得完整的理性知识。这两种人，在我们之间是不少的。前一种人叫作经验主义，后一种人便是从书本指示出发的教条主义。这两种人都不能办好事。

有一次群众开翻身大会，和地主算剥削账，事前也曾经过调查研究，但不好好分析，还处在感觉阶段，没有找出彼此之间的联系，没有找出主要的矛盾对象，把地主平列起来看。结果，会开了，斗争的轻重和决心下不了，对几个被斗的对象的态度也不够明确。在这个运动中，迷失了方向，不能得到预计的结果是必然的，这就大大影响了工作的进行。

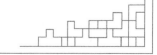

怎样提高一步，去作理性的认识呢？也就是说，如何去分析研究材料呢？我想，第一个是站稳自己的立场去分析问题。比如，你们去复查土地改革中的情形，要解决一些问题，贯彻这个运动，你们就不能站在地主剥削阶级的立场去看问题和分析问题，必须站在贫农这一被剥削压迫阶级，才能把问题看清楚。有些村级干部迷于眼前私利，地主送点礼和他讲讲情面，他就不站在自己这一群众阶级的立场去看问题了，群众给这种人叫作"忘本"，忘本的人是不能很客观地去分析问题的。又例如，你们去调查小学怎样结合中心任务，你不能听教师咕噜几句，站在本位主义的教师立场去分析问题，也不能单纯站在干部为了多一个人做事的干部立场去分析问题。我们要站在如火如荼的人民解放战争中人民的立场去分析这一问题。这是我们研究分析材料时，第一个应注意的，也是科学的分析研究法中最重要的一点。

同志们也许都知道，我们要用唯物辩证法分析问题，就要注意所谓"立场、观点、方法"三个要点。而立场是首要的。所谓观点就是唯物的观点，就是根据我们搜集到的可靠的、完全的材料。而方法主要是研究问题的矛盾，我们在这方面，必须下很多的工夫去探讨。这是一个很伤脑筋的事，你们在开会争论问题时，往往互有理由，相持不下，很费思想，有些人便说："这个会，真费脑子。"这就是通过思想去分析问题内在的矛盾了。下面就来谈如何分析研究材料，找出事物内部的矛盾及其相互关系等。

一二、抓中心环节

列宁在编《火星报》的时候，每次写社论或重要论文，他都要作者紧紧抓住主题，用一切材料来尽量发挥主题，这不仅是写作的问题，而是我们用马克思主义分析问题的科学方法问题。许多同志下去之所以不能看出问题的核心，不能求得解决问题的办法，以及写总结报告时之所以无中心，只是些现象的罗列，就是因为没有用科学的分析法，把事物的中心环节或主要矛盾找出来，有时搜到的材料太多，有时包涵的问题太多，要进行分析、研究、判断、综合，找出主次矛盾及环节，确实比搜集材料难得多。

平常，我们开讨论会时，常发生热烈的争论，相持不下，争得面红耳赤，乡下人叫作"抬杠"。这就是发现问题的矛盾了，主持者就要挑拨和掌握这个矛盾，让大家展开讨论来研究这个矛盾。目的是要把问题内部的矛盾主要的一面找出来，并发现其中的相互关系、规律等等。有人认为，并不是每一件事都有矛盾，可是既然有问题就有矛盾，而且世界上的事事物物是矛盾的总体，是矛盾的不断发展与转变，矛盾贯串着整个运动的。所谓没有矛盾或者是事物相对安定，内在的矛盾没有爆发，或者是你们没有从各方面去看，去作深入的了解与分析，因而你就发现不出来，或者限于阶级，或者限于知识，被蒙蔽住了，这是一件不容易的事。

我们在莒南时，先要大家把个人的专题材料加以分析、研究，做出初步的总结，然后在小组会里，提出报告，进行讨论。如此经过了几次，后来，发觉有许多问题，仍然只摸着边际，未能深入内部找出主要的矛盾来，因此，就打不开解决问题的门路。几经讨论分析又进一步搜集材料，才把主次要矛盾（或中心环节）找出来。兹将我们所应用的方法介绍如下。

（1）对比法。把这一庄和那一庄的情形拿来对比、把这个人和那个人拿来对比、把这件事和那件事拿来对比、把典型和一般拿来对比、把上级的指示文件拿来与事实对比、把过去和现在拿来对比，找出它们之间的差异、特点和比重。这些差异就是矛盾，也就是问题的核心。例如，别村的村报之所以失败，这里之所以成功，其差别就在于这里是："来自群众，还至群众。"他们不仅在村上发展了四十余人为村报通信员，而且每期村报上所登载的不是抄大报新闻，而是全村大大小小的事情，表扬批评或生产经验等等。

又例如小学生不上学，学校与家庭或师生之间，一定有矛盾存在。我们开始观察，认为该村老师程度低，教法差，没有游戏和文娱活动，所以儿童不高兴来，认定这就是问题的核心了。但后来，继续调查，发觉上半年办庄户学时，学生多，下半年强调正规化，改整日制，学生反减少了。我们便把过去和现在拿来对比，发现其差异，断定学校与家庭的矛盾是问题的核心。因为目前基本群众刚刚翻身，群众需要儿童在家帮助劳动。

矛盾发现之后，还要继续研究矛盾内部的相互关系，矛盾的力量比重。例如，小学那个所谓扩生留生的问题，矛盾的主要一面在家庭，研究其间的相互关系是

五　怎样做调查研究工作

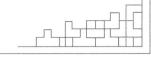

一个要儿童整天到学校来学习，一个要儿童留在家里帮助生产。继而又联系到儿童在家做些什么劳动，是否还有余暇到校学习，又联系到农业生产的季节性，联系到农村社会有中贫农，要求不同，如何照顾到各阶层等等方面，这就肯定主要矛盾是在家庭。如何改变学校的制度，使不过分妨害家庭的生产劳动，问题便可以解决了。

一个问题有时有好几个矛盾，例如前面所说的例子就有两个矛盾：一为老师与学生之间的矛盾，二为学校与家庭之间的矛盾。而后一矛盾是主要的，矛盾的主要一面又在家庭，因为它有决定的力量，所以不得不设法在这方面研究其相互关系及各方联系，以求得问题的解决。

但事物是发展的，主次要矛盾也是互相转变的，我们不能机械地看问题。例如将来贫农上升为中农、中富农或富农之后，生活改善了，家庭不需要儿童帮助生产，那么主要的矛盾可能变为师生之间的矛盾，这时老师是矛盾的主要一面，因为他有决定的力量。我们只要他研究改进教育的方法，问题便可以相当解决。

在有些地区，我们调查小学生少，如果经过调查，把材料分析之后，发觉这是由于学校与家庭之间的矛盾，研究矛盾间的关系，拿来和前面比较，发觉他们之间的关系并不在一个要学习，一个要劳动，而是一个在形式上（指学校）是学习，实际上是放松学习，另一个则是要求学习。如目前有些地区老师成天打杂，家长对学校不满便是这样，而矛盾的主要一面便是老师。但要解决这个矛盾，必须研究这个矛盾和各方的关系。例如，和目前自卫战争的关系，上级交代任务的关系，上级领导的关系，村里工作的关系，干部的关系，老师工作能力、精力的关系，以及老师结合中心任务的方法……诸如此类的关系，如果不把这种种关系计算在内，我们就会片面看问题，就会犯错误。例如，倘是我们不把这个问题和目前自卫战争联系起来去分析比较，我们就不会了解目前人民与蒋介石之间的矛盾是生死之间的矛盾，由于这个大矛盾的存在与向前发展，因而规定和影响了其他矛盾（如老师与家庭之间的小矛盾）的存在与发展。要解决学校与家庭之间的矛盾，必须把这个大矛盾估计在内，而且占住（据）很重要的地位。

（2）历史考察法。要找出问题的主要矛盾或中心一环，主要用上面所说的比较法，但历史考察法也是必须用到的。因为事物是不断向前发展和运动着的，如果从片断的材料中去看问题，不但是静止的不是从运动的或发展的观点上去看问题，而且是不容易发现它的主要矛盾的。我们必须把事物发展历史的每一阶段都细细研究，加以对比，然后找出这个运动从头到尾的发展过程中哪是主要的一环。例如，我们研究金沟官庄的自学运动主要一环在培养和提高积极分子，因此他能继续向前发展。又例如，他们的学习实际结合这一矛盾上，始终没有很好解决，前一阶段学习观点是主要的矛盾，认为学习就是认单字。最近一个阶段学习方法是主要矛盾。

（3）全面考察法。一个专门问题或一个小问题，他是与整个世界、整个社会的其他方面互相联系、互相影响或推动与阻碍着的，我们在金沟官庄考察纪丕福那一伙之所以学习积极，与解放区的整个政策和建设有关联的，和上级的指示帮助、舆论的推动、群众团体的推行是不可分的，离开这些就不能理解问题，找出主要的环节来。

（4）从发展的主流去考察。我已说过事物或问题发展或运动中，常有主流与细流。我们不能站在细流这一方面考察问题，找问题的主要一环。要抓住运动中的主流方向去找。例如，目前教育问题上，最大的问题是教育与实际结合这个问题，结合不得法是主流，不结合是少数，是细流。我们要解决这个问题，就要抓住主流，分析结合得不好的主要矛盾来，才能把问题求得解决。

（5）抓住新生的方向向前看。我在前面也说过，一切事物都是向前发展的，矛盾的两方，必有一死一生，如此生死不已，矛盾也就一个一个接连发生、发展、消灭下去，一个生另一个死，或者这一个现在是主要的，但不久另一个将发展成为主要的。因此我们分析研究问题的矛盾时，必须看出矛盾的趋势，了解矛盾之间，哪一个是有发展前途的，哪一个是非走向死亡不可的，不然我们便会被矛盾的一方面现时还很煊赫的威势所吓倒，而看不出发展的前途来。例如，一般农村姑娘对老妈妈的封建落后是感到痛苦的，二者之间的矛盾，显然的老妈妈与老头占绝对优势，如果我们只看到旧社会旧人物的旧势力，而看不到新社会新人物的新势力，我们就会犯错误。因为农村姑娘今天在老妈老头的封建意识上，虽还不能力敌，但他是有前途的，老妈老头的封建落后迟早是要消灭的，这两种力量在家庭内部的矛盾上，姑娘的势力虽暂时占不到优势，但她是有前途的，最后一定要胜利的。

一三、下结论

在庞杂的材料中，依靠上列分析法，从事物内部找出主次要矛盾，发现了矛盾之间的相互关系，以及和各方面的关联、规律等等，我们就可以认识问题的本质。那许多材料，便成了这个主要及次要矛盾论点的证据，也就是判断的根据，你便可以把你所需要的材料分别轻重和发展过程，以主次要矛盾为轴心，把它有机地组织起来，人们看了眉目分明的材料，便可以自己找出结论，下个判断。因为，那些活生生的事实，已经把结论说得很清楚了。

一四、拿办法

革命工作者不仅要认清世界，而且要去改造世界，上面所说的第一步调查材料，第二步分析研究材料，得出结论只是认识了客观世界。现在我们要来谈进行改造世界的工作了。实际上我们去调查研究，也是为了解决问题，推进工作，也就是改造世界的工作，这是属于第三步的。

如果把问题的主要矛盾找出来了，结论也有了，你便可以有恃无恐地下决心，"对症下药"，拿出解决的办法。例如，方案、计划或具体的意见来。如果不看事实，就出主意拿办法，等于医生不看病人的病症就乱开药方；如果不分析现象，不找出主要矛盾，就不能"对症下药"，我们看问题也是如此。我们在莒南调查时对每一问题，都提出改进的具体意见或办法，就是这样来的。

因为各个问题的矛盾有其特点、差异等等的特殊性，犹如人们的面孔各各不同，他们的性质不同，解决的办法也就不同。例如，姑娘和老妈妈之间的矛盾，我们不必在家庭里开斗争会来斗争老妈，把家搞得不和，只需要用积极的办法加强对老妈老头的动员说服教育工作。但对恶霸地主，我们则要展开猛烈的斗争，彻底摧毁他的封建势力。

又例如，我们认为金沟官庄小学与家庭之间的矛盾，只需要改变整日制为晨班、午班，即可以解决一大部分问题。认为自学运动中，学习与实际结合的矛盾，前一时期是学习目标或观念的矛盾，我们就需要打通思想，树立正确的学习观点和态度。后一阶段，则需要提出具体的结合方法来，这时候靠打通思想，已经不能解决问题。所有这些都说明因为各个矛盾的性质不同，解决的办法也就不能千篇一律。

不但各种不同的问题如此，即同一个问题、同一件事、同一个人，前后也不同。因为一切事物和人是向前发展的，大小矛盾不断推移，互相转化，前一阶段和后一阶段，矛盾的主次要可以互移，性质也有不同。这时候，我们就要善于分辨出来。否则，我们的思想、理论和办法，就要落在客观事物发展的后面，不能正确地反映客观世界，也就不能解决问题。这就是要我们从分析中，从研究事物的发展过程中，找出它的发展规律，知道矛盾的趋向。

当我们已经知道客观世界已经前进一步，矛盾的主次要面已经易位，或大小矛盾已经转化推移时，我们的中心口号，我们的办法，就要起一个大的变化。我们从大的方面来讲，也是如此的。例如，在八年抗日战争中，民族矛盾是主要的，国内矛盾是次要的。到日本投降后，国内矛盾则变成主要的。由于国民党反动派以为自己强大，想消灭民主势力，这个矛盾竟激化而成内战。但在两年内，矛盾的一方面力量逐渐强大，另一方面则逐渐削弱（指反动派），所以矛盾的主次要面移位了，到了一定时候，就将起飞跃的质的变化。所以在领导上不久以前提出爬山顶，现在已经提出准备全力大反攻，全国的民主革命高潮即将到来等口号。从大的方面来讲，我们不研究这些，就不能领导全国革命；从小的方面来讲，不论我们做一部门工作或一小地区工作，如果不研究这些，就不能把工作做得更好。

当领导者已经发现客观事物发生变化，向前跃进时，就要唤起全体干部和人民，在思想上认清这个变化，使我们主观的认识和办法可以符合于客观的事实，以便顺利解决问题。

一五、来自客观回至客观

我们从分析客观事物得出来的结论，拿出来的主意或办法，只是一种计划或方案，问题仍旧是没有解决的，所以第四步工作，是把这些来自客观的理论回到

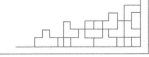

五　怎样做调查研究工作

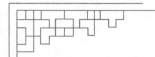

客观事物上去，拿去指导实践，看看行不行得通。如果计划和方案行得通，那就证明我们的结论和办法，的确符合于客观世界。如果行不通，那就要修改，逐渐在行动中校正。我们开始做工作，因为对工作不熟悉，情况不了解，碰了几回钉子，摸熟了，渐渐就会工作了。

事实上，我们的许多计划、方案等等，是在行动中不断改进的，我们的方针、政策之类，也是如此。这说明，我们对客观世界是由不知到知，由不完全的知到完全的知。

我在前面所说的种种办法，虽说的是调查研究的办法，实际上是马列斯毛所教导我们的，认识世界和改造世界的办法，也就是从实际出发的办法，这办法是科学的，凡是违反这些的办法，都是不科学的胡说八道。

（生活·读书·新知上海联合发行所，1949年6月）